ディスコース研究の
はじめかた

問いの見つけ方から論文執筆まで

Starting Your Research in Discourse Studies:
A Guidebook for Students

井出里咲子 青山俊之 井濃内歩
狩野裕子 儲叶明 著

ひつじ書房

はじめに

　これはことばが社会や文化とどうかかわるかに関心をもつ大学生や大学院生、またことばやコミュニケーションの研究を探究のテーマとする高校生に向けて書かれた本です。この本では専門的に文化社会とかかわることばの研究を「ディスコース研究」と呼びます。**ディスコース**とは、分野によっては「対話」「話法」や「言説」とも訳されますが、広く話しことばと書きことばの両方を含むコミュニケーション全般のことを指します。言語学の分野でのディスコースは「談話」とも訳されますが、単位としての「文」を超えて、意味をもってはたらく、まとまったやりとりがディスコースです。このまとまりのあるやりとりは私たちの世界に溢れており、対面やLINEなどで交わされる日々のあいさつから、YouTubeのコメント欄のカキコミ、飲み会で披露する笑い話、大統領の就任演説まで、そのすべてがディスコースです。また新聞の投書欄に寄せられた読者の「声」や、お店の入り口に貼られた貼り紙、授業中の教師と生徒のやりとりや友達同士のおしゃべりも、すべてディスコースです。いずれにしても、ディスコースはことばを通して私たちの日常的な意味や価値、規範といったもの、つまり社会的な現実が作られていくその場所です。その意味でディスコースは社会実践そのものだといえるでしょう。

　では、こうした**ディスコースを研究する魅力**とはなんでしょうか。ことばとは、ジェスチャーのような非言語も含めて、耳や目に入った途端に消えて流れゆく、空気のような掴みどころのないものです。そうした実体のないものでありながら、時に人を行動に駆り立てたり、感動させたり、深く傷つけたりもします。また、ステレオタイプや偏見を生み出し、国家同士の対立を煽りもします。ディスコース研究では、こうした形に見えにくいことばの動きを、それが使われる文脈ごとに「切り出し」たり、インタビューなどによ

って「引き出し」たりしながら、観察可能なデータとして対象化します。そのうえで、社会言語学、言語人類学、語用論といった専門分野で明らかにされてきた理論や方法論を使いながら、データを整理し、体系化することを通して「分析」します。こうすることにより、一見曖昧模糊とした混沌の中から、何かが反復性やパターンをもち、輪郭を持って見えてくるようになります。その何かとは、人間関係の近さや遠さだったり、社会が変容する姿の一端であったり、わたしたちの言動を縛りつける目に見えない常識や規範意識だったりします。また社会の中の差異や非対称性の構造が浮き彫りにされることもあるでしょう。量的研究で行う統計などの数字では掴めない、人々の声が立ち上がってきたりもします。つまり対象とするディスコースの研究を通して、世界の**イミ**の理解が可能になるわけです。

この前の文章で「意味」ということばを敢えてカタカナで「イミ」と表記しましたが、その理由はなんでしょうか。普段漢字やひらがなで書かれるものを敢えてカタカナで書く現象は身の回りにたくさんあります（「広島」に対する「ヒロシマ」もその一例でしょう）。それらがすべて同じ機能をもつとは限りませんが、先述の意味をイミと表記した場合、カタカナ表記したことばの「音」が前後の文脈から際立つ効果や、漢字表記に比べて内容が「軽やかに」伝わる効果があるでしょう。また漢字表記の「意味」には辞書検索で現れる社会的に共有された命題的定義がありますが、敢えてカタカナ表記をしたものには、その定義を超えた新しい解釈の範疇が感じられます。このように「意味」を「イミ」と表記する行為と、それを読み手が読むというごく小さな行為も、ディスコースとして理解できるのです。

こうしたディスコース研究を行う社会言語学や応用言語学の教科書は、入門書から専門書までたくさんあります。また英語のディスコース研究専門書の翻訳書や日本語の専門書も数多く出版されています。こうしたなかで本書は、ディスコース分析を学んだり、その手法を援用したりしながらレポートや卒業論文を書きたいという読者が、手元に置いて役立つ**ガイドブック**のように使える本を目指しました。ひとくちにディスコース研究といってもその分野は非常に広いため、本書ではその内容を「日常的なことばのやりとり」「ナラティブ・語りの分析」「メディアディスコースの分析」の３つに分けて

整理しました。さらに卒業論文のような論文執筆のためには研究テーマが必要ですが、そのテーマにつながる「問い」を見つけるという作業はそれほど容易ではありません。そもそも研究して卒論を書くという一連の行為のイミがわからないという方もいるかもしれません。また中には大学はすでに修了し、大学院に入り、はじめてディスコース研究をしようという方もいるでしょう。たとえば個人的な疑問や関心から生まれた問いも、他者と共有され、共に検討されることにより、社会的なイミとなります。研究を育てていくうえで大切な「ゼミ的な場所」を構築していくプロセスについても、本書では丁寧に解説していきます。

本書の構成

　本書はディスコース研究を志す読み手へ、そのプロセスをお伝えするために、まずは「問いのタネを見つけ」、次に「ことばと対峙し」、最後に「研究を論文にする」という一連の流れを順に追う構成になっています。

　第1章「ディスコース研究をしてみませんか」では、ディスコース研究とは何かをおおまかに捉え、それがいかに学際的に利用される人文社会科学の方法であるかを述べます。ディスコース研究は社会学や心理学などでもよく利用される技法ですが、ことばと社会の関連性に関心をもつ方にとって、ディスコース研究からどんなことが明らかになるかを述べます。さらに、ディスコース研究に役立つ鍵概念として、主に言語人類学分野の理論や概念を6つ概観します。

　第2章「問いのタネの探し方、育て方」では、読者自身の関心や好奇心から研究のタネを拾い、そこから研究の芽を育てていく方法についてお話します。研究の過程は悩み、立ち止まり、戻る曲線の道程です。本書では、自分の中に芽生える小さな違和感や驚きを「問いのタネ」と呼びますが、研究においては、これを大事に育てていく過程が思いのほか長く時間がかかるものです。実際にデータを分析し、論文を書くことは、丁寧に問いのタネを集め、育てるからこそ可能になります。「先行研究を探す」ことも問いのタネを育てるうえで大切な作業ですが、具体的にどのように行動すればいいのか

を第2章は指南してくれます。

　しかし研究につながる問いはただ漠然と考え、本を読んでも簡単には湧き出しません。こうした時はむしろ自らがディスコースの世界に踏み出すことが肝要です。ディスコース研究では、日常生活に転がっていることばをよく見てよく聞く（聴く、訊く）質的な調査をよく行いますが、**第3章「方法の探り方と調査のプロセス」**では、他者や自分、そしてフィールドと対話しながら問いを鍛える場としてのフィールドワークについて解説します。フィールドワークと聞くと文化人類学のイメージを想像するかもしれません。しかし第3章に詳しいように、それがSNSのスタンプを使った敬語使用であれ、電車の吊り広告であれ、ことばが使われている文脈（コンテクストともいいます）に調査者自身が入り込み、観察したり収集したりするならば、本書ではそれらの行為はすべてフィールドワークとなります。第3章では、文脈の中でディスコースを解釈する際に役立つ方法を「フィールドワークの道具箱」として紹介すると同時に、論文執筆の後半まで続く調査のプロセスを具体的に紹介し、ディスコース研究を実践する読者を支えます。

　第4章以降は「ディスコース分析を実践する」内容となり、ディスコース研究の領域を大まかに3つに分野に分けて紹介します。**第4章「ことばのやりとりを分析する」**では、語用論と呼ばれる、ことばの使い方／使われ方を研究する分野から、日常的なことばのやりとりの分析について紹介します。語用論の分野では、日常的なやりとりとしての挨拶や何かを依頼したり断ったりする方法、丁寧や失礼であることとはどのようなことか、冗談の仕組み等、社会におけることばの動態が研究されてきました。また日英語をはじめ、日韓、日中といった対照研究も多くあります。この章では中国語と日本語の比較対照研究を事例に、その方法と研究の面白さをご紹介します。

　続く**第5章「ナラティブ・語りを分析する」**は、自身の研究で人の語りとしてのナラティブを扱ってみたい方のための章です。インタビューの方法は第3章にも詳しく書かれていますが、第5章では日常会話などに埋め込まれた語りを分析する際、主観的にも思われる話者の語りから何が分析的に発見できるのかを、構造、規範意識、アイデンティティの3つに分けて説明します。また当事者研究としてのインタビューナラティブの研究についても具

体的に紹介します。

　第6章「**メディアディスコースを研究する**」では、最近の卒論研究でも人気のあるメディア上のことばの研究方法を紹介します。新聞、ネット、Instagram などの SNS といったメディア媒体で我々が見聞きし、また創り出していることばは、話しことばや書きことばの境界線を超えて日々の公共空間を作り出しています。メディアの中のことばのどこをどのような道具で切り出し、またどのような方法で分析可能かを、具体例を交えながら紹介します。

　最後の**第7章**「**ゼミ的な場所のイミとその活用**」では、研究のタネとしての問いを一本の論文へと成長させるための具体的な手法をまとめました。なぜ研究が進んでいなくても指導教員には会いに行くべきなのか、どうしたら論文らしい文章が書けるのか、書けない時にはどうすればいいのかといった困った時のアドバイスは、ディスコース分析をしていない方も利用可能であり、論文執筆の最後の瞬間まで手元において役立てたい内容が入っています。

　各章の最後には、それぞれの章の担当者が勧める書籍をブックガイドとしてまとめました。関心をもった本から手に取って、面白そうなところから読んでみてください。また本書では箸休めの形で6つの**コラム**を入れました。「卒論を書くという経験」と題されたコラムでは、井出が運営する通称「ことばと文化ゼミ」の卒業生にインタビューをし、卒論研究で悪戦苦闘した経験や研究するイミについて振り返ってもらいました。今は社会人として生きる彼らにとって卒論を書く経験が今の自身とどのように繋がっているのかが覗けて興味深いです。また「フィールドワークあれこれ」と題されたコラムでは、執筆陣が修士論文や博士論文研究で体験した問いを巡る旅と研究方法について記述しました。そのほかにもインタビュー調査を行う時に必要な「同意書の書き方」、論文の構想から完成までの道程を描いた「ゼミの年間スケジュール例」もコラムで紹介しています。

　本書の企画はコロナ禍の 2020 年、パンデミックでリアルなフィールドワークができない学生のために研究ガイドブックを書きませんか、というひつじ書房松本氏からのお誘いを受けてスタートしました。本書の執筆中にコロ

ナ禍は収束しましたが、それが対面であれリモートであれ、ディスコースの研究に関心を持った方に寄り添い、共に歩むガイドブックを目指しました。なかなか進まない執筆を辛抱強く見守ってくださった松本功氏、編集段階の最後まで丁寧にサポートをいただいた長野幹氏と海老澤絵莉氏に心より感謝いたします。

　執筆者の井出が最初に大学の卒論ゼミを持ったのは今から 20 年以上前のことです。当初から、そして今もゼミ運営は試行錯誤の連続ですが、研究を動かすのは常に自分の内側から湧き上がる好奇心と問い、そして社会的必然と責任にあると考えます。ともに研究のタネを対話的に掘り起こし、ゼミ的な場を楽しみながら育ててきてくれたのが、学部そして大学院のゼミ生であった共同執筆者の青山さん、井濃内さん、狩野さん、儲さんです。そしてその過程でディスコース研究の多様性と面白さを教えてくれたのは、これまでの多くのゼミ卒業生であり、探究活動で出会った高校生や教員の方々でした。皆さんとの出会いに心より感謝いたします。

　どうかお好きな章やコラムからお読みください。紐解いたページがディスコース研究を楽しむきっかけとなり、またその一歩を踏み出すヒントとなれば幸いです。

5 人の執筆者を代表して
井出里咲子

目　次

第 1 章

ディスコース研究をしてみませんか

井出里咲子

1.1 ことばが気になる、ことばが面白い

　この本を手に取った方の中には、普段からことばが気になる、ことばが面白いと感じている人がいるのではないでしょうか。地元の方言に関心があったり J-POP の歌詞をじっくり味わうのが好きだったり、SNS で見かけたちょっとしたことば遣いに面白さや違和感を抱く人がいるかもしれません。身の回りのことばに対する関心があり、「なぜ」や「どうして」と考えがちな人がいるほかに、卒業研究や課題のレポートのために新聞記事や雑誌の広告、インタビューを分析する必要がある人もいるでしょう。本書は私たちの日常生活の中で使われ、創り出されるさまざまなことばを**ディスコース**として分析するための技法を紹介したいわばガイドブックです。

　ディスコースとはなんでしょうか。簡単にいえばディスコース（discourse）とは、世の中で実際に使われている「使用される言語」すべてのことを指します（カメロン 2012 ほか）。ディスコースは、人間のコミュニケーション全般を指し、話しことばと書きことば、そしてスマートフォンなどでつづる打ちことばも含みます。ディスコース研究は日常のことばの使われ方がいかに社会文化を反映し、また社会文化を形づくるかを明らかにする研究技法です。そのうえでディスコース研究では、ディスコースを社会的な現実が作られていく実践の場所そのものだと考えます。

　日本の言語学分野において、ディスコースは「談話」とも訳され、「文を

超えた言語」と定義されてきました。この定義はことばを音素、音韻、語彙、文等の異なる「大きさ」としての単位に細分化した際、その中の「文」を超えたものという意味になります[1]。言語学は伝統的に言語を構築する要素とされる音韻、語彙、文法を中心に、その構造や機能を研究してきました。これに対し、ディスコース研究はことばが**文化社会の中で実際に使われるその実践の分析を通して、文化社会が構築される経緯**を読み解く手法です。ディスコース研究と関連が深い分野に語用論、社会言語学、応用言語学、言語人類学などがありますが、ディスコース研究はこれらの分野を横断して用いられ、文化社会の成り立ちや変遷、そして文化社会の有り様を解釈的に記述してきました。

　ここでディスコースが社会的な現実が構築される場であることをもう少し具体的に考えてみましょう。イギリスの社会言語学者のデボラ・カメロンは、ウィドウソンの研究（Widdowson 1995）を引きながら、ディスコース研究の対象が「文の単位よりも大きい」といった「大きさ」とは全く関係ないと主張します。たとえば駐車場を示す P という文字や、トイレの扉に書かれている Ladies（婦人）という語は辞書で調べただけでは、必ずしもその意味を理解できません。「P」というアルファベット 1 文字は、それが車を駐められるようなスペースにあり、国や地域による違いはあるでしょうが、青と白色かつ大文字を使って描かれることにより、「駐車場」の意味として解釈されます。つまりそのことばが使われているコンテクストや、慣習的な使い方としての知識があってこそ、ある文字やことばが「（ここは）車を駐めていい場所」や「女性用のトイレ」という意味として解釈されるのです。こうしたことからカメロンは、ディスコースを「何かの行為や意味を伝えるために現実世界のコンテクストの中で産出され、解釈される言語」と定義します（カメロン 2012: 11–12）。つまりディスコースの理解には文脈についての知識とそれに基づく推測が欠かせないわけです。

　たとえば「お腹がすいた」（I'm hungry）というひと言も、小さな子どもがある特定の状況下で発すれば〈うちに帰りたい〉という意思表示になるでしょう。長引くミーティングの途中では、〈そろそろ休憩にしない？〉という提案として受けとれるかもしれません。また I'm hungry と段ボールの切れ端

に描いてホームレスが持っていれば、〈何か恵んでください〉という意味として解釈されます。このように同じことばでも、いつどのような状況で、誰（何）が何の目的で発しているかにより、解釈される意味は変わります。同時にディスコース研究では誰がどのような場で「何を言ったか（what）」だけでなく、「どのように言われたか（how）」や、「なぜそのように言ったのか（why）」にも関心をもって、話しことばや書きことばを研究します。

1.2　質的研究としてのディスコース分析

　ディスコースを研究する意味についてもう少し述べます。アメリカの言語人類学者のバーバラ・ジョンストンは、私たちが外国語を学び、異国を旅する経験を引き合いに出し、「人は言語と文化と世界とが、密接に絡み合う様態に惹きつけられるからこそ、ことばの研究に辿り着く」とします（Johnstone 2008: xiv）。そのうえで、ディスコース分析について次のように述べます。

　　　私はディスコース分析を学問分野や言語学の下位分野とみなしません。むしろそれは広く人文社会科学やそれを超えた分野にて提示されてきたリサーチ・クエスチョンに、体系的かつ厳格に答えようとする方法なのです。つまりディスコース分析は、アカデミックな所属の有無や専門分野を超えたさまざまな問いに答えるために、あらゆる研究者が用いることができ、用いている研究方法なのです。（Johnstone 2008: xiii, 筆者訳）

　ジョンストンが述べるように、この本で紹介するディスコース研究は、ことばを手掛かりに、ことばそのものやその話し手や書き手、また社会や文化にかかわる問いに答える「人文社会科学の方法」です。よって、ディスコース研究は広い意味での言語学や先述した専門分野のほかに、社会学、心理学、メディア学、教育学、文化人類学、カルチュラル・スタディーズ、医療などの分野でも、主たる研究方法として、また補完的な方法として活用されています。

　人文社会科学の方法には大きく量的研究（quantitative research）と質的研究（qualitative research）があります。量的研究ではデータ収集をもとに理論や仮説をたてて課題の検証を行います。アンケート調査や実験、既存の資料（統計データ）などを用いるうえでは、調査の設計やサンプルの数が大切です。これに対し質的研究では、エスノグラフィーやエスノメソドロジー、グラウンデッド・セオリー・アプローチ（GTA）[2]、ナラティブ分析、アクションリサーチなどの方法が取られます。調査者自身もコンテクストに埋没した立場として[3]、起きていることを記述し解釈する質的研究は、量的研究に比べて時間のかかる方法かもしれません。手間の割には多くのデータを一度に収集できないことや、一般化が難しいという問題点もしばしば指摘されます。しかし質的研究には次の利点があります。たとえば選択式のアンケート調査では、研究協力者が選択肢のどの項目を選んだかはわかっても、なぜその項目を選んだのか、もしくはなぜほかの項目を選ばなかったのかという理由や思考の道筋まではわかりません。こうしたことについて質的研究ではインタビューなどで聞き出すことにより、経験や価値体系の形成過程を導き出すヒントを得ます。たとえそれがたった一人の個人から得られたデータでも、そのことばには社会的な規範意識や価値体系が投影されると考えるからです（カメロン 2012: 14–15）。こうした意味で、ディスコース研究では「**人々の現実世界についての理解**」がディスコースの中に表現されていると考えるだけでなく、人々が「レパートリーとしてもつ言語の使い方に影響を受けている」と考えます。現実は「ディスコースによって構築される」（discursively constructed）のであり（カメロン Ibid.）、その過程を分析的に見ることが社会やそこに生きる人間の理解へとつながります[4]。この意味で、ディスコースは人間の文化や社会を司り、映し出す鏡のような装置です。学校で学ぶ数学や歴史といった科目も多様なディスコースを介して学ぶ内容ですし、非言語コミュニケーションや書きことばをふくめ、ディスコースなくして、そもそも自分という存在さえも成り立たないように、ディスコースは私たち人間社会を構築する要なのです[5]。

1.3　ディスコース研究からどんなことがわかるのか

　ではディスコース研究からはどのようなことが分析可能でしょうか。英語で書かれた初期のディスコース研究の入門書やリーダー(Reader)と呼ばれる論文集の目次を横断的にみると、ディスコース研究は多くの場合、以下のカテゴリーに分類して紹介されています。1)社会的関係性の交渉、2)アイデンティティと主体性の構築、3)パワーとイデオロギーの明示化、4)政治・社会制度におけるディスコースの明示化、5)ディスコースとコミュニティ、ジャンルの関係性、といったカテゴリーです(Schiffrin et al. 2003、Jaworski and Coupland 1999)。リーダーに収められた実際の論文をみると、たとえば1)には「女性と男性の丁寧さとしてのポライトネス」、2)には「若者男性の話し方とジェンダーアイデンティティ」、3)には「女性雑誌のことばにみる倫理観」、4)には「法廷での訴訟のディスコース」、5)には「高齢者のディスコース」などが並んでいます。このようにジェンダーや世代、場所のほかにも「異文化接触」「人種や民族」「教室談話」といったキーワードもディスコース研究には必ずといっていいほど入っています。

　ディスコースを分析する理論や概念に着目すると、社会言語学や語用論の教科書や参考書で目にする用語が頻出します。「モダリティ」「参与構造」「レジスター」「ジャンル」「スタンス」「一貫性」「発話行為理論」「ポライトネス理論」「成員カテゴリー」「マルチモダリティ」などはその一部でしょう(Strauss and Feiz 2014ほか)。皆さんが明らかにしたい課題や問いに沿って、これらの理論や概念を役立てていくことが必要ですが、こうした理論や用語についての説明は本書ではすべてがカバーされてはいません。これらの理論や概念はその専門書や教科書、論文から学んでいただければと思います。本書では主に第4章、5章、6章の内容から、読者の皆さんの関心事に沿ってディスコース研究に利用可能なアイデアを読み取っていただきたいと思います。

　次に、具体的にディスコース研究ではどのような研究が可能なのかをディスコース研究を用いた卒業論文と、大学の課題論文から紹介してみます。筆者が所属先で教鞭をとる学部は、文系と工学系の融合教育のもと、政治学・

経済学・工学・文化・社会開発学を学ぶ学際的な場所です。教育格差や移民と難民、環境保全、紛争解決、持続社会といった国際社会の抱える課題に関心をもつ学生が多く在籍します。学生は3年次から経済や国際政治、環境や情報、文化人類学といったゼミに所属しますが、ことばと文化社会との関連に関心をもつ学生の一部は、筆者が運営する「ことばと文化ゼミ」の門を叩きます[6]。ただし当学部では言語学や社会言語学を学ぶカリキュラムがないことから、多くの学生が自分の中に生まれた小さな問いやモヤモヤを出発点に、試行錯誤をしながらテーマと方法論を決め、苦労して卒業論文を書きあげます。過去の学生さんたちが扱ったテーマは「キャンパスの挨拶ことば」、「初対面の先輩・後輩ペアの会話ストラテジー」、「インドネシア語と日本語の依頼表現の違い」「世界の国歌の歌詞分析」、「アフリカ大陸からの留学生の言語意識」などさまざまでしたが、ここで紹介するのはことばの使い方を介して社会が構築される過程を分析した研究です。

　最初は2011年3月の東日本大震災の翌年にAさんが書いた論文です。宮城県仙台市出身のAさんは津波による福島第一原子力発電所の事故に際し、ご家族や親戚が被災しました。当時事故直後から、東京電力は「加害者」として世間やメディアから猛烈なバッシングにあっていました。Aさんも東電に対して強い憤りの感情を抱いていたそうですが、東電で働く友人がいたことから、命の危険にさらされながら復旧に奮闘する東電は「被害者」でもあるのではないかと考えたといいます。そこで、当時の世間では当たり前とされた「東電＝加害者」という認識がどのように作られているかを分析することを志し、事故発生直後から5か月に渡る日本経済新聞の社説159件をデータに分析しました。Aさんは特にモダリティ表現（推量の「だろう」や「かもしれない」、能動・受動態の使われ方）に着目しました。分析からは日経新聞の社説において、「新聞社を含む国民（善）」対「政府と東電（悪）」、「現場で働く作業員」対「現場にいない政府と東電」という二項対立の構図が読み取れること、そして「〜べきだ、〜ほしい、〜てもらいたい」といった書き手の心情・態度を表すモダリティ表現の使われ方から、「社説が国民・国際社会・現場作業員」の視点にたって記事を書いていると結論づけています。この分析を通してAさんは、日々メディアが発信する情報に触れるう

ちに、人々がメディアの語る〈物語〉の価値観を当たり前のものとして受け入れているとふり返ります。そして卒論を書くことにより、東日本大震災を経験したことへの1つの向き合い方を得たと話してくれました。

　次に紹介するBさんは、日本社会のジェンダーと働き方について関心を抱いてゼミに入ってきました。3年次に課されるゼミ論文では、テキストの分析をしてみたいと考えていたようです。「イクメン」ということばがすっかり定着していた2021年に、Bさんは同年に刊行された父親向けの育児雑誌を対象にディスコース分析をしています。分析では雑誌の記事の中で用いられる名詞、動詞、助詞といった文法的要素（「パパこそ、できる限り○○したいものだ」等）に着目して、想定される父親・母親像とその非対称性を分析しました。分析からは「母親より手が大きく腕力がある」「普段は仕事で忙しい」「子どもの世話には不慣れでも子どもと遊ぶことは得意」といった男性像が表出し、男性向けの育児雑誌においても「性別役割分業」が前提とされ、それが再強化される傾向を考察しています。

　大学生が行ったこれら2つのディスコース研究は、専門的には批判的談話研究とも呼ばれます。第6章に詳しいように、批判的談話研究はディスコースの分析を通して社会に存在する規範性としてのイデオロギーや、力関係としてのパワーや不均衡、社会的な不平等など、日常的には見えにくい、当たり前と捉えられる現象を明らかにします。次節の「ディスコース研究に役立つ基礎的な概念」でも紹介するように、イデオロギーとは、文化社会的な実践を通して人間の行動や考えを制約し、決定する観念・信条体系の装置化のことを指します[7]。こうした研究に関心がある方は、第6章を参照してください。

1.4　ディスコース研究に役立つ概念

　本節ではディスコース研究をやる上で知っておきたい、コミュニケーションを理解する上で役立つ概念を紹介します。これら6つの理論や概念は、読んでみてよくわからなくても、頭の隅に留めおき、実際のディスコースやコミュニケーションの事例に即して考えると理解が深まります。

1.4.1 ハイムズの SPEAKING モデル

　言語学者、民俗学者、そして文化人類学者であり、コミュニケーションの民族誌という分野を興したアメリカのハイムズ (Dell Hymes) という研究者がいます。ハイムズは、コミュニケーション研究の目的は伝達能力 (communicative competence) の解明にあるとし、伝達能力を「いつ、どこで、誰が、誰に対して、何を、どのように表現して、適切に目的を伝えることができるか」に関する能力としました。その上で SPEAKING ということばを構成する 8 つの文字をもとに、コミュニケーションの民族誌を描く際に研究者が意識して観察すべき構成因子をあげています。

Setting/Scene: 状況としての時間、空間

Participants: 会話の参加者、話し手／聞き手、聴衆など

Ends: 会話の目的や期待される成果

Act sequence: 行為連鎖、発話行為の連鎖（何をどの順番で発話するのかという構成）

Key: 会話や行為の調子・雰囲気（冗談、からかい、皮肉、真面目、おざなりなど、主にパラ言語が作る雰囲気）

Instrumentalities: 行為の手段（対面会話、電話会話、メールなど）、発話の形態（標準語、方言、絵文字など）

Norms: 行為や会話の適切性に関する解釈の規範（話を遮っていい／遮ってはいけない、話をする順番の適切性のルールなど）

Genre: コミュニケーションのカテゴリー（詩、祈り、祝辞、悪口、講演、コマーシャルなど）

（Hymes 1972, 1974 をもとに作成の井出ほか 2019: 80 より再掲）

　この SPEAKING モデルは特定のスピーチ・イベント（発話事象）の構造と機能を観察的に記述する際に有効です。スピーチ・イベントとは、開会の辞、会社の採用面接、授業での講義、漫談、結婚披露宴など、ことばによる、あるまとまりのある活動を指します。たとえば橋内 (1999: 84–86) では 1980

年代の古い研究から日本人の求婚というスピーチ・イベントの分析例を提示していますが、現代社会の異なる世代の人々が仮定する、または理想とするプロポーズの状況とやりとりを協力者に語ってもらい SPEAKING モデルから分析することも可能でしょう。またオンラインミーティングに参加する複数名の対話者の自己紹介を（許可をもらって）録画し、その内容を SPEAKING モデルの 8 要素から分析することも、やりとりを意識的に観察し、どのようなやりとりがコミュニケーションを成立させているのかを理解する上でよい練習になります。

1.4.2　ヤコブソンのコミュニケーションモデル

　次に紹介するのは、ヤコブソンによるコミュニケーションの 6 機能モデルです。これは人間が行っている普遍的な言語・非言語コミュニケーションを成立させる 6 つの要因とその機能を理論的に説明したモデルで、思考のための内なる言語活動についてまでは網羅していないものの、コミュニケーションの仕組みを理解するうえで長く参照されてきました[8]。ハイムズのSPEAKING モデルが民族誌的視点からコミュニケーションの成り立ちを描くのに対し、このモデルはどのような言語、非言語にも適応可能なコミュニケーションの普遍性を理論的にまとめたものです。図 1 にあるように、コミ

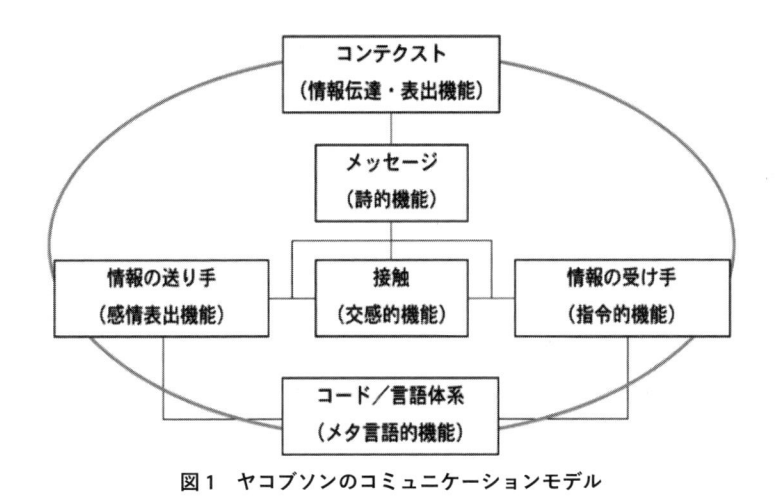

図 1　ヤコブソンのコミュニケーションモデル

ュニケーションが成立するには(1)「話し手・情報の送り手」と(2)「聞き手・情報の受け手」とが(3)「接触」していることが必要です。(1)と(2)のコミュニケーションが成立するには、両者が(5)「コード・言語体系」を共有していなくてはならず、またそこに(4)「メッセージまたは記号」が共有される必要があります。さらに(1)から(5)のすべては、それを内包する(6)「文脈・コンテクスト」において起こります。

　これらの6要素に付随するのがコミュニケーションの6機能(図1の括弧内を参照)です。図1上部にあるコンテクストに付随する「情報伝達・表出」機能は、ことばや非言語で伝達される内容や指示対象を明らかにする機能のことです。気象予報士の「今日は概ね晴れるでしょう」といった発話は情報伝達・表出機能をもちます。左側の情報の送り手にある「感情表出」機能は、喜びや驚きの声、感嘆詞・間投詞のように話し手の心情を表出する機能とされます。聞き手にまつわる「指令的／他動的」機能は、依頼や命令のように聞き手を何らかの行動にかりたてる働きかけの機能です。たとえば「この部屋暑くない?」と誰かが言うことで、情報の受け手がエアコンをつけたなら、この情報表出的な発話には、同時に指令的・他動的機能があったと考えます。メッセージに付随する「詩的機能」は、駄洒落や詩歌のような音の響きやリズム、ことばのくり返しや平行体(パラレリズムともいいます)、比喩表現などメッセージを際立たせる機能を指します。図の中央の接触に付随する「交感的機能」は、命題内容よりもことばを交わし合うことでコミュニケーションの回路が開いていることを儀礼的に伝える機能で、挨拶やあいづちなどがその典型です。最後に図の下のコード／言語体系に付随する「メタ言語的機能」は、人が言語そのものについてことばを使って再帰的に語り、考える機能を指します。「関西弁は面白い」や「先輩とタメ語で話す」といった発言や考えがその例になります。

　これら6つの機能はひとつずつが別個に働いているわけではなく、ディスコースでは多機能的な働きをすることがほとんどです。このモデルを援用して身の回りの発話やコミュニケーションの機能を多角的に解釈することで、ディスコースへの理解が深まります。

1.4.3　メタ語用とメタ・コミュニケーション

　ディスコース研究はことばの現実社会での使われ方を対象とする意味で、語用論とも関連のある分野です。語用論（pragmatics）とは、書いて字のごとく、ことばの用い方について、その文脈（場面、関係性など）との関連から研究する分野ですが、ディスコース研究においてはメタ語用（metapragmatic）、メタ・コミュニケーション（metacommunication）という概念を用いて語用の社会的意味を考えます。この 2 つの用語の意味はほとんど同じと言ってもよいのですが、いずれも「コミュニケーションについてのコミュニケーション」を指します [9]。たとえば日本語の「すみません」ということばは謝罪の意味だけでなく、文脈によっては感謝の意を表わしたり、依頼の前置きになったりしますが、これはことばの使われ方としての語用の側面です。これに対しメタ語用とは、「言語使用についての言語」であり、ある特定のことばの使われ方一般について具体的に論じ、それについて人々がどう考えているかを指します。たとえば先に見た「すみません」は一回一回の使用の場面では、感謝や謝罪、依頼の前置きなどの働き方をしますが、メタ語用のレベルでは、日本社会における適切なふるまいとしての「挨拶」の一部として認識されると解釈できるでしょう（Ide 1998、井出 2005）。日本ではよく「挨拶もできない奴」といったように、挨拶は日本社会の公共の場での適切なふるまいと紐づけられて論じられます。「すみません」ということばは皮肉の意味などを除き身内ではほとんど使わない用語ですが、挨拶がそうであるように、学校教育や職場といった公共の場でくり返し、正しいふるまいとして言語社会化されるのです [10]。こうしたことから感謝や謝罪といった複数の機能をもつ「すみません」は、習慣化され身体化された「挨拶」として、メタ語用的に機能しているといえるでしょう。

1.4.4　ことばの指標性

　ことばの社会的な実践として理解するうえで有益な概念にアメリカ生まれの哲学者パース（C. S. Peirce）の記号論があります。記号を「それ自体とは別のものを指すもの」と定義したパースは、意味の体系について、指標される「記号内容（object）」とその「記号表現（sign）」という二つの項だけではなく、

それに「解釈項（interpretant）」を含めた三項関係として提示しました（図2
参照）。たとえば「火」という記号内容と記号表現があるところには、「危険」
や「熱い」といった解釈的な意味が想起されます。また同じ「木」のイラス
ト（記号体系）も、それがゴミ箱に貼られていれば、特定の文脈における情報
の受け手はそれを「リサイクル」の意味として解釈します。

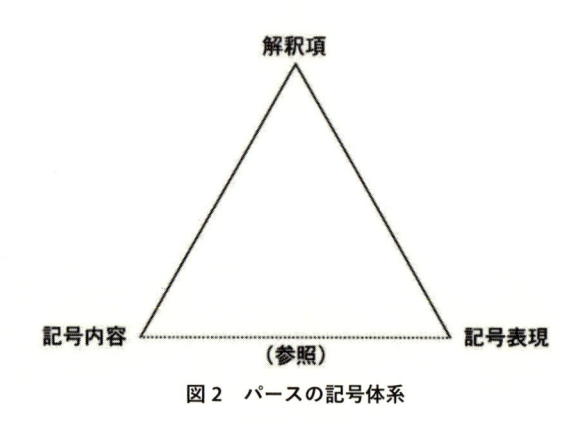

図2　パースの記号体系

　パースは記号を三つの異なる種類に分けて考えます。記号内容（対象）と記
号表現の類似性に基づく「類像／写像（icon）」、記号内容と表現とが恣意的
な契約によって決められる「象徴（symbol）」、そして記号内容と記号表現間
に何らかの因果関係のある「指標（index）」です。宗教画のイコン画や「✂」
のイラストは類像・写像です。アルファベットの文字や「！」のような記号
は象徴、そして煙は火の存在の指標となります。

　三つ目の指標に基づく「指標性（indexicality）」という概念はディスコース
研究における鍵概念です。「指標性」とは簡単に言えば、ある話し方（アクセ
ントの使い方や単語を使うこと）によって、何か別の意味が指し示されるこ
とをいいます。たとえば文末に「〜だわ」や「〜じゃなくて？」といった表
現を用いて話したり書いたりすることは、文脈によっては「女っぽさ」や「ふ
ざけている」という意味を指標することになります。

1.4.5　言語イデオロギー

　イデオロギーとは日常的に私たちの考え方や行動に影響を与える信条や価値観、考え方の総体を示しますが、特にそれが「ことばを使う実践」において形成、維持される過程を「言語イデオロギー（linguistic ideology）」と呼びます。たとえば近代という時代と国民国家の成立を支えてきた言語イデオロギーとして、「一つの言語は一つの国家に対応する」、「ことばは、それ自体の内在要因によって数えられる」、「ヒトはことばを取り替えることができない」といった言語イデオロギーがあります（山本 2003）。ここに挙げた三つの考え方はある時代や体制においては自明とされるものの、そもそも「言語」をいかに定義するのか、もしくは定義が可能なのか、また多言語話者の視点から語るのか否かなどと、疑いを持って批判的に問うことが可能です。人々が当たり前のこととするイデオロギーは、歴史的時空において、政治、教育のディスコースを介して形成されるものです。そして、人々がある出来事や特定の行動を正当化したり、そこから逸脱していると捉えるものを非難したりする際に使われます。ディスコース研究における言語イデオロギーの分析は、ジェンダーイデオロギーや人種イデオロギーの分野によって牽引されてきましたが、そのほかにも歴史イデオロギー、メディアイデオロギー、母性イデオロギーなどさまざまな社会的概念のカテゴリーを対象に今後も研究が進むであろう分野です。

1.4.6　場の言語学

　ここまで紹介してきた 5 つの概念が欧米の研究、または欧米諸語を中心に構築されてきたのに対し、最後に紹介する「場の言語学（linguistics of *ba*）」は日本発祥の理論です。場（*ba*）とは仏教由来の考えであり、日本思想にある縁、主客（自己と他者）の非分離、対立の統合といった考え方をもとにした事象の捉え方を指します。場の言語学では、主語や自己を中心に対象を捉える欧米発祥の言語学に対し、述語や場所を重視する日本語からみたコミュニケーションの理論が構築されており、さらにそれが中国語や英語などのほかの言語を用いたコミュニケーションについて分析する際にも適応されます（岡 2013、井出・藤井 2022 など）。たとえば日本語は、英語と比べて人称詞の

バリエーションが豊かである、モダリティ表現が多いといった特徴がありますが、これらの特徴を説明するうえで場の言語学の考え方が役立ちます。また欧米語の「対話」に対し、これまで「共話」（水谷 1993）として理解されてきた日本語での話し方（頻繁なあいづち、相手の発話の引き取りなどを通して、聞き手と話し手の区別がなく、二人の会話がひとつとなって進行する話し方等）も、場の言語学の導入により、そもそもことばとヒト、ことばと世界との関係性をいかに捉えるかという思想の違いが、コミュニケーション現象の理解のうえで重要であることが示されています [11]。

1.5　大学でディスコース研究をするイミ

最後に少し視点を変えて、大学という場所でディスコース研究を行うイミについて考えてみたいと思います。本書の「はじめに」でも同じように「意味」ではなくカタカナの「イミ」を用いました。ここで「イミ」としたのは物欲としての「モノ」や、経験としての「コト」の消費を超え、社会や他者、そして自分にとって役立つものとしての「イミ」消費に価値を見出す現代社会において、とりわけ人文社会科学の研究がどのような価値を持つかを今一度考えてみたいからです。

1.5.1　大学での学び

文化人類学者の松村圭一郎は大学という場所について「何かがよくわかるような場でなく、いったんよくわからなくなったり、疑問が芽生えたり、自分自身を問われる場」であるとしています（松村 2019: 38）。もちろんここでいう「わからなくなり」、「疑問が芽生え」、「自分自身の問い直し」をする場所は、勉強や研究以外の場所にもあります。しかしこの三つを最も経験できる場所が大学のゼミナールでの演習や研究室での研究です。

日本の大学では 1 年次で必修や基礎科目を通して教養教育の基盤を形成し、2 年次以降の専門や自由科目以降で専門分野の基礎知識を学ぶところが多いです。3 年次以降は圧倒的に自律的に学び、考え、討議する演習（ゼミナール）科目が増えます。特に卒業研究のために配属されるゼミは、共通す

る課題やテーマについて共に読み、問いを掘り下げ、学生同士、そして学生と教員とが問答しながら思考する場所です。またゼミのような場所では、他者と議論し、他者に自分の考えを説明するために、自分自身のことばを鍛えることが求められます。

　大学のゼミという場所について松村は、あらゆることが規則に則って予定通りに動く社会において、その社会そのものを疑い、その疑わしい社会の中に生きる自分自身も問うという、異質な空間だとしています（松村 2019: 38）。「教養主義」が重視された時代には、主に読書を通じて得た知識で人格を磨き、社会を改善していこうとする人生観がありました（竹内 2003）。しかし現在は、インターネット検索や ChatGPT のような人工知能で、瞬時に「答え」を手に入れられる世の中です。教養主義が必要なくなったわけではありませんが、こうした時代だからこそ自分自身で問いをたて、玉石混合の中から適切な資料を探し出し、試行錯誤しながら方法論を編み出し、他者と議論しながら考えをまとめていく機会が極めて重要です。またこうした作業は社会学者の好井（2006）のいう「当たり前」として普段意識することのなかった常識や、信念としてのことば観・社会観を破壊し、それを自分のことばで組み立て直す作業を私たちに強います。

　特にディスコース研究は、普段私たちが当たり前のように呼吸している空気のように見えないことばを可視化し、分析することにより、いかにディスコースが社会や私たち自身の価値体系やアイデンティティを形成しているのかを詳らかにします。ディスコース研究は、単に面白そうなディスコースを集めて分析するだけで達成できるものではありません。自身がさまざまな対話を通して育てた「問い」に合わせ[12]、社会言語学、応用言語学、社会学、国語学などさまざまな関連分野からの理論や先行研究を学び、問いを深めつつ、研究の参照枠を決めていく必要があります。この作業は簡単ではありませんが、先行研究を読み込み、データと対峙し続ける先で、ある人は自分自身と出会い直し、ある人は普段かかわる人々や日常との関係の結び直しのきっかけを得て、社会とより深く繋がるプロセスを体験するでしょう。

　松村は「研究者」について、つねに過去の研究に学び、最新理論や基礎的な研究を参照しつつ、「自分の知識をアップデートし、さらなるあたらしい

「理解」に向けて試行錯誤するプロ」だとします。そして試行錯誤の末の「方法論」こそ、先行き不透明な時代に自分の力であらたな状況に対応していく「知恵」を手にするために必要なのだと述べます(松村 2019: 91)。ことばが気になる、ことばが面白いという研究動機は、一見道楽とも捉えられそうな事柄です。しかしその漠然とした疑問や楽しいという感情から出発し、先行研究や他者、そして自分自身との対話を愚直に重ねた先には、自分だけでなく公的な(すなわち他の誰かも知りたかった)答えが見つかるはずです。地図アプリのようにゴールまでの道筋はありませんが、自分で方法を編み出し、時に失敗しながら研究をすることは、目的が研究者になることでなくても、この先の人生を切り拓いていくうえでの大切な学びになることと思います。

1.5.2 リサーチ・マインドを育てる

1.2 節で紹介した Johnstone の引用にもあったように、ディスコース研究に携わることは研究者としての思考力を育て、鍛えることに繋がります。第2章にも詳しいように、ディスコース研究のタネは日常生活のありとあらゆるところに落ちています。ディスコース研究では、日々流れていくそんなことばの中に楔を打ち、それらをすくい上げ、目に見える形に整理しながら向き合います。また普段なんとなく感じる不愉快さや、モヤモヤして形を成さない感情(言語人類学では「ディスコーダンス」[13]とも呼ばれます)を拠り所に、こうした情感が醸造される仕組みを解き明かします。こうした過程は必ずしも楽しいものではなく[14]、自分自身さえもが社会的な相互行為的に創られている事実にも目を向けなくてはならないでしょう。

こうしたディスコースを分析する際の、決まりきった「これ」という方法はありません。調査やデータの収集方法、データの分析方法も、本書の第3章から6章やほかのディスコース分析の入門書に書かれているようにまちまちです。自分の問いと先行研究とを往還しながら、方法を見出していくことが必要ですし、問いが定まってきたら、関連する先行文献を集めて読み、自分の研究に当てはめて考えることも必要です。

ではこうした過程で、研究力や分析力を高めるにはどうしたらよいでしょうか。「リサーチ・マインド」という用語があります。これは医学領域の用

語で、医療関係者が日々の診療の中で患者さんや疾患の分析から、病気や病態への観察力を深め、その力を磨こうとする姿勢のことを指します。日本の医療人類学分野の樹立に貢献した波平恵美子さんの著書に『質的研究 Step by Step―すぐれた論文作成をめざして』があります。この本は、インタビュー調査を中心とした質的研究の各段階を丁寧に解説していますが、その内容を援用しながら、次にデータ分析の手順についてまとめます。

　何をデータとし、いかにデータを収集するかについては本書の各章やコラムを参照するとして、データ収集ののちに最も重要なのが、「データを何度も読む／聞く」ことです。自然会話[15]のやりとりやインタビューから得られた語りの録音は、アプリなどをうまく利用して文字化作業を済ませたら、なんだかそれで研究が終わった気持ちになりがちです。しかしここから何度もデータを聞き直し、文字化資料を修正しながら、データを読むことが分析ポイントの発見につながります。第7章に紹介されているように、データセッションでほかの人と一緒に音声資料や文字化資料、また収集した SNS の投稿をまとめたファイルを見ることも、新しいデータの読み方や解釈に繋がります。

　次に、自分のデータの中から「核」を見出すことです。波平によればデータの中でくり返し使われる表現や、複数の人物がくり返し語るエピソードはデータの「核」となります（波平 2016: 95）。ディスコース分析においては、くり返し使われることばや特徴的な表現の中に、あるディスコース上の特徴が見つかります。たとえばそれは「お疲れ～」といった際の最後の母音の伸ばし方かもしれませんし、警察が被疑者を尋問する際の終助詞の使い方かもしれません[16]。また誰かに褒められた時の反応に表れる否定表現かもしれません。何度もくり返し、さまざまなデータを横断的に見る／聞くこと、またデータのまとめ方や表記方法を工夫すること（同類の表現を抜き出してカテゴリー化する等）で、「核」が可視化されていきます。

　最後に、データの核が集まってきたら「ジグソーパズルをイメージ」して、同じ色彩の、つまり似通った核を集めてグループを作ります。パズルを組み立てる作業のように、一つの核に関連したデータを集めてグループ化し、そのグループが示す意味を見出してみるのです。まだ仮説の段階かもし

れませんが、それを簡単な文章にまとめたうえで「暫定的な小さな結論」とするのです(波平：Ibid.)。これらのデータ分析は、先行研究や理論の読み込みと往還しながら実践することで、分析のポイントが精緻化されていきます。

　本書の第2章や7章に書かれているように、こうした作業は一人でやってもいいですが、ゼミや研究室のような場所に身を置き、対話的に進めてみることをお勧めします。モヤモヤとした何かを「公に」ことばにしようとする行為は、どれだけそれがたどたどしくても、その行為自体が**社会と対峙する実践**です。さらに先行研究や関連文献を調べ、必要な情報をまとめ、それを人に説明し、人からの助言を聞き、議論することを通して、自分の中で曖昧模糊としていた何かが、公に言語化され、社会的な知として形を成していきます。同じような問題意識や関心を持つ仲間とともに、自律的に批判的に探究するプロセスは、互いの関心や問いに巻き込み巻き込まれる過程です。こうした場所に身を置くことにより、日常的にもディスコースを分析するアンテナが立つようになり、ディスコース研究者として、さらに人文社会知としてのリサーチ・マインドが鍛えられ、育っていくのです。

1.6　おわりに―私の卒論執筆経験から

　研究室の本棚の人目に付かない片隅に、埃をかぶった論文がひっそりと置かれています。黒表紙の薄いその一冊は Spanish in Sesame Street と題された筆者の卒業論文です。大学の英文学科で言語学と北米の地域研究を学んでいた筆者は、当時教育テレビ(現在のEテレ)で放映されていた子供向け英語番組『セサミストリート』が好きで、カーミットというカエルのマペットを目当てによく番組を見ていました。3年次にはじめて社会言語学の授業を履修した頃、いつものように番組を見ていると、クッキーモンスターが "Me want cookie" とおかしな英語[17]で話していることが気になりました。子どもに英語を教える教育番組なのに、文法的に正しくない英語や時にスペイン語の単語や数字が出てくることもとても気になりました。

　英語の教育番組でなぜスペイン語や間違った文法で話すのかという小さな

疑問はやがて筆者の卒論テーマとなります。図書館で調べものをすると、まず『セサミストリート』が 1960 年代にアメリカのジョンソン政権が掲げた「貧困との闘い」キャンペーンの一端として実施された「ヘッドスタート」プログラムをもとに制作されたことがわかりました [18]。さらに 1970 年代のアメリカ社会で、黒人の話す英語を含むさまざまな「異なりをもった」英語や、スペイン語といった移民の言語を、正しくないものとして扱わずに教育に取り込もうとする潮流が起きているという時代の社会的な文脈がわかってきました。一方、移民が急増するカリフォルニア州では、合衆国の公用語を英語に定め、英語のみを教育の媒体とする「English-only 運動」が沸き起こり、ことばを巡る理念が政治的に対立していました。調べたことを卒業論文にまとめる作業は、日ごろ娯楽として親しんでいた番組の中に転がることばから、多民族社会であるアメリカの実像を垣間見る経験であり、同時に、自分が「いかに知らないか」ということを知る経験でもありました。

　世界に大きな影響を及ぼす気候変動、世界規模での人の移動や地域紛争、人工知能の急速な発達、複雑化するメディアと混沌とした情報社会。こうした今の世の中では、正しさの基準さえも不透明です。そうした中で、ことばが気になる、ことばが面白いと思ったならば、是非ディスコース研究の世界に踏み出してみてください。ディスコースを研究することから、日常という世界が解体され、私という個人も解体され、新たな理解へと踏み出していくプロセスを楽しんでいただければと思います。

≪ブックガイド≫
■　岩田祐子・重光由加・村田泰美 (2022)『改訂版社会言語学―基礎からディスコース分析まで』ひつじ書房
　　豊富な事例を取り入れた初学者にも非常にわかりやすい社会言語学の入門書です。社会言語学を学んだことがある人にとっても、ない人にとっても、この一冊で社会言語学の成り立ちから最新の動向までが丸わかりできる内容です。第 9 章は「ディスコース分析」の章となっており、ディスコース分析のツールとしての役割について論じられています。2022 年の改訂版では言語人類学、批判的ディスコース分析、言語とイデオロギーなどについての記述が大幅に増え、ディスコース研究に役立つ内容がさらに充実しています。

■　林宅男(2008)『談話分析のアプローチ―理論と実践』研究社

談話分析を実践するにあたり知っておきたい用語について解説するとともに、データ
分析の事例も豊富です。特に第4章の「言語使用の社会・文化的側面」では、言語と
文化における「スピーチ・コミュニティ」「言語の社会化」といった概念、また相互行
為の理論としての「フッティング」「参与の枠組み」「コードスイッチング」「メタメッ
セージ」などについて詳述してあります。また第2章の「会話における言語使用のメ
カニズム」では会話の構造や「あいづち」「フィラー」「スモールトーク」といったス
トラテジーについてもまとめられており、研究の理論的枠組やタネを探すのにも役立
つ一冊です。

■　井出里咲子・砂川千穂・山口征孝(2019)『言語人類学への招待―ディスコースから文
化を読む』ひつじ書房

アメリカで発祥した学問分野としての言語人類学についての専門的な入門書で、副題
にあるようにディスコースから文化を解釈する手法について説明しています。ディス
コースを文化実践、社会実践の場として捉える「ディスコース中心の文化へのアプロ
ーチ」について詳述しながら、さまざまなエスノグラフィー研究を解題して、言語人
類学におけるディスコース研究がいかに発展してきたのかを論じています。ディスコ
ース分析の事例を多くとりあげた内容としては、ことばの使われ方とアイデンティテ
ィを扱った第7章「変容する社会を捉える」、そしてコミュニケーションにおけるディ
スコーダンスや差別的発話を扱った第8章「指標性から読み解く対立・差別・不調
和」があります。

注

1　これは構造主義言語学からみた言語の形で、最小単位の音素が組み合わさって音韻が
　　でき、音韻を組み合わせて意味の最小単位の形態素となり、形態素が組み合わさり単
　　語となり、そして単語を組み合わせて文ができる、という考え方です。

2　グラウンデッド・セオリー・アプローチ(GTA)やその発展版の修正グラウンデッド・
　　セオリー・アプローチ(M-GTA)は、データの分析結果に基づく概念の関連付けから
　　理論を抽出する方法です。数多くのインタビューデータなどを分析し、そこから共通
　　する発見内容(ファインディングス)を明らかにするのに適した方法です。これは、第
　　5章で書かれた「いかに語るか」に重きを置くインタビュー・ナラティブ分析とは少々
　　異なる方法です。M-GTAについて詳しく知りたい方は木下(2020)などを参照してく

ださい。

3　たとえばインタビュー調査を行う時には、聞き手のジェンダーや年齢、職業といった属性が話し手の話す内容や話し方にまったく影響を与えないとは言い切れません。

4　このことについて、林はたとえば文学作品において女性が使うことばを男性のことばと区別して表現すれば、そのことば遣いは女性が使う言語としてテクスト内で構築されるだけでなく、読み手の意識にも構築され、さらにその文学作品に社会的権威があれば、そのことばは女性が使うべきとされ、ジェンダーが社会的に実践されるとしています（林 2003: 318–319）。

5　「言語」ということばを使うと、「日本語」「関西弁」「プログラミング言語」といった特定のまとまりのある体系として分類可能な対象を示唆することになるので、本書ではより広義な意味で、平仮名の「ことば」を用いています。

6　ゼミ名は鈴木孝夫先生の名著『ことばと文化』に触発されて名付けています。

7　古い本ですが、ダグラス・ラミスが 1976 年に出した『イデオロギーとしての英会話』というエッセイ集は、当時の日本で流行っていた英会話テキストや英会話レッスンが、自由で民主的、快適で憧れるべき「アメリカニズムを賛美するためのイデオロギー」装置だと論じています。

8　ローマン・ヤコブソンという言語学者が提唱したことから「ヤコブソンの 6 機能モデル」とも呼ばれます（Jakobson 1960）。

9　メタ（meta）ということばは、「あとに」「超えて」を意味する古代ギリシャ語の接頭辞だったものが、「高い次元の」や「超越した」という意味となり、上から俯瞰し、ある視点の外側に立って対象を見ることを意味します。

10　言語社会化（language socialization）という概念は、言語を身につけていく過程において、人があるコミュニティの成員として適切にふるまう習慣や規範意識を身につけていくことを指します。この概念については、クック峯岸治子・高田明編『日本における言語社会化ハンドブック』（2023）に詳しく、職場や家庭における具体的なやりとりの分析を通して、いかに私たちが共感性を育み、社会的に適切とされるふるまいをするようになるかが議論されています。

11　「場の言語学」という用語は使われていないものの、わかりあえないものとしてのコミュニケーションについて情報学、哲学の地平から書かれたドミニク・チェン『未来をつくる言葉―わかりあえなさをつなぐために』（2022）においても「共話」の概念が再評価されています。

12　この方法については第 2 章に詳しく書かれています。

13　ディスコーダンスの概念については武黒（2018）を参照してください。

14　たとえば匿名掲示板に連なる嫌韓・反中のディスコース（ヘイトスピーチともいいま

す)を収集し、分析する作業は決して心地よいものではないです。

15 自然会話とは通常、設定や会話のテーマなどが操作されていない会話全般を指します。会話参加者に内緒でこっそり会話を録音したら、その内容は自然会話かもしれませんが、同意なく会話を録音する行為には倫理的な問題があります。またコーパスに収録された会話は自然会話が多いものの、話者の関係性や文脈がわからないという制限があります。一方、教室での教授法の一つであるロールプレイやインタビュー、テレビ、ラジオ番組などは、ある程度のスクリプトが共有されてはいますが、話し手自身に会話の内容が委ねられている点で自然会話に準ずるとされることがほとんどです。

16 これを実際に分析した研究に片岡(2018)があります。

17 "I want (some) cookies" となるところの主格と名詞の単数・複数形が間違ったクッキーモンスターの喋り方は、今の筆者ならばマペットのキャラクターを創る「役割語」(金水 2003)の一種だったのだとも解釈もできます。

18 「ヘッドスタート」(head start)では低所得層家庭における幼児の学修の遅れへの対策として、就学までに 10 まで数が数えられ、アルファベットが読めることを目標にしていました。その一環として、共働きの両親の帰りをテレビを見ながら待つ子どもたちのため、1968 年に非営利団体によって子ども向けの教育番組が制作されるようになったわけです。

参考文献

カメロン・デボラ著、林宅男監訳(2012)『話し言葉の談話分析』ひつじ書房［Cameron, Deborah (2001) *Working with Spoken Discourse*. SAGE publishing.］

チェン・ドミニク(2022)『未来をつくる言葉―わかりあえなさをつなぐために』新潮文庫

橋内武(1999)『ディスコース―談話の織りなす世界』くろしお出版

林礼子(2003)「ディスコース」『応用言語学事典』pp.318–319, 研究社

林宅男(2008)『談話分析のアプローチ―理論と実践』研究社

Hymes, D. (1972) Models of the interaction of language and social life. In J. J. Gumperz and D. Hymes (eds.) *Directions in Sociolinguistics: The Ethnography of Communications*, pp.35–71. New York: Basil Blackwell.

Hymes, D. (1974) *Foundations in Sociolinguistics: An Ethnographic Approach*. Philadelphia: University of Pennsylvania Press.

Ide, R. (1998) "Sorry for your kindness": Japanese interactional ritual in public discourse. *Journal of Pragmatics* 29: 509–529.

井出里咲子(2005)「スモールトークとあいさつ：会話の潤滑油を超えて」井出祥子・平賀

正子編『講座社会言語科学第 1 巻　異文化とコミュニケーション』pp.198–215, ひ
　　つじ書房

井出里咲子・砂川千穂・山口征孝 (2019)『言語人類学への招待―ディスコースから文化を
　　読む』ひつじ書房

井出祥子・藤井洋子監修、岡智之ほか編 (2022)『シリーズ文化と言語使用 3　場と言語・
　　コミュニケーション』ひつじ書房

岩田祐子・重光由加・村田泰美 (2022)『改訂版社会言語学―基礎からディスコース分析ま
　　で』ひつじ書房

Jakobson, R. (1960) Closing statements: Linguistics and poetics. In T. A. Sebeok, *Style in
　　Language*, Cambridge, MA: MIT Press.

Jaworski, A. and N. Coupland (1999) *The Discourse Reader*. London: Routledge.

Johnstone, B. (2008) *Discourse Analysis*. 2nd edition. Malden, MA.: Blackwell.

片岡邦好 (2018)「被疑者取調べにおいて『きく』(訊く／聞く) ということ：人称とモダリ
　　ティに注目して」村田和代編『聞き手行動のコミュニケーション学』pp.179-205,
　　ひつじ書房

木下康仁 (2020)『定本 M-GTA―実践の理論化をめざす質的研究方法論』医学書院

金水敏 (2003)『ヴァーチャル日本語　役割語の謎』岩波書店

クック峯岸治子・高田明編 (2023)『日本における言語社会化ハンドブック』ひつじ書房

ラミス・ダグラス著、斎藤靖子ほか訳 (1976)『イデオロギーとしての英会話』晶文社

松村圭一郎 (2019)『これからの大学』春秋社

水谷信子 (1993)「「共話」から「対話」へ」『日本語学』12(4); 4–10.

波平恵美子 (2016)『質的研究 Step by Step―すぐれた論文作成をめざして』第 2 版　医学
　　書院

岡智之 (2013)『場所の言語学』ひつじ書房

Shiffrin, D., D. Tannen, and H. E. Hamilton (Eds.), (2003) *The Handbook of Discourse Analysis*.
　　Blackwell Publishing.

Strauss, S. and P. Feiz (2014) *Discourse Analysis: Putting our worlds into words, New York*:
　　Routledge.

武黒麻紀子編 (2018)『相互行為におけるディスコーダンス―言語人類学からみた不一致・
　　不調和・葛藤』ひつじ書房

竹内洋 (2003)『教養主義の没落―変わりゆくエリート学生文化』中央公論新社

Widdowson, H. (1995) Discourse analysis: a critical view. *Language and Literature* 4(3): 157–
　　172.

山本真弓 (2003)「言語的近代をめぐる言語イデオロギーと〈われわれ〉の言語意識」『山口

　　大学文学会志』53: 17–41.

好井裕明（2006）『「当たり前」を疑う社会学—質的調査のセンス』光文社新書

コラム①：卒論を書くという体験(1)

　卒論を書くという経験は誰にとってもはじめてづくしの経験です。多くの先輩たちもいかに研究のタネを探し、育てていくのか悩みつつ研究を進めてきました。コラム①と②では、本書で紹介するディスコース研究に関心を持って卒業論文を書いた井出ゼミの卒業生にオンラインでインタビューをし、その経験を振り返ってもらった内容をまとめています。問いの探し方や方法論との出会い、何に悩み躓きながら論文を書いたのか、そしてそこから何が得られたのかが語られています。皆さんにとっても何かヒントが見つかるかもしれません。(聞き手：井出里咲子)

仲村渠愛里　『「沖縄問題」とは何か―表象としての風刺を通しての考察』
<small>なかんだかりあいり</small>

【1. 卒論への問い】

　沖縄の出身で、内地の大学に進学してから、沖縄方言で話すときと標準語で話すときで自分の性格が変わることに気づきました。最初は方言をその話し手のアイデンティティにかかわるものとして捉える研究がしたいと思っていました。しかし、在学中にうつ病になった時に見かけた「うつは〈心の風邪〉」という表現に疑問をもったことをきっかけに、社会的に弱い立場にある人々の声を大衆に伝えるにはどうしたらよいかを考えるようになりました。沖縄を心のよりどころに闘病していたある日、人気テレビ番組に出ていたお笑い芸人が米軍基地問題を漫才の風刺ネタにしたことが話題になっていました。オフィスアワーでそのことを話すうちに、日本の米軍基地の問題が、なぜ「沖縄問題」と呼ばれるのか、という問いが立ち上がってきました。さらに本土ではなく、沖縄の「内側」からみた基地問題について、ほとんどの人に知られていないと思うようになりました。

【2. 問いへのアプローチ】

　沖縄を内側から描いた社会学の文献を中心に先行研究を読み、「沖縄問題」と呼ばれるものが何を指しているのかを整理しました。また沖縄の人たち自身が基地問題をお笑いのネタにすることに、どんなことが表象されているかを分析したいと思いました。その方法として、在沖縄のお笑い団体による公演「お笑い米軍基地」のライブDVDのネタを分析するとともに、沖縄に帰省した際、「お笑い米軍基地」代表者の小波津氏にインタビューを行いました。

【3. 悩んだポイント】

　一番悩んだのは、基地問題についてどのようなスタンス（視点）から書けばいいかでした。基地問題についてはゼミ仲間を含めた本土の人はよく知らないし、また先行研究として読む文献にもさまざまな視点が混在していると感じました。自分自身が沖縄出身ということもあり、文献調査の過程で感情に振り回されてしまうところがありました。しかしゼミで自分が整理したことを報告し、ゼミ生からのさまざまな疑問に答える中で、書き手として問題意識との距離を調整することができるようになりました。

【4. 卒論を通しての成長】

　もともと人見知りでインタビュー調査を行うことに不安がありました。しかしインタビューのために自分でアポを取り、インタビューをして、お礼状を書く一連の流れを達成したことで、一歩踏み込み、自分の殻を出た感覚がありました。また卒論については、もがいて自分の力で書き切った体験から、卒論はただの紙切れではなく、1年間の経験そのものだったと思います。

【5. これから卒論を書く方へ】

　現在社会福祉にかかわる仕事をしている中で、「感情に流されないために知識を得る」ことについて学んでいます。卒論を執筆する過程ではその姿勢を学んだと思います。

荒井菜摘 『女ことば／男ことば使用のストラテジー―マンガにおける女性登場人物のことばづかいから』

【1. 卒論へのきっかけ】

　大学ではアカペラのサークルに所属するなど、もともと舞台芸術に興味がありました。ゼミ活動で金水敏先生のキャラ語の話を聞き、お嬢様ことばや博士ことばを面白く感じました。論文を読む過程で、小説やドラマなどフィクションの作品で女ことばがよく使われていることに気付きました。フィクションが好きだったこともあり、漫画の中で女の人がどのように話しているかを知りたいと思うようになりました。また子供の頃お転婆だったこともあり、祖父母世代に、「女だから女らしく話しなさい」と言われた経験から、〈女らしく話す〉とは何なのかという思いがありました。

【2. 漫画を選ぶ・分析する】

　まずお金がない中で、どの漫画を選ぶか悩みました。古本屋で「これって研究っぽくないなあ」と思いながらも立ち読みをし、登場人物のセリフが女ことばと男ことばとでスタイルシフトしている作品を探しました。最終的に多くの人に受け入れられたヒット作であり、年代も異なる『タッチ』と『NANA』を対象に選びました。最初は女ことばと男ことばの機能をみることだけに意識が集中していましたが、分析を進めるにつれ、そんなに単純じゃないと感じ出しました。スタイルシフトのパターンが見えてきたところで表を作成しようと思いましたが、ひとつひとつの場面の文脈を無視した単純な表にはできません。最終的には前後の話の流れとその時のセリフを踏まえて、丁寧に記述しながら整理をしましたが、さまざまな発話レベルをどう分類するのか、発話とモノローグをどう分けて分析するかなど悩みました。

【3. 分析を通しての気づき】

　『タッチ』に登場するヒロイン「浅倉南」が女ことばから男ことばにシフトすること（「～だぞ」等）が、人物の内面を描くのにうまく使われていること、また『NANA』では女ことばと男ことば以外にも、登場人物の心の声

を表すモノローグとその言語形式が、多面的な世界を作り上げていることに気付きました。研究をする中で、女／男ことばは単に女らしさ／男らしさを示すものではなく、魅力的な作品を創り出すためのツールとして戦略的に使われているという新しい視点を得ました。思ったより多様な女ことば／男ことばの機能を知ることは、女らしく話すべしという規範を窮屈に感じた過去の自分を肯定するプロセスにもなりました。

【4. ゼミという場について】

　ゼミ生とはそれまであまり話す機会がありませんでした。その分、ゼミの時間にいろいろな考えに触れ、身の回りのことばを自分が生きてきた世界とは違う視点で見るのが楽しかったし、議論をとおして自分の中の偏見や固定観念に気づく機会にもなりました。

【5. これから卒論を書く人へ】

　レポートに比べると、卒業論文では何回も書き直しを経験します。今見直してもミスはありますが(笑)、外に向け、人に見せるものとして文章を書くことで体力も頭も使い、もともと苦手だった「人に伝わる文章」を書く筋肉がつきました。自分の文章を推敲する作業は今の仕事にも活きています。また分析しながら問題意識、問題設定が変わっていったので、自分の書いたものを読み返し、なぜこの研究をしているのかという意識に立ち返りました。もうちょっと良くできると思いながら作業するのは大変ですが、諦めずに考えることだと思います。メンタルを保つために友達と一緒に書くこともお勧めします。

第2章

問いのタネの探し方、育て方

狩野裕子

　本章では、「問い」の見つけ方から論文を書くまでの一連のプロセスを通して「問うこと」を振り返ります。特に前半では、卒業論文（以下、卒論）を書くことの意味について、後半では、ゼミ的な場所の意味を問いながら、「問い」のタネを探し、育てる方法について考えたいと思います。本章と続く第3章そして第7章の内容は、論文執筆のプロセスに必要な事柄を扱います。ここには、ディスコース研究で卒論を「書く」ことに寄り添いたいという執筆陣の意図があります。

　さて、レポートや論文を書くうえで一番大切なことは、「問い」そのものです。もっと正確に言うなら**「問うこと」が何より重要**です。大学は、この問うことの意味を守り続ける番人です。しかし、たとえ大学にいてもこの一番大事な問うことの意味について考える機会にはなかなかめぐり逢えるものではありません。理由は2つ考えられます。1つ目は、大学とは問うことの意味を考える場所だという自明性があるから、2つ目は、問うことの意味は学生自身が考えるべきことであって、直接的に教え導くものではないという前提があるからです。だからこそ大学は、学生たちが教育課程を終える際に、問うことの意味を理解できたかを、「論文」という形でチェックするのです[1]。時々、論文が論文であるためには形式が重要だと主張する人もいますが、最も大切なことは、論文の執筆を通して問うことの意味に向き合えたかどうかです。

　問うことについて、まずは卒論を書くことの意味から考えてみたいと思います。大学という場所に身を置きながら、大学で学ぶことの意味や論文を書

くことの意味を考えるには、再帰的な自己省察が必要です。再帰的な自己省察とは、己から出発し、己を観察し、また己に帰ってくるということです。学生として大学に身を置く「私」を一度脱ぎ捨てて、大学の全体を見渡すところまで知のはしごをかけて登り、全体を一通り見渡したうえで、もといた「私」の場所に戻ってくる。このプロセスを続けるにはエネルギーが必要ですが、このプロセス自体もディスコース研究の1つの技法です。ディスコースとは、自分自身をも含むことばや記号連関の総体ですから、ディスコースを対象とする際には、いつでも自分自身は必然的にディスコースのなかに編み込まれています。その一部でありながら、「外」からの視点にたって全体を見通し、対象の出来事や事態におけることばの使用から意味がつくられていく過程を解釈するのがディスコース研究です。

2.1　評価基準から考える卒業論文を書く意味

　問いのタネを探す前に、論文を評価する側が卒業論文を書くことをどのように捉えているのかを確認したいと思います。先ほど、大学は問いの意味を守る番人だと言いました。その番人が問いの意味をどう守っているかをみてみましょう。

　以下の6つの項目は、ある大学の履修シラバスにある「卒業論文」科目の評価基準を参照したものです。

評価基準
（1）研究の焦点が定まっているか
（2）相応の独創性が認められるか
（3）先行研究を十分にこなしているか
（4）論理的整合性があるか
（5）適切なデータ・資料に裏付けられているか
（6）論文としての構成・体裁が整っているか

　大学や学部などによって評価基準は異なりますから、ここに書かれている

項目だけを無批判に受け止めることには注意が必要です。しかし、このような基準を設けることで、卒論を書くことの意味が間接的に示されていると考えられます。ここで上記の(1)〜(6)の評価基準を「問いの立て方について」と「論文の書き方について」の2つに分けて、それぞれ詳しくみてみます。

問いの立て方について
(1) 研究の焦点が定まっているか
(2) 相応の独創性が認められるか
(3) 先行研究を十分にこなしているか

　まず、(1)研究の焦点とは、卒論で明らかにしたい問いが明確であるかどうかです。それは、卒論で扱う対象であり、主題(テーマ)です。同時に、その問いを設定した理由や背景についても説明できることが求められています。対象となる問いについて、これまで考えられてこなかったこと、これまで見過ごされてきたことが示せるということは、(2)の独創性の評価につながります。独創性とは「先行研究＋α」があるかどうかですから、必然的に(3)の先行研究を十分にこなしているか、を通過します。独創性には、研究対象や研究方法それ自体の新規性はもちろんのこと、先行研究では指摘されていなかった点を洗い出し、その点についての考察を加えることや、先行研究で指摘されている内容を別の対象(事例)を参照して同じことが言えるかどうかを検証することも含まれます。つまり、この3つの評価項目で求められているのは、まず、対象となる問いを見つけて、その問いを明確に掲げること。そして、このことがこれまでに十分に議論されていないと説明できることです。

　「問いの立て方」の3つの評価項目に通底しているのが「先行研究」という参照軸です。先行研究とは、広義には「これまでなされてきた研究すべて」ですが、狭義には「対象とした問いに関する事象・議論を扱った研究すべて」を指します。対象となる問いがこれまでどのように論じられてきたのか、研究領域のなかでどう扱われていたのかを先行研究という参照軸からみることによって、やはりこの議論が必要だという主張がしやすくなります。この点

からみれば、**問いを立てることとは、先行研究と対峙することとセット**だといえそうです。

　と言うのは簡単なのですが、先行研究を参照すればするほど、自分の考えていたこと、やろうと思っていたことの「小ささ」に愕然とするでしょう。文献に当たりながら、「もう先にやっている人がいた！」という場面に幾度も出会うことになるかもしれません。でもそれは、皆さんの問いやその問いに辿りつくまでにかかった時間が無価値であることを意味するわけではありません。むしろ、先行研究は航海の助けとなるコンパスです。ある対象について、この研究（者）はこういうアプローチをしている、別の研究（者）はこういうアプローチをしている。では、私はこの道を進もう、と進路の方向づけを手助けしてくれるものなのです。

　次に、論文の書き方についての評価基準をみてみましょう。

論文の書き方について
（4）論理的整合性があるか
（5）適切なデータ・資料に裏付けられているか
（6）論文としての構成・体裁が整っているか

　上記の3点は一言でいえば、問いについての自分なりの答えが、**読み手にも納得できる書き方で書かれているか**を評価しています。（4）の論理的整合性とは、問いに対する主張と根拠の示し方に論文全体を通して一貫性が保たれているかを示します。つづく（5）適切なデータ・資料に裏付けられているかは、この論理的整合性を支える必要条件です。この2つの評価はしたがって、はじめからおわりまで、同じこと（＝問いに対する答え）について書かれているか、その答えの導き方は適切か、を問うています。（6）の構成と体裁とは、論文を書く際の形式のことです。形式という表面的な評価で、内容とは関係なく、論文の形式を守ったものしか学問の土俵に上がれないなんておかしい、と異議を唱えたくなる気持ちもあるかもしれません。でも、形式が重要である理由は簡単です。論文の流れが途中からずれていたり、自分の考えと他者の考えとが混同してしまっていたり、誤字の多い論文は、単純に

「読み手が読めない」からです。

　論文の書き方についてのこれらの評価項目からは、卒論が**「書くこと」**と**「読まれること」の双方向のやりとり**から成り立っているという視点を得ることができます。形式が重要である理由は、卒論が「論文」という型にはめられた「対話（dialogue）」の一形式だからです。卒論は少なくとも主査や副査の教員が必ず読むものです。また、調査に協力してくださった方々や、友人・知人、さらには後輩たちにも読まれるものですし、学会で発表したり、出版物となったりする可能性もあります。したがって、どんなに独りよがりに書いたとしても、独話（monologue）にはなり得ず、読み手という他者に開かれた「対話」であり続けます。そのために章立ての仕方や引用の方法、参考文献の書き方まで、同じ研究分野内で共有されたルールに従って書くことが求められるのです。

　ここまで、卒業論文の 6 つの評価基準を「問いの立て方について」と「論文の書き方について」の 2 つにわけて、卒業論文が先行研究との対峙であること、さらに論文で主張したいことを読み手にも納得できる形で書くことが求められていることを確認しました。評価基準から明らかな卒業論文を書くことの意味は、**他者との対話の姿勢**にありそうです。ここでの他者とは先行研究はもちろんのこと、論文の読み手、卒論に向き合うなかで出会う人やもの、そして問いを立てた過去の自分自身も含めての他者です。大学での学びのゴールにある卒論は、こうした他者との対話の姿勢を身につけたことの証なのです。

2.2　問いのタネを探す

2.2.1　最も小さな問いのタネ

　次に、どうやって問いを見つければ良いのかを考えてみましょう。問いを見つけるとは、レポート・論文のテーマ（主題）を決めることです。一般的に、なぜ、何が、どうして、誰が、いつ、どのように、といった疑問詞が問いをつくりますが、それよりも小さな問いのタネがあります。それは「えっ！」という驚きや、「ん？」という違和感です[2]。これらの驚きや違和感は、

ある出来事や対象と「私」の近さと遠さを示すバロメーターのような役割をしています。友達から思ってもみない情報を伝えられた時、思わず「えええええ？！」と言ったとしたら、それは私が予期していたことと伝えられた情報との距離の大きさ、意外性を示しているでしょう。逆に日常の些細な出来事に対して、「ん？」という気づきや違和感、モヤモヤした気持ちが生まれたとしたら、それは対象との距離の近さのうちに生じる小さなズレを示しているのではないでしょうか。対象と私のあいだのそのようなズレを生み出すものは何でしょうか。そのズレはどのような意味を持っているでしょうか。「えっ！」や「ん？」は最も身近で、最も小さな問いのタネの発露です。

　私が受けた言語人類学の授業には、このような小さな問いのタネをいくつも見つけていくプロセスがありました。たとえば、言語によって着衣の表現の仕方が異なること。日本語では、首から上は「かぶる」上半身は「きる」下半身は「はく」がありますが、韓国語では首から上は「スダ」首から足首までが「イプタ」足首から下は「シンタ」といいます（任・井出 2004: 160–161）。また、日本語には、物の受け渡しや恩恵の推移を表す授受動詞が7つもある（「くれる」「くださる」「やる」「あげる」「さしあげる」「もらう」「いただく」）一方で、英語には2つ（「give」「receive」）しかありません（任・井出 2004: 157–158）。これらの例は、身近なことばの使用が、実は世界をどう捉えているかという認知の仕方に関係していることを教えてくれます。

　その他、昨今の日本ではキラキラネームがたびたびニュースになりますが、文化人類学者の菅原（2004）によれば、アフリカのカラハリに住むグイ・ブッシュマンたちは、名前を記憶と結びつけるのだそうです。たとえば、移住をめぐって口論があった際に生まれた子には、「口論する－移住する」の意味をもつ「ヌエク－キュエ」を。父親が罠猟の成功を祈願する治療ばかりを行って、家にいたときに生まれた子どもには「罠の呪薬－家にいる」の意味をもつ「ホエ－ガエ」を。母親が子どもを産むときに、そばに住んでいた女性たちが助けてくれず『一人で産んで、死んでやるわ』と思ったことから、「死んで－やる」を意味する「オーマ」を。こうした事例から菅原（2004）は、名付けには幸福な人生を「祈念」するものと、印象的な出来事を「記念」するものがあることを挙げ、「記念」の場合には「共同員たちが過去をふり

かえるための「記憶装置」として役立つ」(菅原 2004: 41) ことを指摘します。これらの名付けには、子どもの存在をどのように捉えているかが示されています。子どもの名前を、1 つの家族や親族の願いの中で完結させるのではなく、共同体の出来事に関連づけるブッシュマンの人々にとって、子どもは共同体のうちに置かれており、その子の成長がそのまま共同体の歴史的な物語となるのです。

　名付けをめぐるもう 1 つの研究を紹介します。イスラエルに住むユダヤ系／アラブ系イスラエル人そしてパレスチナ人のアイデンティティ研究を行った Lefkowitz (2004) です。Lefkowitz は、移住したユダヤ系住民が話すヘブライ語を調査するなかで、ユダヤ系の移住者たちやイスラエルの権利団体が、イギリス統治下にあったその土地にもともと住んでいたパレスチナ人たちの地名をとりあげ、聖書にでてくる地名やヘブライ語風の発音に変えたことを指摘します。それらの「名付け」がパレスチナ人の存在を薄くし、「ユダヤ系イスラエル人」アイデンティティの構築に寄与していると言います (Lefkowitz 2004: 29–31)。世界をどう捉えているか、それをどうことばに表すか、表されたことばをどのように扱い、どこに置くのか。ことばを介してなされるこうした一連の出来事はすべてディスコースです。そして、そこには常に目に見えないパワー／力の存在があるのです。

　「驚き」の話に戻りましょう。言語人類学者の小山 (2018) は、驚き、すなわち想定外の事態にどのように向き合うかが「探究の起点」であり、「言語・思考にまつわるものも含め世界全体の形成・再形成の基点」(小山 2018: 239) であると指摘しています。驚きはしたがって、1 つの「社会的・歴史的な出来事としてのコミュニケーション」(小山 2018: 239) であると言います。「えっ！」や「ん？」にはじまるズレをきっかけに、何かを調べたり、何故そう思うのかを振り返ったり、誰かに話したりしたら…それはもう一つの「社会」を作っていると言えるのではないでしょうか。さらに言えば、驚きや違和感を感じたその瞬間にこそ、「私」が 1 つの断片として眼前に浮かびあがると言えそうです。驚きや違和感は、私ではない「何か」によって生起したものです。そのような私ではない「何か」によってはじめて、私との境界が生まれ、私の輪郭が浮かび上がると捉えれば、「社会」や「私」とは、

すでにあるものではなく、「えっ！」や「ん？」という驚きや違和感によって引き出され、作り出され続ける進行中の出来事だと言えるでしょう。

　ディスコース研究では、交わされることばのうちにつくられるこのような可変的な「社会」や「私」を、それが生起する場とともに捉え、意味を問い直すことを目指します[3]。「えっ！」や「ん？」を通して、自分の声に耳をすます。そうして生まれる「私」と出会う。このことを大学という場所と結びつけてみれば、大学とは、そのような驚きや違和感を自分ごとでありながらも自分ごとでは片付けられないものとして扱う、そのためのことばに出会い、そしてそのような**ことばを鍛え、磨く場所**なのだと思います。

2.2.2　問いの見つけ方（3 つのタイプ別）

　次に問いの見つけ方を考えます。ここでは、次の 3 つのタイプに分けてみました：【タイプ①】問いが見つからない人、【タイプ②】問いがありすぎる人、【タイプ③】問いが個人的な人。あてはまると思うところを読んでみてください。

【タイプ①】問いが見つからない人
- 漠然とした興味はあるけれど、何が知りたいのか自分でもわからない…。
- これはただ自分が好きなだけで「研究」とは違うのかも…そもそも「研究」って何？
- 卒論ってなんで書かなくちゃいけないの？
- あー今週のゼミも面倒くさいなぁ…。

　こんな思いを抱いていたら、それこそが「問いのタネ」かもしれません。このように思ったら続けて、こんな風に自分に問いかけてみてください。

- そもそもなんでことばや文化、コミュニケーションに興味を持っているんだろう？　きっかけはなんだったっけ？
- テーマは見つからないけれど、自分の興味のあることに共通点はある

かな？

- 卒論を書かなくてもいい大学もあるのに、何であるんだろう？　いつからあるのかな？
- なんで面倒って感じるんだろう。知識を持っているかのような別の自分を演じなきゃいけないからかな。というか、面倒って感じる自分はいったい何者？

これらの問いかけは、今抱いている漠然とした気持ちや思いを一段階進めるものです。ひとまず**研究とは、このような「問いかけをし続ける」こと**だと捉えてみましょう。こんな風に問いかけられるものはすべて、問いのタネと言えそうです。次に浮かんでくるのは、こんな問いでしょうか。

そんな問いかけをして何になるの？

これも大事な問いのタネです。何かについて問いを立て、それについて調べ、自分の考えを整理し、筋道を立てて主張を展開する。この論文を書くという行為には、一体何の意味があって、何の役に立つのか。このように問うこと自体に大きな意味があります。

意味がないと思いながら書くのは苦痛ですから、その場合には書くことそれ自体に、もしくは書いたものに、自分なりに意味を与える必要があるでしょう。そうでなくても、社会的な意味が後からついてくることもあります。ただ、もう一つ踏み込んでみれば、そこには「何か意味のあることをしなければならない」「役に立つことをしなければならない」という意味あるものへの価値付けの意識が働いているのではないでしょうか。そのような価値付けの考え方はどこから来たのでしょうか。発達の過程で？　それとも教育という「投資」を受けているから？　あるいは社会的な責任を感じているから？こんな風に考えれば自分自身のうちにも問いのタネが無数にあること、そして問いのタネは四方八方に落ちていることに気がつきます(こうやって沼に落ちていったらもうバッチリです！)。

「役に立つ」に関して、知識社会学者の吉見俊哉は 2 種類の「役に立つ」

を指摘します。(1)目的に対して手段を提示するものと、(2)そもそもの目的・価値を創造するもの。そのうえで、「役に立つ」とは、国家や産業に対してではなく、むしろ人類や地球社会に対してであり、それが学問であると述べます(苅谷・吉見 2020: 142)。大学で論文を書くことは、学問への参与の1つのあり方です。それは、今の社会や国家において何が役に立ち、何が立たないのかという価値基準さえも更新し、かつ創造していくものです。すでにある規範(norm)の歴史的な意味や、本質を問い直すこともまた「問いかけをし続ける」という研究の営為に含まれます。

　本書の執筆陣が専門とする言語人類学・社会言語学では、固定的で不変とみなされるような「規範」もまた、「ことば」を介してつくられ、受け継がれ、更新されつづけている動的な実践(ディスコース)であると捉えます。「ことば」によって人々の生活が枠付けられている様態を捉え、記述し、分析することを主たる研究対象とすることで、「世界」との関わりや、人間の「生」への意味づけを再帰的に問い直そうとします。その意味で私たちは問いのタネをこのように捉えているかもしれません。「ことば」のあるところに、すでに蒔かれている、と。

　大学という場に身を置いて学ぶ「私」という存在は、この価値の更新と創造を託された1つの行為主体(agency)です。論文を書くという課題を目の前にした皆さんには、書くことに自分なりの意味を与える自由も、意味を与えずに書くことを放棄する自由も、意味を与えずにただ目の前の課題をそのまま受け取り、粛々とこなす自由も委ねられています。そのような自由をもちながら、実は足元には「『そのように問う私とは一体何者なのか』を問う」という大きな意味世界が広がっており、はからずもすでに歴史的な意味の連鎖に招かれているのです。

【タイプ②】問いがありすぎる人

　2つめのタイプは「問いがありすぎる人」です。好奇心旺盛で、学ぶことに貪欲、面白いことへの嗅覚もするどく、興味関心を見つけるのが上手な人もいるでしょう。1つの出来事を正攻法で見るだけでは物足りず、裏側からみたり、本当に起きているのかを疑ってみたり…。視点をずらした物事の見

方が染みついている人もいれば、ただ単にあれもこれも面白そう、とアンテナに何もかもが引っかかってしまう人もいるでしょう。キーワードは溢れ出てくるのですが、いざ論文に取り組もうとすると、一体何を扱おう？と宙ぶらりんになるタイプです。時間も限られていて、そうのんびりしてはいられないときにやってみてほしいことが 2 つあります。1 つは、頭のなかのものを外へと引っ張り出して、見える化し整理することです。もう 1 つは「出来上がりの作品」をイメージすることです。

　1 つめの作業では、頭のなかでふわふわと浮かぶ問いのタネに「形」を与えます。どうにかことばにしてみましょう。ことばにしようとした瞬間、スルリとどこかに消えていってしまうこともあるでしょう。頭のなかで泳がせたままにしておくほうが心地よかったとしても、その心地よさに見切りをつけ、頭の外に引っ張り出すのです。手っ取り早い方法は、関心をもっている対象のキーワードを黙々とノートに羅列していって、つながりのあるもの同士をくっつけたりして共通項を探る方法です。共通項がいくつか出てきたら、そこからさらに対象の大きさや、調査にかかる時間の長さ、ゴールとして何がどこまで明らかにできそうか、といった観点からつなげ方を変えて、対象を絞っていくことができます。

　この方法がうまくいかず、さらに煮詰まってしまったときや、話しながら考えるのが得意であれば、ちょっと聞いて！と友達や家族、指導教員を巻き込んで、話を聞いてもらいましょう。大抵の場合は、話を聞く側にとっても学びになりますから、躊躇する必要は全くありません。誰かに相談に乗ってもらう際は、必ずメモをとって（もらって）ください。人と話していると、それまでことばにできていなかったものが、自然と具体的な事例や概念にピタッとあてはまり、ことばになる瞬間があります。1 回ではっきりしなければ、時間を置いてこの作業をくり返してみてください。何度もくり返し出てきたことばやイメージは、芽吹くのを待っている研究のタネの可能性が高いです。

　2 つめは「出来上がりの作品」をイメージすることです。ありすぎる関心に迷いがでたら、出来上がりの作品とのバランスから考えてみてください。イメージするのが難しければ、先輩たちの知恵を拝借しましょう。先輩たち

の論文が収められているところへ行って、どんなテーマの論文がどのくらいのボリュームで書かれているかをみてきてください。タイトルと目次、分量をざっとみるだけでも、扱いたい対象の限定の仕方、目次の立て方、1つの章・節で扱う量がおおよそ掴めます。そうすれば自分の持っているアイデアが卒論には大きすぎるのか、小さすぎるのかをイメージすることができます。出来上がりの作品をイメージすることで、自分が何をどこまで明らかにしたいのか、現実的にできそうか、に向き合えます。問いのタネを探している段階で、論文の出来上がりまでの時系列的なプロセスを思い描くこともとても大事です。スケジュールの作り方、論文執筆の具体的な作法については、第7章を参考にしてください。このように問いがありすぎる人は、人と問答しつつキーワードを絞り込み、出来上がりの卒論をイメージし、工程や時間配分から逆算して考えてみることをおすすめします。

【タイプ③】問いが個人的すぎる人

　最後のタイプは、問いが自分ひとりにだけあてはまる個人的なものになっている(と思っている)人です。研究分野や研究方法よっては個人的な問いであっても問題がないこともありますが、たとえば、【タイプ①】問いが見つからない人のところであげた以下の問いは個人的な問いです。

- そもそもなんでこのことに興味を持っているんだろう？
- きっかけはなんだったっけ？
- 今の時点で持っている「研究」のイメージってどんな感じだろう？

　この3点から「私がなぜ○○について興味を持っているのか」「私の考える研究のイメージとは何か」という問いはたしかに引き出せますが、それはあくまで「私」を基準としたテーマです。前節で卒論とは、先行研究を含む他者との対話であると言いました。つまり、私の思いつきを超えて、私ではない人も考え得るものとして、問いを通して対話を開いていくことが求められているのです[4]。個人的な問いを学問的な問いへと変換させる具体例として、佐藤編(2020)では次のような例を挙げています。とてもわかりやすい

のでそのまま直接引用します。

> 「今日何が食べたいか」という問いは学問的な問いになり得ないが、「どのような食べ物が体に良いか」という問いは学問的問いになり得る、「留学生の張君はどんな幼少時代を過ごしたのだろう」という問いは極めて個人的であるが、「中国福建省の現代初等教育制度について」という問いは、やりようによっては立派な学問的テーマとなり得る。

（佐藤編 2020: 19）

　このように個人の生きた経験を、その出来事をとりまく社会や文化、その歴史性の側から捉えてみることで、問いの範囲を広げることができます。主題としての「私」を一旦切り離し、他の複数の人にとっても関心が高く、影響をもちうる問いに編み直すのです。この編み直しの作業にも、【タイプ②】の問いがありすぎる人のところでもお話したような、ノートに書き記すことや、誰かに聞いてもらって整理することが有効です。

2.3　先行研究という「他者の声」に自分の声をきく

　次に先行研究とどのように向き合うかを考えます。先行研究とは，広義には「これまでなされた研究すべて」、狭義には、「問いに関連する何かしらの考察・議論を提示するもの」を指します。レポートや論文の対象となるのは狭義の先行研究ですが、いずれの意味においても、先行研究とは本質的に「他者の声」です。先程、論文を書くという行為は、自分が抱いた驚きや違和感が自分のものでありながらも自分のものではないことを見つけること、大学というのはそのためのことばを見つける場所だと述べました。先行研究という他者の声を、自分の問いの前に積み重ねていくということは、自分の驚きや違和感が、自分のものでありながらも、すでに問われているものであり、なおかつ議論するに値すると主張する行為です。

　では、先行研究という他者の声にはどのように向き合えるでしょうか。いくつかの方法をみていきましょう。ここで提示する方法はあくまで 1 つのモ

デルにすぎません。できそうなことをひろい、書かれていないことも自分なりに開拓していってください。

2.3.1　本友になる

先行研究に向き合うことは、レポートや論文を書くうえで欠かせない作業ですが、ただ漫然と本棚の隙間を歩き回っていたのでは、いろんな本がありすぎて、何を読んだらいいのか、どこから手をつけていいのかわかりません。そういう時、開架式の図書館に入れる場合には、図書館の本棚と「友達」になることをおすすめします[5]。面白そうだなと思う本から、あるいは授業関連の本が置かれている本棚からスタートしてみてください。

図書館の本棚は、「日本十進分類法（Nippon Decimal Classification）」という分類に沿って並んでいます。1桁目の0〜9は、「0. 総記、1. 哲学、2. 歴史、3. 社会科学、4. 自然科学、5. 技術、6. 産業、7. 芸術、8. 言語、9. 文学」を示しています。2桁目は、1桁目の分類を9つに分けた下位分類、3桁目では2桁目の分類がさらに9つに分類されています。つまり、本棚と友達になることで、その本棚に並ぶ本がどの分類なのか、興味をもっている対象がどの学問領域に位置しているのか、近い分野にはどんな研究があるのかを知ることができるのです。そうして本の背中をみていけば、対象の学問領域には、どのようなタイトル（キーワード）の本が多く、誰が書いた本があるのかを知ることができます。ボロボロになっているものが数冊並んでいれば、それはその分野の教科書として使われてきたものでしょうし、新しそうな装丁を眺めていけばその分野の近年の研究動向がわかります。

大型書店や古書店が近くにあれば、月に一度は足を運んでみることもおすすめです。大型書店では、新刊本のコーナー、売れ筋ランキング別、話題別、といったまとまりで陳列されているため、社会情勢が反映された著作群の情報を一目で得ることができます。新書や学術文庫が並ぶ本棚では、上から下までざっと目で追い、タイトルを流し読みすることをおすすめします。まずは本の背中と「友達」になるのです。気になった本は手にとって開き、目次を確認し、何についての本かを確認します。「○○についての本がある」という感覚を得るだけでいいのです。何回かくり返してみて、何度も目に留ま

り、手にとる本が出てきたら、そのタイトルやキーワードについて何かしら惹かれる理由があるのだと気づくでしょう。中身を少し読んでみれば、筆者の語り口がさまざまあること、どんな語り口を面白いと感じるかがなんとなくわかるようになります。自分がどのような本に惹かれるのかを通して、どんなことに興味があるのかを本から教えてもらえます。

　学術書の編集者である鈴木 (2020) によれば、昭和初期 (1930 年前後) から、1970 年代までに刊行された書籍数は、年間 2 万点であったといいます。これが、1980 年代以降に急速に増加し、今では毎年 7 万点にのぼるといいます。そのため、本を選ぶことが難しくなっているのはもちろん、本の位置付け、機能も変化していると言います[6]。さらに、先行研究には書籍ではなく、論文も含まれますから、電子ジャーナルまで合わせれば文字通り膨大な数であることは間違いありません。かつて「必読書」とされていた教科書群が埋もれてしまっている状況にあって、どの本を読めばいいのかが分からないというのは当然の成り行きなのです。こういう状況ですから、皆さんはあらゆる資源を活用するほかありません。貪欲に、そして躊躇わず、周りの先輩や教員に何を読めばよいか聞いてください。

　一番手早い方法は、「問い」に関連する授業科目を履修し、担当教員に聞いてみることです。それが難しい場合は授業で使用される教材やシラバスに挙げられている参考文献を参照してみることです。担当教員は、その分野の専門家で研究領域の見取り図を更新し続けています。入門科目であれば、これだけは最低限といった概説本が提示されているでしょうし、その概説本を手にとれば、その本でよく引用されているものや、その先に読むべき参考文献を見つけることができます。最近ではシラバスをオンライン上で一般公開している大学も多く、また教員が個人でウェブサイトを運営し講義録を発信していることもあります。コロナ禍で、講義の一部を動画サイトにあげている大学・授業もあります。「問い」を育てるために、これらの資源を大いに活用してみてください。

2.3.2　文献を探す

　次に、気になる対象 (問いのタネ) がすでにある場合を考えます。問いのタ

ネを育てるために、文献を探す具体的なプロセスをたどってみましょう。

　たとえば、筆者は今、街中で見られる「貼り紙」とそこに書かれたことばが気になっています。そこで「貼り紙」とはなんなのか？　「貼り紙」を介してどのような行為がなされているのか？　「貼り紙」の中に書かれることばにはどんな「ことば観」が潜んでいるのだろうか？　などと小さな問いをいくつか立ててみます。貼り紙は何かを伝達するためのメディアの１つですから、メディア研究として切り取ることや、街中に貼られている点をとりあげ、公共空間の景色（「言語景観 (linguistic landscape)」）がつくられている点に注目することもできるでしょう。貼り紙の形式や、書かれた文字や絵などの視覚記号の使われ方をみれば、貼り紙や広告の歴史的変遷もみえてくるかもしれません。

　このように拡げていくと、関連する研究対象は幾多にのぼります。その中から、ひとまず「言語景観」に絞ってみます。そこで、所属先の大学図書館の検索システムに「言語景観」と入力してみると、304件の図書・雑誌論文が出てきます（Google Scholar では 25,400 件がヒットしました）。検索結果をざっと眺めると、「観光」「教育」「多言語」と言ったキーワードや「○○（地名）の言語景観」というような研究事例が目に飛び込んできます。この結果から、言語景観研究の中に複数存在する下位カテゴリーに大まかな目星をつけることができます。具体的には、(1) 地域研究として定点観測で言語景観とその変遷をみる史料・アーカイブ研究、(2) 言語景観を社会の多言語化の手がかりとして、言語政策・移民政策につなげる研究、(3) 言語景観を学習教材として教育実践の中に取り込む実践研究などです。それぞれの領域から論文をいくつか参照すれば、どの論文でも参照されている言語景観研究の核となる論文や書籍に辿り着くことができ、そこからさらに先行研究を遡ることができます。

　先行研究の事例を集める際にやってみてほしいのは、検索に出てこない、あるいは検索結果が少ないキーワードを探すことです。共起検索をかけてみるとより詳細にみることができます。たとえば「言語景観」と「社会」（92件）、「言語景観」と「ことば」（56件）、「言語景観」と「公共」（26件）、「言語景観」と「メディア」（24件）、「言語景観」と「行為」（16件）、「言語景観」

と「感情」(5 件) などです。このように検索結果に出てくる論文数が少ない
キーワードを探し出せたら、日本語論文でまだ議論の余地がありそうな領域
を見つけるチャンスです。必要な先行研究を読み始める際に、たとえば「感
情」という観点で扱うとしたら、どのようなデータでどのような考察ができ
るだろうか、と視点を広げることができますし、考察の切り口にもなりま
す。そうすることで、先行研究と対峙しながら、この点についてはもう少し
議論できそう、ここは面白いな、といった自分の声を重ねやすくなります。
この手順を外国語論文でくり返せば、これまでの研究の世界的な潮流を把握
することができます。

　最近では、各大学で発行される『紀要』や『論叢』[7]、各学会が発行する
学術誌もオンラインで公開されている場合が多くとても便利です[8]。また、
これは大学院生にお勧めしたいのですが、「KAKEN」と検索すれば、科学
研究費助成事業に申請し、採択された研究の進行状況や成果を読むことがで
きます。この分野ではどのような研究がどのくらいの規模でなされているの
か、どこ大学のどの先生が研究領域を牽引しているのかの大まかな見当もつ
けられます。

2.3.3　読み方を身につける

　教員からの指示やシラバスの参考文献リスト、本棚に並んだ本の背中から
いくつかの本にであえたら、具体的に読む行為に移ります。どんな本を読め
ばいいのか、そしてどのように読めばいいのかといった「読書論」を説いた
本はたくさんありますが、多かれ少なかれ、次のような内容に集約されるの
ではないかと思います。何を読んだらいいのかについては、読めるものを。
ただし、良書を読むことが大切だということ。読み方については、必ずメモ
を取りながら読むこと。そして、読みすぎてはいけないということ。

　何をどんなふうに読めばいいのかわからない場合には、まず何人かの研究
者の単著を手にとって「はじめに」と「おわりに」を読んでみてください。
どんなに難解な研究書でも「はじめに」と「おわりに」には、人間性が滲み
出た文章が散りばめられており、そこに何かしらの「近さ」を感じることが
できるからです。また、大抵の場合「はじめに」と「おわりに」には、その

本で言いたいことが数行でまとめられていますし、書けなかったことも今後の展望として書かれていることが多く、書籍全体の概要・目的・方向性を把握することができます。それを踏まえて目次を眺めれば、結論でこの主張をするために、この点とこの点を検討しているのだな、などと章ごとに組み立てられた議論の展開を追うことができるようになります。そのうえで、この本は特に気になる章や必要と思われる章をひろって読む本なのか、はじめからおわりまで腰を据えてじっくり読み進める必要がある本なのかが見えてきます。

　論文を読む過程では、書籍とは異なり、分析方法、考察の妥当性や、議論の展開の仕方など、まさに論文の「型」を学ぶことができます。「はじめに」や「序論」では、研究の背景や著者の気づき、なぜこの論文を書くに至ったのかという経緯など、研究の出発点が記述されています。次に提示される「理論的枠組み」「方法」「分析データ」「分析概念」などは、その論文がどのような認識論的枠組みに沿ってなされたのか、そのうえでどのようなデータを分析の対象とし、それらのデータをどのような観点からみていこうとしているのかが書かれています。続く「分析」「考察」では、データから何がみえてきたのか、そこからどんな考えが導かれたかが示されています。「結論」では、論文全体で明らかになったことがまとめられています。

　論文を読み解く際に注意したいのは、論文中に書かれた対象を捉える視点や論点を理解することです。つまり、その著者が、**どのような問いをどのような角度から考察しているか**を明確に把握することです。そうすることで、似たような問いを自分が得た時に、その論文を1つの参照枠として考察することができます。先行研究の著者がどのような視点を持って調査・考察を行ったかをメモを取りながら把握し、追体験することは、論文を書くうえで大切な訓練の1つです。

2.3.4　読みながら書き、書きながら読む

　「読む」という行為は、能動的でありながら、受動的でもあります。初めに、能動的に読書を開始したとしても、ページを繰りながら、ことばを読んでいるのではなくことばを受けています。それを自分のこれまでの経験と照

らしながら、あぁこれはあのような状況のことをいっているのだな、と自分史と参照させながら、どうにか理解しようとします[9]。この過程で、本と読み手である私の間には対話が生まれます。

　先ほど、読む際にメモをとるということを述べました。読んだ内容は、次の日には大部分忘れてしまうからです。そのときにやってみてほしいのは、「読みながら書く、書きながら読む」という読み方です。読みながら、ここが大事だなと思う箇所には罫線や付箋をつけ、一通り読み終えたところで罫線や付箋に戻ります。対象箇所を記録したうえで、なぜ付箋を貼ったのか、罫線をひいたのか（疑問に思ったのか、面白いと思ったのか）をあわせて書き残します。その際、自分で解釈したことばなのか、書籍や論文に書いてあったことばなのかが混ざってしまうと手間がかかるので、引用であれば必ず「」でくくり、ページ番号まで記しておきましょう。そうすれば、後から、そのことばに戻ってこられます。最後に【要旨】や【コメント】などの見出しをつけて、その論文や書籍の全体的なメモをとります。この作業は、時間がかかるので大変ですが、これをやっているのとやっていないのとでは大違いです。論文を書きはじめた時には、記録を残した自分を褒めてあげたくなること間違いなしです。さらに慣れてきたら、論文を書きながら、必要な文献を集め、読み進める作業を同時進行でできるようになります。

　もう 1 点、先行研究を読む際には読む量を「腹八分目」に留めます。哲学者のショーペンハウアーはこう言います。「本を読むとは、自分の頭ではなく、他人の頭で考えることだ。絶えず本を読んでいると、他人の考えがどんどん流れ込んでくる」（ショーペンハウアー 2013[1851]: 14）。このことばにあるように、本を読むという行為は、書き手の考えをなぞり、その考えに自分の思考を平行させる実践です。そのとき、私の思考は書き手を基準とし、書き手の思考に囚われます。入ってくる情報が多すぎると、どう処理していいのかわからなくなってしまい、自分自身の思考を取り出す際に支障が出ます。対話としての読む作業は腹八分目に抑え、読んだものをまとめたり、それを自分のキーワードと結び付けて考える作業に戻ったりをくり返すことで問いを育てていきましょう。

2.4　ゼミ的な場所から考える卒業論文を書く意味

　ここまで、問いのタネの探し方と先行研究との向き合い方についてみてきました。この後に必要となるデータ収集や分析については次章以降に書かれてあります。本章の最後では、研究を進めていくうえで、そして論文を執筆するうえで、ゼミ的な場所が果たしうる役割について考えたいと思います。

　論文執筆は、本質的に孤独な作業です。書いている段階では読み手からの反応もなく、この時点の論文は言ってみれば長いつぶやきです。ただひたすら内省をくり返し、自分自身と向き合い、一滴一滴としたたる雫が響かせる音に耳をすませるような作業です。政治哲学者のハンナ・アレントはこの状況を「孤独（solitude）」と呼び、すべての思考のプロセスの条件として、また「私は何をなすべきか」という道徳性に関わる形態として位置付けています。思考とはしたがって「みずからとともに対話する営み」（アレント 2016[2003]: 162）であり [10]、逆に言えば、孤独でなければ思考は達成されないと言えます。とはいえ、常に 1 人でいるわけにはいきません。思考が中断した際の誰かとの対話の場は、次なる思考に大きな影響を与えます。大学において、そのような対話の場はゼミ（的な場所）にあります。

　ゼミ（seminar）の語源を遡れば、ラテン語の「seminarium」すなわち「苗床」という意味にたどり着きます。「苗床」すなわち「問いのタネをまく土壌」が、「ゼミ」という語のもつ意味です。花の種を土壌に撒き、発芽させ育て咲かせるように、問いのタネをゼミという場で共有し、議論し、論文へと仕上げ、そこからまた次の問いのタネが実り、蒔かれていくのです。

　教育学を専門とする毛利（2006）によれば、大学におけるゼミナールには 2 通りの意味があるといいます。それは、教育方法・授業形態としての意味と、教師と学生の共同体としての意味です（毛利 2006: 30）。この 2 つの意味を、本章では **「活用のゼミ」** と **「関係のゼミ」** と捉えたいと思います。前者は、輪読や発表、議論を通して研究・論文執筆の下支えをする場としてのゼミ、後者は、論文を書き、研究し、ひいては学問をする「私」を支える場としてのゼミです。この 2 つは、どちらが先でどちらが後、あるいはどちらが重要ということはなく、互いに循環しながらゼミという場をつくっていま

す。

　「関係のゼミ」については本章で、「活用のゼミ」については第 7 章で扱います。また執筆者の「フィールドあれこれ」や卒業生の経験をまとめたコラムからも、ゼミ的な場所とは何かを読み取れると思います。

2.4.1　関係のゼミ

　関係のゼミとは、論文を執筆する過程における「同伴者」の役割を持つ人そして場所のことです。それは、論文執筆という孤独な作業に、新たな刺激をもたらし、新しい根をはる準備をさせる栄養剤のような場所です。

　大学の中にあるゼミや研究室の多くは、教員を中心とした研究プロジェクトのもとに設置されています。したがって、ゼミや研究室とはどのような場所かを問うことは、大学とはどのような場所か、あるいは、大学で研究すること、学問とは何かを問うことにもつながります。他方で、ゼミ的な場所といえば、それは大学の中だけにとどまりません。先ほどから挙げている先行研究も、著者と私との静かな対話の場所ですから、ゼミ的な場所と言えそうです。指導教員と一対一で語らう場や、オンラインでの読書会や研究会などもゼミ的な場所になりえるでしょう。論文を書く過程で、このようなゼミ的な場所、土壌を、いくつか持っておくことは、いろいろな局面で助けとなります。

　文化人類学者の松村圭一郎は、『これからの大学』(松村 2019) の中で、大学とは知識や経験を知るための場——つまり「何かが教えられている場」なのではなく、むしろそれを得るための「方法」を学ぶ場であると述べます。そのような「方法」は、1 つの正しい答えを導くためのものではなく、そもそも正しい方法といったものがあるのでもなく、絶えず試行錯誤をくり返し、問い続けることを要するのだと松村は指摘します。そして、問い続けることを可能にするのは「差異」、つまり誰一人同じではないということにあるといいます。ゼミという場はそのような対話を可能にする実践の場であり、「大学で学ぶべき「知恵」を体得する、もっとも重要な現場」(松村 2019: 52–53) だといいます。ゼミでの活動は、学問的営為の 1 つの実践であり、そのような活動が人文知の土壌をも豊かにします。

　同じく文化人類学者の船曳建夫は、『書斎の窓』という雑誌の中に「ゼミの風景から」(2005 所収)というコラムを連載していました。連載の締めくくりに「ゼミという場」というタイトルで次のような文章を書いています。少し長くなりますが、引用します。

　　大学でのゼミは、もちろん、議論の仕方を学ぶ側面もありましたが、何事かを理解する目的のために、討論という形式を取っているのです。[…] 主張と批判が交わされ、それによって理解が深まるのです。[…] 何よりも全員が、新たな理解に向かうために、議論がいまどこに来ているかを把握し、それを伸ばしたり、枝葉をそぎ落としたり、別の角度から見直す作業を「共同で」している感覚を持たなければならない。どんなに議論が対立していても、常に、1つのことをしているのだという冷めた自覚を持っていなければならないのですから。つまりゼミという1つの場が共有されていなければならないのです。言い換えれば、**もっとも大学らしい知の形式とはゼミのこと**です。

　　　　　　　　　　　　（船曳 2005: 65–66、一部省略、強調は筆者による）

　ここで、船曳が指摘している「1つのことをしているのだという冷めた自覚」そして、「1つの場」の共有とは、ゼミでの主張や議論といった**行為の先(＝学問)を共にまなざすこと**ではないかと思います。それを可能にする知の形式が「**メタ・コミュニケーション**」です。それは、実際のやりとり(コミュニケーション)を行なっているその場において、このやりとりが何であるかを同時に考え、やりとりする(コミュニケーションについてのコミュニケーション、つまりメタ・コミュニケーション)という二重のコミュニケーション実践です。目の前の人の口から発せられることばを、その人の発言として捉えつつ、同時にその発言をその場にいる全員のものとして個々人が引き受け、それぞれが「発言の向こうにある何か[11]」を共に考え、拙くてもことばにしてみる。このメタ・コミュニカティブなプロセスを共有し、醸成する場所がゼミという「1つの場」です。

　さらに船曳 (2005) によれば、共有される「知」の発見の瞬間は、それ自

体がエンターテイメントであり、それは「人間にとって、生きることが楽しみとなる最良の方法」であって、「それだけあれば大学である、と言えるような作業」(船曳 2005: 66)だとも述べています。ゼミ的な場所とは大学を大学たらしめる現場そのものです。そこでは、「知」の発見が共有され、議論され、学問をまなざす実践それ自体が、1 つの歴史的・創造的・実践的な時空間として体現されています。その過程でなされるメタ・コミュニカティブな実践を通して、「人間とは何か」を問うまなざしもまた作られていくのではないでしょうか。

2.4.2　問うことの意味―花壇仲間と偶然を引き受け、過去をつくる

　ゼミという場においては、目の前の人の口から発せられることばを、その人の「発言」として捉えつつも、同時にその「発言」をその場にいる全員のもの(すなわち「知」)として捉え直すという二重のプロセスが大事になります。このような前提が揺るがないものとして、ゼミの構成員に認識された時に、はじめて「自分の」ことばを見つけることができるのではないかと思うのです。ここでいう「自分の」とは、自分から発せられることばではありながら、「自分」には帰属していないような浮遊したことばです。どんな些細なことばでも発言した瞬間に、「ゼミの(そして、ゼミの中の誰かの)」ことばへと溶け出すようなことばが括弧付きの「自分の」ことばなのです。

　このように捉えれば、およそ全ての発話はこのように「自分」には属さない浮遊した言葉です。「ゼミ」という場においては「自分の」発言でありながらも「自分の」発言ではなく、発話された時点で「ゼミの場に投げられたことば」としてやりとりされます。そうなると、発言内容の正しさなどよりも、とにかく発信すること、考えていることを言語化することが何より意味を持ちます。その過程で、思考と身体による言語化のズレも認識することができるのです。先に述べた、自分ごとでありながらも自分ごとではないことばを探し、磨く場所としての大学は、こうしたゼミ的な場所での実践を通してつくられていきます。

　論文を書くとは、「私」による孤独な思考のプロセスを経ながらも、「私」のみでは決して作られ得ず、それ自体が時空間に埋め込まれた歴史的な産物

です。書く人間が「私」であることや、書く対象が「この問い」である理由は、多くの場合、授業やゼミの場を含めた「私ではない何か」によって引き出され、「私ではない何か」とともに作られる偶然そのものです。そのような偶然において対話を重ね、意味を問い、意味の引き受けがなされる場所がゼミなのです。

　ゼミにおいて「問い」というタネを蒔き、他者との対話を通して問いを育て、学問をともにまなざす。こうした実践を通して芽生えた若葉や花は、全く異なる研究であったとしても、見えない根っこの部分では全てつながっており、人文知という大きな土壌を豊かに育てるのです。

≪ブックガイド≫

■ 菅原和孝(2004)『ブッシュマンとして生きる―原野で考えることばと身体』中公新書
　アフリカのボツワナの中央に位置するカラハリ動物保護区に住むブッシュマンの人々の暮らしをおよそ3年半のフィールドワークから明らかにしています。フィールドワークとは、「みずからの身体を、長い時間をかけて変容させること」(菅原 2004: i–ii)という示唆に富む一文に始まり、「他者とともにいること」の多様さ、可能性を、会話や婚姻関係、身体性、権力との対峙の仕方にみられる特徴から鮮やかに語っています。私は言語人類学の授業を2回休まなければならず、この本はその2回分の課題として渡されました。この本が課題でなかったら、私は間違いなくこの文章を書いていないと思います。

■ Lefkowitz, Daniel (2004) *Words and Stones: The Politics of Language and Identity in Israel*. Oxford: Oxford University Press.
　イスラエルでの2年間のフィールド調査(おもにユダヤ系とアラブ系の人々へのインタビュー調査)から、ことばの使用のパターンがどのように「イスラエル」アイデンティティおよび「アラブ」アイデンティティを変容させているかを明らかにしています。とくに中東地域出身のユダヤ系移住者たちがアラビア語の発音に近い正統の「イスラエル的ヘブライ語」を顕著に話す一方で、中東地域出身の移住者たちは、就労状況、居住地、貧困等の広範囲な差別の対象となっていることから、若者たちは親世代の「イスラエル的ヘブライ語」から距離をとっているといいます(pp.233–234)。冒頭のことばが政治的な動乱の主要な「場(locus)」(p.viii)であるという指摘は、ことばの背後にあるパワーの存在に気づかせてくれます。

- 飯村周平・松井智子・宅香菜子 (2022)『ゲーム感覚で身につく論文執筆―「今よりもっと論文を書く」と決めた研究者へ』風間書房
論文執筆のためのスキルをレベル 1 ～レベル 50 までに分け、各レベルを見開き 1 ページで説明していくという攻略型の論文執筆解説本。コラムのなかには執筆陣の経験が豊富に盛り込まれており、論文執筆の強力な伴走者となること間違いなしの 1 冊です。

- 清水幾太郎 (1959)『論文の書き方』岩波新書
読んだものは「蒸発してしまう」(p.7) ということばほど、忘却の事実をぴったり表すことばはないような気がします。前半は読み方について、後半はなぜ書けないのかについて、民族的なスケールの語りが展開します。読み物として面白く、手に取りやすい 1 冊としておすすめです。清水幾太郎 (1972)『本はどう読むか』(講談社現代新書) を一緒に読むのもいいでしょう。

- ショーペンハウアー・鈴木芳子訳 (2013[1851])『読書について』光文社古典新訳文庫
18 世紀後半から 19 世紀を生きたドイツの哲学者による読書論。「本から読み取った他人の考えは、他人様の食べ残し、見知らぬ客人の脱ぎ捨てた古着のようなものだ。」(p.11) と突き放したかと思えば、「さんざん苦労して、時間をかけて自分の頭で考え、総合的に判断して真理と洞察にたどりついたのに、ある本を見たら、それが完璧な形でさらりと書かれていた―そんなこともあるかもしれない。だが自分の頭で考えて手に入れた真理と洞察には、百倍の値打ちがある。」(pp.12–13) と有難いおことばが…本を読むことの本質をズバッと。語り口が爽快。

注

1　かつて哲学者カントは、人は「哲学 (philosophie)」を学ぶことはできず、ただ「哲学する (philosophiren)」ことのみを学ぶことができる、と説いたといいます。このことばに倣って、大学では「問い」を学ぶのではなく、ただ「問う」ことのみを学ぶのだ、と言い換えても良いかもしれません。近年は「卒業制作」といったものを卒業要件に据える大学もあるでしょう。いずれにしても、対象との問いのプロセスがあると思います。

2　アリストテレスもまた次のように述べています。「けだし、驚異することによって人間は、今日でもそうであるがあの最初の場合にもあのように、知恵を愛求し〔哲学し〕

始めたのである。ただしその初めには、ごく身近な不思議な事柄に驚異の念をいだき、それからしだいに少しずつ進んで遙かに大きな事象についても疑念をいだくようになったのである。」（アリストテレス『形而上学（上）』（出隆訳）岩波書店、p.28:982b12）と「哲学する」の始まりに「驚異すること」をみています（驚くことは問うことのはじまりなり！）。

3　カメロン（2012[2001]）において、Widdowson（1995）を参照しながら「テクスト」と「ディスコース」の違いが簡潔に説明されています。「テクスト」とは本に書かれていることばや会話を文字化したものを指すのに対して、「ディスコースとは、言葉から意味を作り出す相互作用および解釈の過程」（カメロン 2012[2001]: 20）だと言います。この過程において、アイデンティティが作られていくとすれば、ディスコースはその結節点とも言えます（Sherzer 1987）。

4　佐藤編（2020）では、「学問研究の問いは、一般的正しさや妥当性を論じるものでなければならない」（佐藤編 2020: 19）と述べられています。

5　大学によっては、提携校の図書館で資料を探したり、書籍を取り寄せたりすることができる場合もあります。図書館の利用方法を調べ、利用できる制度はぜひ活用してください。

6　明治期の日本から、大正時代の旧制高等学校、戦後の新制大学から 1970 年代に至るまでの「教養主義」（竹内 2003）の読書スタイルとして、「手当たり次第に本を読む」（鈴木・高瀬 2015: 23、竹内 2003）や「一日一冊主義」（加藤 2000）などが挙げられますが、それらは 2 万点というなかで可能だったことなのだといいます。

7　それぞれの大学で公開しているリポジトリは、国立情報学研究所が運営する「学術機関リポジトリデータベース」でも一括検索・PDF へのアクセスが可能です。（https://irdb.nii.ac.jp）（最終確認 2024.10.30）

8　具体的にどのようなサイトにあたればいいのかについては、井下（2019）や石黒（2024）に詳しいので、参考にしてください。

9　清水（1972）では、本を読みながらの理解の仕方を「浅い理解」と「深い理解」とに分け、「深い理解は、本から学んだものを吐き出すことではなく、それに読書以前の、読書以外の自分の経験、その書物に対する自分の反応……そういう主体的なものが溶け込むところに生れる。それが溶け込むことによって、その本は、二度と消えないように、自分の心に刻み込まれる。自分というものの一部分になる。受容ではなく、表現が真実の理解への道である。」（清水 1972: 94）と説きます。また、書物の意味についても、「書物の意味は、その書物そのものに備わっているのではなく、書物と読者との間の関係の上に成り立っている」（清水 1972: 109）といいます。

10　アレントによれば、「ひとりでいること」には 3 つの形態があり、それぞれ「孤独

(solitude)」「孤立 (loneliness)」「孤絶 (isolation)」に分けられます。「孤独」は、「沈黙のうちにみずからとともにあるという存在のありかた」(アレント 2016[2003]: 162)を、自分自身との対話といった自己の分裂がなく、自分以外のものとともにあろうと思いながらも、ともにいることができない状況を「孤立」と呼び、自らとともにあることもせず、また他者とともにいることもせず、ただ作業に従事している状態が「孤絶」だといいます。

11　多くの大学ではこれをキリスト教的なメタファーになぞり、「光」や「真理」と言い表しています。

参考文献

アリストテレス著・出隆訳(1959)『形而上学 (上)』岩波文庫

アレント・ハンナ著、コーン・ジェローム編、中山元訳(2016[2003])『責任と判断』筑摩書房

船曳建夫(2005)『大学のエスノグラフィティ』有斐閣

井下千以子(2019)『思考を鍛えるレポート・論文作成法［第 3 版］』慶應義塾大学出版会

石黒圭(2024)『この 1 冊できちんと書ける！【新版】論文・レポートの基本』日本実業出版社

カメロン・デボラ著、林宅男監訳(2012[2001])『話し言葉の談話分析』ひつじ書房

加藤周一(2000)『読書術』岩波現代文庫

苅谷剛彦・吉見俊哉(2020)『大学はもう死んでいる？―トップユニバーシティーからの問題提起』集英社新書

小山亘(2018)「社会言語学とディスコーダンスの空間―葛藤と合意の絡み合いによる現代世界の編成とプラグマティズムの原理」武黒麻紀子編『相互行為におけるディスコーダンス―言語人類学からみた不一致・不調和・葛藤』pp.237–260. ひつじ書房

Lefkowitz, Daniel (2004) *Words and Stones: The Politics of Language and Identity in Israel*. Oxford: Oxford University Press.

松村圭一郎(2019)『これからの大学』春秋社

毛利猛(2006)「ゼミナールの臨床教育学のために」『香川大学教育実践総合研究』12: 29–34.

任栄哲・井出里咲子(2004)『箸とチョッカラク―ことばと文化の日韓比較』大修館書店

佐藤望編著、湯川武・横山千晶・近藤明彦著(2020)『アカデミック・スキルズ（第 3 版）―大学生のための知的技法入門』慶應義塾大学出版会

ショーペンハウアー・アルトゥール、鈴木芳子訳(2013)『読書について』光文社古典新訳文庫

Sherzer, Joel. (1987) Discourse-centered approach to language and culture. *American Anthropolo-*

　　gist, 89(2): 295–309.

清水幾太郎(1959)『論文の書き方』岩波新書

清水幾太郎(1972)『本はどう読むか』講談社現代新書

菅原和孝(2004)『ブッシュマンとして生きる―原野で考えることばと身体』中公新書

鈴木哲也(2020)『学術書を読む』京都大学学術出版会

鈴木哲也・高瀬桃子(2015)『学術書を書く』京都大学学術出版会

竹内洋(2003)『教養主義の没落―変わりゆくエリート学生文化』中公新書

Widdowson, Henry (1995) Discourse analysis: a critical view. *Language and Literature* 4 (3) :
　　157–172.

コラム②：卒論を書くという体験(2)

　コラム①に続き、ここでもディスコース研究の分野で卒論を書いた卒業生の声をお届けします。ゼミに入ったきっかけ、どのように卒論の問いと方法論を編み出していったのか、そしてこれから卒論を書く人へのメッセージなどが書かれています。(聞き手：井出里咲子)

齋藤雄一　『「ゆとり教育」をめぐるイメージの生成と変遷　　　　　　―新聞報道の分析を手がかりとして』

【1. ゼミに入ったきっかけ】

　高校時代に国際系の大学への進学を希望し、大学受験の際にはライフプランとして海外で仕事をすることを考えていました。しかし入学の直前に東日本大震災が発生し、故郷の宮城県で被災しました。身の回りの人々が支援を求める状況や、地元で家業を継いでいた父親が人々を助ける背中を格好よく思う気持ちに気付き、海外ではなくもっと身近な場所でやるべきことがあるのではないかと思うようになりました。就職先の候補として地元の新聞社を考えていたので、ことばにかかわる分野を研究しようと言語人類学のゼミを選択しました。また自分と親しい友達がいるゼミには所属したくないという思いもあり、〈学びに行く〉スタンスを大事にしていました。

【2. 卒論研究への問い】

　言語人類学の授業で学んだ言語相対論は考えたことがなかった概念で、知的好奇心をくすぐられました。ことばによって世界の見え方が変わることや言語相対論にまつわる実験のすべてが興味深く、自分でも実験を行うつもりでしたが、現実的には難しく断念しました。一方、特定のことばのイメージの変化を探りたいという気持ちがあり、新聞記事を対象にことばの意味の変

化を調べたいと考えました。自分は「ゆとり世代」と呼ばれていたこともあり、もともと肯定的だった「ゆとり教育」の意味が、どうして否定的な意味に転換していったのかを調べようと考えました。

【3. 自分が知りたいことを知る手法】

ゼミで読んだ教科書にあった批判的談話分析からヒントを得て、分析方法を考えました。最初は国会答弁を分析しようとしましたが、その後、新聞投書に分析対象を変更し、1992年から2013年の間に朝日新聞に寄せられた400本ほどの投書から「ゆとり教育」という用語の変遷を辿りました。「詰め込み教育」といった特定のことばを判断基準に設けながらカテゴリーを分けて分析しましたが、今ならあるものの当時は先行研究が少なく、分析には自分の主観が強く出てしまうのではないかと葛藤しました。

【4. 卒論を書くという体験】

記者としての仕事はズバリ「毎日が卒論」です。卒論と新聞記事執筆の両方に、発想力、構成力、執筆力が必要です。記者としてはじめて自分で取材をして記事を書く「外勤」に挑戦した時、過去の記事を調べ、インタビュー対象を決めるなど、卒論のプロセスと同じように仕事を進めました。卒論を書いた経験が今の仕事に活きていると感じます。

【5. これから卒論を書く人へ】

先行研究が多い分野であれば論文は書きやすいですが、たとえそうでなくても、自分の興味や知りたいと思ったことにこだわり、それを優先して突き進むべきだと思います。またフィールドワークが調査方法の候補に入るなら積極的にチャレンジしてみてください。現場に赴き、人の声を聴いてはじめて分かるものがありますし、自分の感情をより揺さぶってくるものがフィールドワークだと思います。また血眼になってテーマを探すのでなく、日ごろから新聞を読んだりすることで、何か引っかかる、面白いと思えるものに出会える可能性もあると思います。

山口 梢　『日本人学生と外国人学生の意見表明スタイルの比較分析─模擬討論を中心に』

（やまぐちこずえ）

【1. 人への関心】

　小中学生の頃から人のしゃべり方や人との関係の築き方などに関心がありました。秋田の小学生時代、アメリカ出身の外国人教師（ALT）が、出会いの初めからとてもフランクでオープンな雰囲気だったことに驚き、その先生と話すのが素直にとても楽しかったです。またその後、はじめての海外として訪ねた韓国で、日本人と違い韓国人がオープンかつストレートなことに衝撃を受け、私もこんなコミュニケーションが取りたいと思いました。ゼミを決める時期には、バイト先のおばさんのしゃべり方を心地よく感じたことについて、ふとなぜだろうと考えていました。こうしたことをきっかけに、人とことばへの関心について研究できるゼミを探しました。

【2. 卒論への道のり】

　3年次のゼミ論文では、当時YouTubeの調理動画にはまっていたことから、英語と日本語の料理のレシピ本を対象に、ことばが作る料理概念について考察しました。そこでは日本語の「切る」「ゆでる」といった動詞が、英語のそれとは一対一に対応しないことを分析しました。4年次に入り、卒論でも日英語を比較する研究をしたいと思いましたが、テーマが決まるまでには時間がかかり、非常に苦しかったです。はじめは日英の漫画を比較しようとしましたが、うまい分析点が見つかりませんでした。留学生と一緒の授業を取っているうちに、なぜ留学生の方が日本人学生より積極的に発言するのか疑問に思うようになり、また留学生が日本人学生となかなか親しくなれないことに悩んでいることに気付きました。こうした疑問から、日本人学生と留学生それぞれで初対面のグループを作り、ディスカッションをしてもらい、それを分析しようと思い立ちました。実際に模擬討論を録画したのは9月末で、そこから一気にデータを文字化し、相槌や先取り、同意を求める表現の種類や頻度を分析するのは大変でした。

【3. 卒論から感じたこと】

　日頃からなんとなく「日本人は初対面で深入りしない、踏み込めない」と感じ、もやもやとしていたことが目の前にデータとして現れてくるので、分析作業が楽しかったです。数値化できない違和感が客観的に示されたことで、「自分の気のせいじゃない」と安心できました。授業中もそうですが、普段から周りの目を気にして、人間関係の中で空気を読まなくてはいけない雰囲気があるので、もっと力を抜いていいと考えるようになりました。

【4. 好きなことを真剣に】

　大学の1，2年次は単位を取るという義務感に追われ、何か打ち込めていない感じがありました。そんな中、ゼミは自分の本当の興味とはじめて向き合える場所でした。自分の軸を探しつつ、いろいろな人からたくさんフィードバックをもらうことが大切だと思います。好きなことを一生懸命に話せる空間というのは本当に大事ですし、自分の考えを一緒に真剣に考えてくれる人がいることは生き甲斐にもなる、と社会人になった今も思います。

【5. これから卒論を書く人へ】

　テーマを決めるまで、自分の研究に価値があるのか、打ち込めるものなのかなど、考え始めると終わりがないくらい苦しいことが多いです。一人で悩まず、とにかく自分のアイデアを外に出し、人に相談することをお勧めします。私は父親に卒論のテーマが決まらないことを話したところ一冊の本を勧められ、そこにきっかけがありました。論文執筆は地道な作業なので、書く場所と休む場所を分けるなど、オンオフをしっかり切り替えてください。

梶間ひかり　『日本の性暴力被害についての一考察─#MeToo運動の展開を事例として』

【1. 卒論への問い】

　高校時代、進学校の息苦しさから学校自体が嫌いになり学校に行かなくなりました。高2の時に「少し休むか」と親に提案されて、1年間ドイツに留

学しました。理系も好きなのですが、気まぐれな性格だから、大学では幅広く方向性も変えられる文系のゼミに入りました。もともと政治に関心があり、海外と日本を比較できるものとして、男女の平等性や格差に着目していました。その中でも欧米で大きく広がった #MeToo 運動(性的ハラスメントや暴力に対する被害を公表することにより、世の中を変えていこうとするSNS 上の運動)について、海外に比べて声があげにくい日本社会で、何のためにどのような運動が行われたかを知りたいと思いました。今まで〈仕方がない〉で終わっていたことに対し、私にも人権があって、女だから黙っていなくてはいけないと考えるのはおかしいと感じたことがきっかけになりました。

【2. 反省点と工夫】

　3 年次のゼミ論文では、計画性をもって書き切ることができなかったことが反省点です。卒論では、自分が気になる点が多すぎて、いろいろなことについて書きたい一方、それらをすべて入れることで論文が成立しなくなってしまう可能性があり、何を入れるかについてずっと葛藤がありました。最終的に、方法論の一部として Twitter の数値データを取ることで、主観性が抜け、主張が可視化され、説得力のある論文になったと思います。また論文執筆のために、先行研究の論文を読んで、論文の形式、議論の組み立て方、構成を頭に入れました。この作業に時間をかけて、慣れておくことが大事かと思います。

【3. ゼミという場所】

　私はエクストリーム(極端)な人で、批判的な議論をしたいタイプなのですが、友達だと話しにくい話題も、ゼミ内だと率直に忖度なく意見がもらえました。ゼミという形態がなければここまで性的平等性について会話することはなかったと思います。また私はどちらかというと個人プレーを好んできましたが、ゼミが精神的な支えになり、チームとして励まし合いながらやっていました。またオフィスアワーを使って、先生に相談に行くことを勧めます。行った方がモチベーションも上がり、やっていることの軌道修正ができ

ます。

【4. しょうがないからで終わらせない】

　卒論があったことで、今の日本の社会問題や関心分野について、フォーカスして深く考えることができたし、自分と向き合い、自問自答する大事な時間が持てました。卒論は、人と重ならない「唯一無二」の自分が成し遂げたものとして自信になったし、今後の財産やひとつの武器にもなると思っています。また女性として強く生きることや、受け流さないことへの免疫にもなりました。声をあげにくいことは多いけれど、自分の書いたものがゼミ生や教員などの読み手に変化をもたらしたことで、書いた意義があったなと思っています。

第 3 章

方法の探り方と調査のプロセス

井濃内歩

　問いが形になってきたら、どうやってその問いに答えるか、すなわち調査とデータ収集の方法を考えるステップへと踏み出してみましょう。

　前章でも解説されたように、研究の実際のプロセスは、はじめに問いが固まり、それに最も適した調査を実施して、データを分析したら完成…というような、直線的で単純な道のりになることはあまり多くありません。ほとんどの場合、各ステップを行きつ戻りつしながら研究は進み、またそのなかで、問いは最後まで練り直されていきます。はじめに抱いた問いを、より実態に即した、学術的にも洗練された問いへと発展させていくうえで、実際に人々の実践のなかに身を投じ、自らが「もう知っていると思っていたこと」を問い直していく調査のステップは、単なるデータ収集のための活動に留まらない意味を持っています。実際に動き出してみることで、思ったような調査をすることが難しいという現実に直面することもあれば、想定していなかった興味深い事象に気づき、研究の方向性が大きく変わることもあります。方法を探るステップでは、はじめの問いを起点にしつつ、少しずつ動きながら考え、自らの問いと方法の両方を精緻化していくような心構えでいるとよいでしょう。

　この章では、ことばと文化社会の研究法として**フィールドワーク**を取り上げ、そのなかで用いられる代表的な調査方法と調査のプロセスを紹介します。フィールドワークとは、簡単に言えば、ある実践が行われている現場、**フィールド**に赴き、人々の営為とやりとりのなかに身を置きながら観察や記録を行うことを通して、文化社会的文脈に埋め込まれた実践の意味を「内側

から」読み解く研究方法のことです。

　フィールドとなる場所や集団はさまざまです。自分が慣れ親しんだ環境や所属集団から遠く離れた国や地域、立場の人々のグループから、もっと身近な場所、たとえば、街中の公園や商店、駅や学校、大学のサークルやバイト先、趣味仲間の集まりから SNS 上のコミュニティまで、そこに人々の実践がある限り、どんなところもフィールドになります。

　同時に、ことばの使用を「文化が具現化し生成される、まさにその場所」(Hill 2005: 159) と捉えるディスコース研究においては、「フィールド」の定義はさらに柔軟に捉えられそうです。第 1 章でも述べられたように、ことばの使用は、文化社会的な文脈(コンテクスト)のなかで起こるとともに、新たにそのコンテクストを創出していく現場でもあります。ディスコース研究では、地理的・制度的・時空間的に区切られた地域や集団という狭義の範疇を超え、ことばが使われるまさにその現場こそをフィールドとして捉えます。そして、やりとりのなかで関係づけられているコンテクストに調査者自らが入り込み、観察し、データとして切り出してくる研究の方法をフィールドワークと考えます。友人とのおしゃべりであれ、街中のポスターであれ、SNS 上の動画であれ、ことばあるところはどこでもディスコース研究の「フィールド」であり、フィールドワークのまなざしをもって探求しうる「場所」なのです。

　さて、やりとりの現場に飛び込み、そこに織り込まれたイデオロギーや実践知に接近するフィールドワークは、自分の頭の中で組み立ててきた問いや、もう知っていると思っていたことと、複雑な現実の間の「ずれ」に気付くプロセスそのものとしての側面を持っています。それまで自らが抱いていた「当たり前」や、「こうでなければならない」という社会や他者への思い込みを意識化し、相対化する経験は、多様な他者と共に生きる柔軟さを培うことにもつながります。この「**自らがひらかれて、変わる**」という部分を、本書は他者のことばと対峙する研究のための重要な身構えの獲得として、フィールドワークの核心だと考えます。

　この章ではまず、ことばと文化研究のフィールドワークにおいて用いられる、観察、インタビュー、録音・録画といった主要な「調査方法の道具箱」

を紹介します。次に、実際に調査を進めていく際の具体的な流れや手続きについて、ステップごとに解説します。調査において忘れてはならない倫理と安全についても触れたのち、最後に、フィールドワークの核心となる「わたしのまなざしの変容」について解きほぐします。本章を通して、ことばを調査しようとする皆さんを、日常の至るところにある、フィールドへのはじめの一歩にお誘いできればと思います。

3.1　フィールドワークの道具箱

　フィールドワーク、と一言でくくられる方法は、実際は人々の実践の只中に調査者自身が身を投じ、多面的に問いに迫るために組み合わせられる複数の調査方法のまとまりです。フィールドワークは一般に、数量的データを集める**量的研究法**に対し、数値化できない実態を調べる**質的研究法**に分類されます。しかし、対象を多角的に理解することを重視するフィールドワークでは、こうした分類に囚われるのではなく、複数の方法を組み合わせて多様なタイプのデータを集めることを指す、**トライアンギュレーション／三角測量**が推奨されています。つまり、フィールドワークは研究の目的や状況に応じて多様な方法を組み合わせ、時には即興で創意工夫して、人々の実践の立体的・包括的な理解を目指す、柔軟性と創造性の高いアプローチなのです。ここでは、ことばと社会の研究において主に用いられている調査の方法をいくつか紹介します。どの方法にも、それぞれが最も効果を発揮する場面と限界があります。どのような方法が自分の問いを明らかにするのに適していて、時間や状況の制約のなかで実現可能なのか、みなさん自身の場合を考えながら読んでみてください。どのような方法を取るにせよ、その目的は、実際に使われる生きたことばを、社会的文脈の中で捉えることにあります（Ahearn 2021: 58）。

3.1.1　観察する

　フィールドワークの基本のキは、**よく見る**ことです。見ること、というと特別な調査方法のように聞こえないかもしれません。しかし、実際に何らか

の活動や出来事が起きている場所に身を置き、起きていることをつぶさに見て記録する**参与観察**と呼ばれるこの方法は、時に人びとの意識にものぼっていない、日常の実践に顕在化する文化の型や、社会関係、規範意識といった文脈を読み解くうえで、極めて有効な方法です。また、調査の焦点を絞り込んだり、追加の調査方法を検討したりするうえでも欠かせない、あらゆる質的調査の第一ステップでもあります。

　ただし、漫然と眺めることと、フィールドでの出来事を観察者の眼で見ることは異なります。「よく見る」こととは、通常ならば特に注意を払わずにいるような物事の細部や、必ずしも明言化されないその場のルールや人々の関係性まで、目の前の事象を能動的に、詳細に観察し、そこに具現化する文化を読み取ることです。同時によく見ることは、記述、つまり書くことによる質的資料を作ることを含みます。観察に基づく記述的資料を**フィールドノーツ**といい、これをもとに書かれる作品が**エスノグラフィー**です。読んだときに、その場の「空気」がありありと伝わってくるような密度の高い記述は、たとえ何年たってもその時の出来事を分析し、フィールドに行ったことも見たこともない読み手にまで届けることを可能にします。

　ひとたびフィールドに入れば、身の回りで起きることすべてがデータであり、フィールドワーカーは日々膨大な情報の波に飲み込まれます。しっかりと観察を記憶と記録にとどめるためには、観察の際に手を動かしながら記録することが助けになります。フィールドでは小さめのノートを絶えず携帯し、日付や場所、参与者の情報や会話の経緯や状況、そこで起こっている非言語動作も含めた発話などをこまめにメモしましょう。たとえばお店での接客のやりとりを観察する場合、間取りやモノの配置をスケッチしたり、人びとの立ち位置やその間隔の変化などを、可能な限り正確に測ったりすることで、物事の細かなディティールも、より焦点化して見ることができます。また、その場にいたときに新鮮に感じたこと、疑問を持ったこと、自分の感情や考えたことも、重要なデータの一つです。一緒にノートに書き込んでおきましょう。調査が進みフィールドに慣れていくにつれ、自分の当初の驚きや違和感も徐々に「当たり前」になっていきます。はじめの頃の気付きや感情は、後からノーツを見返したとき、フィールドを改めて考察するうえでのヒ

ントを与えてくれることがあるのです[1]。

　さて、こうして現場で付ける記録（**現場メモ**（佐藤 2002: 120））は、活動に参加しながら付ける場合にはとりわけ断片的で不完全だったり、走り書きで見にくかったりする場合が多くあります。そのため、一日の観察が終わったら、見返したときにその日の観察内容を詳細に理解できるような清書版のノート記録、フィールドノーツを作ります。ノーツと言っても、手書きに限らず、パソコンやノートアプリ等を活用して作成することも一般的です。

　フィールドノーツは、記憶が鮮明なうちに作成するのが鉄則です。人間の記憶は長持ちしません。その時は自明で、書き残すまでもないと思っている情報も、時間がたてば自分自身にも不明な情報となることは、往々にして起こります。ただし、丁寧な清書版ノーツを調査中に毎日つける時間がない、という場合には、必ずしも整理された文書の形でなくても、日々の調査内容を可能な限り詳しく残しておくことが、後から清書版ノーツを作成するうえでの助けになります[2]。大切なのは、後から読み返しても、日付や場所といったデータの基本的な情報と、その場の状況や参加者の様子、やりとりの雰囲気などを、それを体験していない他の人、つまり将来の論文の読み手にも十分に説明できるような記録を作ることです。なお、章末のブックガイドでも紹介する佐藤（2002）には、フィールドノーツのつけ方に関する詳しい解説が載っていますので、一読をお勧めします。

　ところで、サイバースペース上で起こるコミュニケーションを研究対象としたい場合、物理的な人の集団や場所は見えにくく、観察調査のイメージが湧きにくいかもしれません。しかし、オンライン空間で交わされるディスコースを読み解くうえでも、やはりフィールドデータは重要な意味を持ちます。たとえば、使われている特定のプラットフォームは、どのような年代の人がどのような目的で使っているものなのか。送れるメッセージへの字数やフォント、スピード等の制限によって、どういったやりとりが起こりやすいのか。そこでどういった時間に、どういった出来事をきっかけに特定の投稿が起こったのか。こうした参加者の活動パターンや投稿同士の関係を、実際に調査者自身が使ってみながら観察することで、プラットフォーム上やコミュニティの特徴と文化が見えてきます。パンデミックによって多くの研究者

が地理的移動を制限されて以降、サイバースペース上でのフィールドワークはますます一般的なものになってきました。対面であれオンラインであれ、発話を断片的に切り出してくるだけでは、ローカルな文脈の中におけることばの意味を理解することは困難です。実際に言語実践を行っている人びとが身を置いている環境、活動が起こっている社会的背景に十分に接近することでこそ、着目する現象の意味は分析可能なものとなります[3]（オンライン・ディスコースの調査方法については第6章も参照）。

　一方、生身の人間である調査者自身が観察器具になる観察法には、調査者の社会的属性や立場によって、アクセスしにくい場所が生まれるという弱点もあります。また、調査者自身もバイアスを持っているため、フィールドの全ての物事に注意を向けられる訳ではなく、無意識に特定の活動を見落とすこともあります。何より、体調や疲れによって漏れや抜け、また記憶違いも起こりえますし、五感を張り詰めて情報を吸収すること自体、大変な体力を使います。調査計画は、これらのことを考慮に入れて、無理のないスケジュールを立てましょう。しかし、観察法には他の方法では代えがたい強みがあることは間違いありません。たとえば一度も現場に足を運ぶことなく行うアンケートの結果からは決して見えることのない、自分が向かい合う人々の混沌とした、しかし豊かな生の手ざわりが浮かび上がってくるのです。

3.1.2　聴く／聞く／訊く

　一方で、見ているだけではわからないこともあります。そうした事柄は、もう一歩フィールドに踏み込んで、人々に聞いてみる必要があります。相手に質問し、ことばを交わしながら情報を集める方法は一般にインタビューと呼ばれます。インタビューには、ちょっとした立ち話のような普通の会話に近いもの（**非構造化インタビュー**）から、予め準備された質問項目に沿った問答形式をとるもの（**構造化インタビュー**）まで、多様な形態が含まれます。また、複数人を集めての座談会形式で行う方法や、相手の体験談等の語りを聴くナラティブ・インタビューというアプローチもあります（第5章参照）。ことばと文化の研究では、ある程度の質問を事前に準備したうえで、会話の流れに応じて質問の順番や内容を変えたり、話の脱線を発展させて相手の話を

深掘りしたりする**半構造化インタビュー**が多く用いられますが、状況や研究目的に応じて、これらの形態を複数組み合わせることもあります。

　ことばと文化の研究者のあいだで今も読み継がれる古典に、Briggs（1986）の *Learning How to Ask* があります。ここで Briggs が強調するのは、インタビューのやり取りそのものが、調査者と調査協力者[4]のあいだに生まれるディスコースであるということです。調査者はインタビューの場で生じるやり取りの参与者であり、その存在や尋ね方は語りの生成に深く関与します。したがって、インタビューという調査法を、機械のボタンを押すように、質問を入力して「事実」を取り出す「透明な」行為だと認識することは大きな誤りです（Ahearn 2021: 59）。Briggs は、インタビューというやり取りのパターンが、特定の文化の型に根差したもので、あらゆる社会に共有されているものではないことを調査者が自覚すること、そして、フィールドの人々の文化にとって適切な方法で声を聴きとることの重要性を強調しています。

　本書のはじめにでも解説されたように、言語人類学は「ことば」を社会的文脈から切り離しては理解し得ないことを強く自覚してきた学問です。ことばの意味は表面上の「言われていること」だけでなく、それを包み込む「どのように言ったか」という語りの型と、それが持つ文化社会的意味と一緒になってはじめて立ちあがります（第 5 章も参照）。したがって、インタビューで語られることを読み解くためには、インタビューの場そのものをフィールドと捉え、観察し、フィールドノーツをつけることが、大きな意味を持ちます。インタビューまでの経緯や、その場での調査者と相手との立場や関係性は、やり取りに働く力関係などを考えるうえで重要な情報です。加えて、インタビュー中の相手の様子——ことばがなかなか出てこない様子だった、聞き手がどう反応するか伺っていた、あの場面で声を詰まらせていた——といったことばの手触りは、録音や録画をしても捉えきれない、その場に身を置くあなた自身にしか記録できない、重要な手がかりです。フィールドワークのインタビューとは、協力者とのディスコースの連鎖に身を投じ、語り手がどのような場面で、どのような様子で、どのようにある物事を語ったのか、そして聞き手であるあなた自身はそこにどのように介在していたのか、といったことを注意深く考え、観察し記述していくことを含みます[5]。

　同時に、フィールドでは問わず語りにこぼれることばと出会うこともあります。言語人類学者の Jane Hill はメキシコ・プエブラ郊外の小さな町で、先住民言語メヒカノ語の最後の話者と言われたドン・ガブリエルへの聞き取りに調査チームの一員として赴いていた際、何気ないやりとりをきっかけに、突如として彼が過去に起きた自分の息子の死について語りだす場面に居合わせます。高齢で病に伏せる彼がとうとうと続けた約 17 分に渡る語りを、切り落とすことなく丸ごと論文の中に連れてきた Hill (1995) は、精緻なディスコース分析から、彼の語りに織り込まれた多様な声に加え、スペイン語とメヒカノ語のコード・スイッチングが、近代的な資本主義的価値観と、小作人的な互酬性に依拠する共同体的価値観という 2 つの世界を対比的に語りのなかに立ち上げていることを描き出しました(第 5 章も参照)。このように、フィールドでは、「質問―回答」の枠組みからはみだす人々のことばがあふれているはずです。調査者がそこにいたことで、ふともらされる声もあります。フィールドにただ身を置いて待つなかで、時にそうした声が研究を導くことがあります。

　フィールドでの「ききとり」には、聴く／聞く／訊くことのすべてが含まれます。それは他者のことばのなかに、そして、まだことばになっていないもの、時にはことばを超え出ているもののなかに、じっと耳をすませ、他者の世界の見方に深く潜っていく行為です。

3.1.3　録音・録画する

　ことばの研究で特に中心的に用いられ、特別な重要性を持っている方法が、やりとりの**録音・録画**でしょう。対象となる談話には、友人同士のおしゃべりや授業、オンライン飲み会といった身近なところから、商店や病院、職場での談話、政治演説や法廷談話、伝統芸能や儀礼等、多様なものがあります。また YouTube 動画やテレビ、ラジオやポッドキャストの放送等も含まれます。

　実際に使われていることばに関心を寄せるディスコース研究では、ことばがどんな場面で、どのように使われていたのかの厳密な記録こそが、高い説得力を持つデータとなります。観察でもある程度は記録できますが、通常ス

ピードの一定量の日常会話を一言一句違わず記録することは至難の業です
し、視線や表情、身振り等も含めたマルチモーダルなやりとりの全体を把握
することは、生身の人間には限界があります。ボイスレコーダーやビデオカ
メラを使った記録は、そうした一瞬で通り過ぎていってしまう実際のやりと
りを捉え、何度もくり返し聞き／見返し、分析可能な形で保存すること、さ
らには他の人とも一緒に検討すること(7.1.3「データセッションを行う」参
照)を可能にするとともに、調査者の不完全な記憶や一般論、また調査者自
身の言語イデオロギーに基づいて早急な結論を出してしまうことを避けるう
えでも有効です(Ahearn 2021: 61)。実際に記録を取って検討してみると、人
びとが気付いていなかったり、インタビューで説明されたことと矛盾したり
するようなことばの使われ方に気付くこともあり、何気なく録った談話ビデ
オをくり返し眺めるところから、研究の問いが芽生えることもあります。

　一方で、いくら精密な音声や映像であっても、そのやりとりが埋め込まれ
ている社会的文脈を理解することなしには、それが人々の間で持つ意味を十
分に理解することはできません(Philips 2013)。したがって、録音・録画は
参与観察やインタビューを通したフィールド全体の理解と並行して行う必要
があるでしょう。録音・録画を行う際にも、調査者が相互行為の現場のなか
あるいは近くに身を置き、参与観察と同時並行で記録を行うことが望まれま
す[6]。

　収集した音声・動画データは、なるべく記憶の鮮明なうちに文字起こし(文
字化)を行います。この文字化の作業は予想以上の時間と労力がかかるもの
です。1 時間のデータの文字化にかかる時間は約 6 時間からそれ以上とも言
われます(Ahearn 2021: 51)。調査を計画する際はこのことを頭に入れて、手
に負える量のデータを取る必要もあるでしょう。まずはザーッとデータを通
して何度か見／聞き、対象の言語実践が現れている部分や、他に気になる部
分を洗い出したら、文字化のアプリなどもうまく活用しながら、その部分を
くり返し聞き込んで精緻に文字起こしをする、という手順を踏むと効率的で
しょう。

　一方で、他者のことばを文字に起こすという行為も、単に音声を文字にす
る、という政治的に透明な作業ではありません。何を文字に起こし、どの文

字で表記し、アクセントや声の震え等をどこまで、どのように表記するのか。これらの絶えざる取捨選択は、調査者の言語イデオロギーが避けがたく介在する行為です。他者のことばの「表象」である文字化は、特定の人物の話し方に関するステレオタイプや「標準性」のイデオロギーを再生産する政治性もはらんでいます。一方、こうしたことを自覚しながら、表記としての言語記号に付随する指標的意味と向き合うことが、見落としていた調査協力者の言語実践に気付くきっかけともなり得ます（井出ほか 2019: 153, Ottenheimer 2012）。文字化の政治性とあり方に向き合った Ottenheimer (2012)[7] は、文字化が表象の意味を構築するプロセスそのものであることを論じたうえで、「データは、常に聞こえる範囲で最大限正確に、そしてそのプロジェクトに見合う形で文字化されなくてはならない。しかし表記としての表象は、対象、オーディエンス、政治性への心配りへの反応として構築されなければならない」(Ottenheimer 2012: 117, 井出ほか 2019: 156 より訳を引用)と述べています。

　文字化した相互行為の抜粋は**断片**とも呼ばれます。Microsoft Word 等で作成した文字化資料には、それぞれどのデータのどの箇所のものかが一目でわかるように、[180624_QJND okashi party_23:56]（左から順に日付、参加者名や場面などのキーワードの入ったデータタイトル、開始分秒）といったラベルを付けておくと整理しやすいでしょう。なお、次章で解説されるように、文字起こしの方法にもさまざまなものがあります。先行研究で使われている方法を参考にしながら、自分の研究に最も適したものを選ぶと良いでしょう。

3.1.4　描いてもらう

　主に言語と社会的アイデンティティの研究で用いられるユニークな方法の1つに、（**メンタル**）**マッピング**（[mental] mapping）があります。調査協力者に日常的に時間を過ごしている場所の空間や仲間集団、その名称等を地図に描いてもらい、人々が「場所」との関係のなかで自他の境界をどのように観念化し、社会的に空間を組織化しているかを探る方法です。この方法を取り入れた事例として Bucholtz (2010, 2012[2006]) の、米国カリフォルニア州の

高校で人種とエスニシティ、若者のサブカルチャーとアイデンティティの関係性を探ったディスコース研究があります。Bucholtz が研究の焦点に据えたのは生徒らのスラングの使用ですが、その実践が埋め込まれた文脈である、多人種・エスニシティが混淆する学校での生徒内のグループ形成に作用するイデオロギーを明らかにする方法の 1 つとして、インタビュー時に生徒に紙を渡し、普段自分がたむろする校内の場所と、「その他自分が重要だと思う場所」の見取り図を描いてもらいました。その結果、白人生徒が自分たちのグループには名前を付けない一方、有色系生徒らの縄張りには名前を付けて有標化するといった実践がみられ、人種のイデオロギー性に秩序立てられた学校の社会空間が色濃く浮かび上がりました（Bucholtz 2012[2006]: 276–281）。同様の方法をとった日本語の研究に、「留学生」と「日本人」学生が大学キャンパスで経験する空間的隔たりがどのように社会的カテゴリーの境界の形成に繋がっているかを明らかにした小林（2017）や、ロサンゼルスの高校に通う「日本人」高校生の人種やナショナリティを巡るアイデンティティを読み解いた小林（2021）[8] などがあります。

3.1.5　アンケートをとる

　量的方法に数えられる**アンケート（質問紙）調査**ですが、フィールドの一般的な情報や人々の属性、立場や意見等の傾向を短期間で把握するのに効果的な方法です。筆者が以前、国際移動を経験した子どもが多く集まる中学校で調査をした際には、この方法が有効に働きました。この時、教室で調査ができる時間は限られていたため、フィールドとなったクラスの生徒一人一人の移動や言語学習のバックグラウンドを個別に聞き取ることは困難でした。そこで、クラスに入る初日に調査への同意書の下半分をアンケートにして生徒に配布し、同意書と一緒に手渡してもらいました（コラム⑤参照）。これは学校の先生方への負担を減らすとともに、生徒たちの移動の経験や言語観を大まかに掴んで観察や聞き取りの焦点を絞り込むこと、また生徒の名前を覚えることに役立ちました。このように、アンケートは限られた時間内で基本的な情報を集め、調査を効率的に行ううえでも有効です。

　ただし、質問紙の文言を考えることは、予想以上に難しい作業でもありま

す。回答する人の目線に立ち、専門用語を排した誤解や曖昧さの無い表現で、答えやすく負担にならない分量のアンケートをデザインするには、インタビュー同様、相手のコミュニケーションの型を予め学び、それに合わせることが重要です。実施前にそれが叶わない場合にも、なるべくゼミや指導教員、またフィールドの責任者等、他の人に試作版を見てもらい、コメントをもらって何度も修正を加えるのが望ましいでしょう。なお、前述の中学校のクラスでは、日本語よりも英語の方が使いやすいという生徒も多かったので、アンケートは二言語併記で作成しました。また、作成に当たっては短時間でさっと答えらえるよう、問題数を絞ること、わかりやすい文言にすること、英語と日本語で指示内容に差が出ないようにすることなどに留意しました。

3.1.6　資料を集める

　フィールドで収集できる書きことばの資料は、フィールドに関する重要な手掛かりを与えてくれる貴重なデータです。ここでいう資料とは、公文書や新聞等のアーカイブから、フィールドの地域や団体の広報誌、チラシや街中の看板や貼り紙、日記やメール、オンラインチャットやSNS上の投稿まで、さまざまなものを含みます。パンフレット等、実物を手に入れられるものは入手し、難しいものは許可を得てコピーを取ったり、写真やスクリーンショットを送ってもらったりして記録し、内容ごとに整理して保存します。こうしたデータを使った研究として、たとえば前述の Bucholtz（2010）は、フィールドの高校の卒業アルバムに書かれた生徒の寄せ書きメッセージを分析し、人種やサブカルチャーごとに集団に分かれる生徒たちが、どのスラングをどの生徒に対して用いるのかを調査しています。Kataoka（2003）は、高校生をはじめとする日本の若い女性が、小さなメモ帳を使って親しい友達と交わす「手紙」を収集しました。文末に付けられる手書きの♡マークなどをEmotive Pictorial Signs と名付け、その使用が、情報伝達よりも情動的につながりあうこと自体を志向する若者の書きことばのコミュニケーション様式を生み出していると論じました。

　一般に公開・配布されている資料であれば概ね問題ないでしょうが、写真

撮影等をする際には代表者や所有者の許可を得ることが必要な場合もあります。研究のためであっても、資料の二次利用には著作権や研究倫理が絡む場合もありますので、指導教員とよく相談し、注意深く対応することが必要です。またデータの管理にあたっても、誰でも見られるところに置いておいたり、全データを 1 つの USB に入れて持ち運んでいて紛失したりといった過失が無いよう十分注意します。

　本節での方法の紹介はここまでです。ここでは代表的な調査方法を挙げましたが、もちろんこれ以外にも方法は沢山あり、またフィールドワーカーたちは、日々それぞれの現場の制約に応じて試行錯誤する中でユニークな調査方法を編み出しています。自分自身の研究のための方法を考えるうえで役立つのは、過去の研究からアイデアを借りることです。まずは自分の関心と近いテーマの研究をいくつか読んでみて、どんな方法を使っていることが多いか調べてみましょう。その際、方法の違いによって、結果やそのまとめ方にどのような違いが見られるか分析して、自分がやってみたいことに近いのはどれか考えてみましょう。また、テーマは直接関係なくても、自分が魅力的に感じる研究や、面白い調査方法を取っている研究を見つけたら、アイデアを拝借してみましょう。そして、実際に調査をする段階になったら、より詳細なフィールドワークの理論や手ほどき、事例が書かれているフィールドワークの専門書を読んでみてください。本書のコラム③と④では、執筆陣がそれぞれのテーマに応じて採用した調査方法や、それを探る過程での試行錯誤を書いています。また、章末のブックガイドには、より詳しいフィールドワークの概説書のリストが載っています。ブックガイドには挙げきれないお勧めの研究事例は、なるべく本章の参考文献として取り入れました。この章をきっかけに興味を持った方は、こうした文献も読み込んで、フィールドワークの面白さ・奥深さを訪ねてみてください。

3.2　調査のプロセス

　次に、実際に調査をどのようなステップで進めていけばよいのか、大まかな流れをイメージしてみましょう。ここでも、書かれているステップはあく

まで目安であり、実際にはステップ間を行きつ戻りつして調整しながら、調査を進めていくことになります。予備調査をしてみて調査計画を練り直す必要性に気付いたり、データを取った後でそれが使えなくなったりと、フィールドワークにハプニングはつきものです。困ったときはいつでも指導教員やゼミ仲間など、頼れる人に相談して軌道修正しましょう。同時に、動けるときにはパッとフットワーク軽く、臨機応変に「とりあえず動く」精神も大切です。真摯な誰かの「知りたい」という熱にはきっと応える人がおり、予想もしなかったつながりが生まれることがあります。

3.2.1　計画を立てる

　まずは自分の問いを探究する場として、どんなフィールドが適しているか考えてみます。なんとなく気になっている場所や集団があれば、先行研究やネットを使って情報を集めてみましょう。好奇心のアンテナを頼りに、問いを具体的に練り上げながら、フィールドを絞り込んでいきます。近場であれば、実際にその場所やコミュニティに足を運んでみるとよいでしょう。肌で感じる情報は大きなものです。どんな雰囲気なのか、調査は実施できそうか、服装や持ち物にはどのような準備が必要かといった、具体的な情報を得ることができるでしょう。オンラインであれば、着目するプラットフォームをしばらく使って特色や活動を観察しつつ、ユーザーとしての作法を体得するといった下調べが挙げられます。また、詳しい人に話を聞きに行ったり、窓口に問い合わせてみたりするのもよいでしょう。

　ある程度情報が集まり、フィールドの目星がついたら、調査の**計画**を立てます。どれくらいの期間、どんな調査をするか、誰にどのような協力をお願いする必要があるか、どのような機材や資金が必要か、といったことを、可能な限り具体的に考えます。実際に計画を立て始めると、どのような情報をさらに集める必要があるのかが明確になります。執筆期限や自分のキャパシティに対して大きすぎる研究テーマを掲げていた場合には、調査可能な範囲を見極め、より現実的なサイズの研究に練り直すチャンスです。また、自らの問いと現場を結び付けていく思考過程は、問いの生煮えな部分を明確にし、具体化・焦点化していく訓練にもなります。とはいえ、まだフィールド

の実態がつかめていないうちに計画を練るのは難しい部分もあるはずです。計画はあくまで見通しであり、あなたを縛るものではありません。実際に調査しながら微調整することを前提に、とりあえず動きだすための「ひとまずのたたき台」のように捉えるとよいでしょう。

　計画を立てることは、2つの点で役立ちます。1つは、調査への協力を得るためです。調査の協力依頼をするときには、調査の期間や内容をなるべく具体的に伝え、協力をお願いする必要があります。調査に協力してほしい、でもどんな調査をするかはわからない、という調査者が相手では、協力する方も困ってしまいます。フィールドの全貌がわからなくても、研究の目的や知りたいことを明確に伝えることで、実施方法の調整や、詳しい人物への紹介といった具体的な対応をしてもらうことが可能になります。もう1つは、自分自身がいつでも立ち戻ることのできる拠り所を持つという点です。調査はトラブルや想定外の事態が起こりえます。偶然性に身を委ねることもフィールドワークの大切な側面ですが、計画通りには進まないからこそ、迷ったときいつでもこれまでの進捗やタイムリミット、研究の目的を立ち戻って確認できる指針を持っておくことは、自分自身の助けになります。

　まずは自分で計画を立てたら、他の人からのフィードバックをもらいましょう。特にはじめての調査の場合には、指導教員や先輩に見てもらい、無茶な部分がないか、もっと良い手順や方法はないかコメントをもらいましょう。困ったときに自分一人で悶々と悩むのではなく、思い切って他の人の力や知恵を借りる、「頼れるものは何でも使う」の精神は、調査のプロセスにおいて、絶えず重要な心がけです。

3.2.2　フィールドに入る

　フィールドの概要を把握し準備が整ったら、調査の**依頼**をします。どのように許可を得るかはフィールドによってさまざまですが、一般に組織や集団に入るのであれば、まずはその責任者や代表者に調査実施許可を得ることになります[9]。たとえば、学校での調査なら学校長の許可が、商店ならば店長や企業の許可が必要です。すでにその場をよく知る知り合いや、事前調査で顔見知りになっている人がいたら、そうした人に話を通してもらうとスムー

ズでしょう。ただこのとき、誰を窓口とするかの判断は少しだけ慎重に行ったほうがよいこともあります。場合によってはコミュニティ内での派閥や力関係があり、誰が誰に話を通すかによって、その後の調査者の立ち位置や調査できる範囲が左右されることもあるからです。卒論研究のように、学校の活動の一環として調査を行う場合には、指導教員に紹介状を書いてもらったり、一緒に依頼に行ってもらったりする必要がある場合もあるので、依頼の仕方については指導教員と綿密に相談しましょう。

　一方、会社や学校などある程度集団の構成員が決まったグループではなく、特定の社会的属性や経験を持つ人びとを調査対象として、個別インタビュー中心の調査を行うというケースもあるでしょう。このような場合に協力者を探す方法として、まず協力者を一人見つけ、その人に次の協力者を紹介してもらうことで雪だるま式に参加者を増やす、**スノーボールサンプリング**があります。こうした調査の場合には、その都度一人ひとりに調査の内容を説明し、それぞれから同意を得ることになります。

　協力者にはじめて連絡を取る際には、自己紹介と調査の目的・内容を伝え、まずは面談のアポイントをお願いします。メールで連絡を取る場合が多いと思いますが、手紙であれ電話であれ SNS の DM であれ、協力者への説明は「**簡潔に・丁寧に・わかりやすく**」が合言葉です。直接話ができる日取りが決まったら、その際にはより詳しく、どのような調査を行いたいのか、どのような協力をお願いしたいのか、それがどのような形で公表されることになるのか、といった点について説明します。事前に話す内容はしっかりとまとめておき、当日は貴重な時間を割いてくださっていることにまずはお礼を伝えて本題に入りましょう。伝えるべき項目は主に次のようなものです（小田 2010: 100 を参考に筆者改訂）。これらを A4 用紙 1 枚程度の文章に簡潔にまとめ、それを示しながら説明するとよいでしょう。場合によっては調査実施の承諾書を別紙で作成し、サインや印鑑をもらうこともあります。あまり大仰に堅苦しくなりすぎず、しかし学びたいという熱意を誠実に伝えましょう。

☐　所属（大学名、学年など）

□　自分と指導教員の連絡先

□　研究題目

□　何について調べたいのか(研究テーマ)

□　何のために調べているのか(研究の目的)

□　調べた結果はどのように公開されるのか(卒業論文や学会発表など)

□　どのような協力をお願いしたいのか(1 時間程度のインタビューに応じ
　　てほしい／集まりへの参加を認めてほしい／適した人物を紹介してほし
　　い、など)

□　どのようにプライバシーを保護するのか(地名や個人名など個人が特定
　　されうる情報は匿名化する、データを入れた USB は指導教員の研究室
　　内で管理する、など)

□　どのように還元するのか(完成した論文を送るなど)

　フィールドで調査をする許可が得られたら、晴れて調査開始となります。
それでも、このフィールド・エントリーはあくまでスタートラインです。実
際にかかわりあう多くの人々との関係性は、調査期間を通じて一つ一つ丁寧
に紡いでいく必要があります。

3.2.3　予備調査をしてみる

　フィールドに入ったら、まずは少しずつ動きながらその全体像を捉えてい
きます。いろいろな場所を歩き、さまざまな活動の中に身を置いて観察しな
がら、計画時に自分が思い描いていたことと、実際に起こっていることとの
「ずれ」に注意を払います。フィールドでの思いがけない発見や驚きに研究
が導かれることもあるでしょうし、思っていたような調査が難しいという事
実に直面するかもしれません。自分が面白いと感じることにアンテナを立て
ながら、どんな調査ができそうか、当初の計画と照らし合わせながらプラン
を練り直していきます。

　調査実施の見通しが立ち、本格的なデータ収集を始める準備ができたら、
本番の前に小規模で予備的な調査、**パイロットスタディ**をしてみることも有
効です。予行演習をしておくことで、主要データを収集する本調査での失敗

やトラブルのリスクを減らすことができます。たとえば、作ったアンケートをゼミのみんなに回答してもらって、質問の仕方や設問数が適切かを検討する、使用予定の部屋で友達に会話してもらってそれを録音・録画し、機材の配置や充電等の問題がないかを確認する、といったテストが挙げられます。実際にやってみることで思わぬ改善点に気付くことは多く、調査に慣れないうちはスケジュールに余裕を持たせて、パイロットスタディを計画に組み込んでおくことをおすすめします。

3.2.4　いざ、データを集める―調査の倫理と安全

いよいよ、さまざまな方法を組み合わせながら実際に調査を進めていくステップです。調査は、他者と深く関わりながら進めていく行為であり、相手の協力のもとではじめて成り立ちます。ここでは、調査における倫理と、自分自身の安全について考えます。

たとえば、みなさんの学校や家に突然人が来て、研究に必要だからと詳しい理由も説明せず、みなさんを2時間質問攻めにしてその様子を録画して立ち去り、その後何の連絡もなかったら、どのように感じるでしょうか。自分だって忙しくて都合があるのに、なぜその研究に協力しなければならないのか、話した内容や録画はどのように扱われるのか、協力した結果はどのように返ってくるのか、といった不安や怒りが湧いてくるのではないでしょうか。

調査に協力してもらううえで押さえるべきポイントとして、小田（2010: 79）は「**説明・許可・還元**」を挙げています。研究の目的や見通し、協力してほしい内容や倫理上の約束を明確に丁寧に説明し、相手の同意と許可を得て調査を行い、その成果を相手に還元するということです。

調査を始める段階において、この「説明」と「許可」のために用いるのが**同意書**です。同意書は、調査開始前に調査参加への同意のサインをもらうための書類であり、通常、研究の目的や調査の内容、参加にあたっての注意事項をまとめた**趣意書**（「調査協力のお願い」とも）とセットになっています。説明に盛り込む内容は、フィールドでの調査許可を得る際に伝える内容と重なる部分も多くありますが、実際の調査に即した、より具体的な調査内容や

注意事項、場合によっては謝礼の有無などが明記されます。本書では、同意書の作成上の注意や実際の作例を、コラム⑤にまとめました。同意書を作ることになったときは、ぜひこちらを参考にしてください。

　同意書のようなかしこまった文書の取り交わしに、はじめは緊張するかもしれません。しかし、たとえ知り合いであっても、調査という形でまとまった時間話をしたり、活動を観察されたりするのは、誰にとっても多かれ少なかれ緊張する非日常的な出来事です。よく知らない人物が相手ならばなおさらでしょう。また、フィールドワークは他者との距離が近い調査であるからこそ、相手が聞かれたくないこと、話したくないことや、知る必要のない個人的な情報に踏み込んでしまう危うさをはらんでいます。私自身の経験では、参加を途中でもやめられることや、後から発言を確認できることなどについて同意書をもって伝えると、ほっと安心した顔をして、その後のやりとりがリラックスした雰囲気になる協力者がこれまでたくさんいました。調査は相手の日常への一方的で暴力的な介入にもなりかねないからこそ、協力者にとっての参加の開放性や発言内容への事後的なアクセスを担保し、懸念事項への対応を事前にしっかりと取り決める同意書のやりとりは、信頼関係を築き、お互いが安心して調査を進めるための大切なステップなのです。

　同時に、研究倫理への配慮は、同意書を一度交わせばそれでよい、というものでもありません。調査という名の他者との関わりあいにおいては、倫理という最低限のルールの範囲を超えて、自らの調査がフィールドに及ぼす影響や自身の立ち位置について振り返って考え続ける必要があります。「調査する側」と「調査される側」は多くの場合、社会的、政治的、経済的に非対称な関係にあり、調査の場での両者の立場は必ずしも対等ではありません。調査は相手への迷惑や、時に搾取にさえもなりうることを心に留めておく必要があります[10]。その一方で、一つ一つ状況も相手も異なるフィールドワークにおいて、研究倫理への対応にも絶対的な正解はなく、協力者との関係性に応じてその時々のベストな対応を見出していくしかありません。しかし、どんなフィールドにも通じる大切な心構えはあります。フィールドでは、人びとにその場のことを習うという姿勢でいましょう。自分の考えを即座に当てはめたり押し付けたりするのではなく、じっくりと相手のことばのなかに

学びましょう。時間を割いて調査に協力してもらっていることを忘れず、インタビューなどが終わったらすぐにお礼状や感謝を伝えるメールを出しましょう。このように、習い学びながら他者と関わるなかで、自身の立場や研究という行為の意味を考え、それに自分なりの答えを見出していくプロセスこそ、フィールドワークの極めて重要な部分です。

　最後に、フィールドでは自分の**安全**を最優先で守りましょう。危険な場所やトラブルからは離れ、指導教員や周りの人とこまめに連絡を取り、困ったときには一人で判断せず助言を仰ぎましょう。調査地を決める際はその場所の治安や安全情報も収集し、困ったときに頼れそうな人物や機関があることを確認しましょう。また、フィールドワークを遂行するうえで何より欠かせないのは健康です。日常のルーティーンを外れ、馴染みのない場所や人々の間に身を置き、人間関係に気を遣いながら進めていくフィールドワークでは、自分が思う以上に、精神的にも身体的にも負荷がかかります。まずは環境に慣れるまで、無理をしすぎないこと。そして、万一体調を崩したときにはジタバタせずにしっかりと休み、心身のコンディションを整えながら調査に臨むことも、フィールドワークでの大切な心がけです。

　また、トラブルが起きたとき、調査のなかで壁に突き当たったときは、闇雲に体当たりするだけでなく、いったん引き下がり、時を待ったり、他のやり方を考えたりすることも、1つの有効な解決策です。一人で抱え込まず、指導教員や現地で頼れる人など、周りの人の助けを借りましょう。近年では、調査中のアクシデントやトラブルなど、フィールドワークの裏話が研究者によって語られるようになりました（藤田・北村 2013）。こうした事例を読むことで、調査中に起こりうる問題や、それに対する心構えがつかめます。

　また、調査をしていると、計画通りに進まなかったり、不測の事態に調査の中断を迫られたり、いつまで経ってもデータが足りない気になって焦ったりすることがあるでしょう。そんな時は少し肩の力を抜いて、フィールドに委ねて時を待つ、という心掛けを思い出してみてください。西川（2010: 162）は、「**待つ時間**」こそがフィールドワークに深い広がりを与える、と書いています。この「待つ」には2つの側面があります。1つは、自らの問いが熟する時間、もう1つは調査の機が熟する時間です。フィールドワーク

は、現場で出会う事象のなかから問いを立ち上げていく経験的調査です。気になる物事について手探りで情報を集め考えるうちに、最初は漠然としていた自らの問いや問題意識が徐々に明確になり、それを説明することばを獲得していきます。待つ時間は、見通しが立たないなかでも考え続けるタフな思考を養い、普段ならやり過ごしてしまう物事を立ち止まって考える、問いが深まる時間を与えてくれます。一方、2020 年の新型コロナ感染症によるパンデミック発生時に多くの研究者が調査の中断を迫られたように、どんなに頑張っても、安全性、資金、健康などの諸条件が整わなければ、フィールドワークはできません。調査実施の機が熟すのを待つ時間は、失敗や停滞ではなく、安全・確実に調査を行うために必要不可欠な時間です。また時には、やむをえない調査方法やフィールドの変更によって、思わぬ視野が開けることもあります。筆者はパンデミックの際、ある学校で実施目前だった博論研究の調査計画は白紙となり、再びフィールドにアプローチするまで、1 年半以上待たなければなりませんでした。しかし、その間に偶然 SNS 上のディスコースを集め始めたことで、生徒たちが日常的に接続するもう一つのコミュニケーション空間、オンライン上で起きている関連現象に気が付き、分析に盛り込むことができました。その時のデータがなければ、生徒の対面でのやりとりも十分に分析することはできなかったと思います。当初は逆風に思われたことが、結果的には研究を飛躍的に推し進めるチャンスを与えてくれたのでした。

　フィールドで思考を続けながら、やってくる偶然と縁のしっぽを捕まえ、その時々でできることを丁寧に行っていく。この着実な積み重ねによって、自ずと調査は前進し、データも十分に集まってくるものです。

3.2.5　データを整理する

　調査が進むにつれ、手元には質や種類の異なる資料や記録、情報やデータが集まってきます。データを集めること＝フィールドワークだと思われがちですが、集めたデータを関連付け、情報を補い、分類・図表化・編集し、研究の目的に合わせて整理しておくステップがなければ、せっかく集めたデータも、後から見たときに意味をなさない、単なる雑多な記録になってしまい

ます。集めたデータは、分析に備えてこまめに整理しましょう。

　データの整理には、特に決まったやり方はありません。自分の使いなれた管理しやすい機器やアプリを活用し、研究目的に適したデータ整理をすることが一番です。しかし、どのような整理術をとるにしても、次のような点は共通して重要なものといえそうです。まずは、異なる時期、場所で集められた各種データを（物理的にも、パソコンのフォルダ上でも）一か所にまとめて見失わないようにすること。それから、時間がたっても各データを解釈、利用するために必要な基本的情報として、それぞれがいつ（年月日、曜日、時刻など）、どこで（地名、場所、場面や状況）、誰から（氏名、関係性）、何を用いて（機材や道具）、どのような状況で得られた、どのようなタイプのデータなのかを記録しておくこと。さらに、各データの個別の説明に加え、データ同士の関連や位置付け（時系列、場所別、対象者別、テーマ別などさまざまな関連付け方があると思います）を説明する記録を残しておくこと。これらの情報を整理しておくことで、ずっと後になってデータを振り返る際にも、データの把握、分析がしやすくなります。

　前節で、フィールドで付けたメモは清書版フィールドノーツにまとめ、インタビューや会話の録音・録画データは文字化してラベルを付ける、といった整理の方法を紹介しました。その他、アンケートの回答は Excel 等で表や図にまとめておくと見やすくなります。同意書を含め、パンフレットや文書などの紙媒体の資料は、モノとしてそれ自体を保管するとともに、写真を撮るかスキャンしてデータ化しておくと便利でしょう。また、ネット上の情報やディスコースをデータとする場合、いつ投稿が消されたり、サイトにアクセスできなくなったりしてもおかしくないので、こまめにスクリーンショットを撮ったり PDF 化したりして保存しておきましょう。なお、本書コラム③④でも、データの整理術をいくつか紹介しています。

　こうしたデータ整理の作業は、地味なようで一定の時間がかかります。研究計画を立てるときは、データ整理の時間も計算に入れておきましょう。また、最後に一気にやろうとするより、調査の途中でもこまめに、気付いたところから少しずつ作業を進めておくと、後が楽になります。

3.2.6　フォローアップ調査をする

　主要なデータを集めた本調査の後で、追加で行う調査を**フォローアップ調査**といいます。フォローアップ調査には2つのタイプがあります。1つは本調査で集めきれなかったデータや、分析の段階で議論のために必要になったデータを補う目的での補助的調査です。もう1つは、協力者が調査の場では伝えきれなかったこと、調査をきっかけに考え始めたことなど、調査者の多面的で可変的な声を、異なる時間と場所のなかで拾い集める調査です。後者には、たとえばインタビュー後にお礼のメールを送る際、「もしインタビューを終えて考えたことやお感じになったことがあれば教えていただけたら幸いです」と一言添えたり、アンケートを添付したりすることで、協力者のふり返りのことばを集めるといった方法があります。前述のように、それ自体が調査者と協力者がことばを交わしながら意味を生成するプロセスであるインタビューは、それを契機としたお互いの考えへの変容をももたらします。たとえば、出産育児を経験した女性のインタビュー・ナラティブを分析した井出 (2016) はインタビュー後のフォローアップで、協力者らが「日常生活に追われてあまり思い出すことのなかったことを改めて考える機会になった」「ことばにしてみると自分はこんな風に思っていたのだと気づかされた」と振り返っていたこと自体を考察に組み込んでいます。このように、時間と場所を越えて変容する協力者の声を集め、出来事を複層的に捉えることは、調査そのものが人々との間でどのような意味を持ったのかを考えるうえでの手がかりとなります。

3.2.7　再び、つながり、つなげる

　予定していた調査期間が終了し、データ収集が一区切りつけば、フィールドから離れる時がやってきます。フィールドを去るときには、お世話になった人々に挨拶し、研究協力へのお礼を伝えましょう。メールでもいいですし、お礼状を出すのもよいでしょう。調査が終われば、フィールドや協力者との日常的な、密な関わりは薄れるかもしれません。しかし、たとえ形としての調査が終わっても、フィールドと調査者とのつながりには、多様なあり方があります。ここでは、調査の成果をフィールドと社会に還元するいくつ

かの方法について考えます(研究の応答性については、第7章4節も参照)。

　学位論文研究の場合、最も一般的な成果の共有方法は、フィールドの人々に完成した論文を渡すことかもしれません。しかし、学術論文の体裁のままでは、論文を読むのに慣れている人でない限り、文体が形式ばっていてわかりづらい、長くて読むのに時間がかかる、といった理由から、せっかく渡しても読んでもらえないこともあるでしょう。相手に伝わるものにする方法として、フィールドの人々の関心に沿った報告書の形でまとめる、文書化するだけでなく報告会の時間をもらい、口頭で成果を発表するなどの方法が考えられます。また、場合によって整理した記録や資料を映像やウェブサイト等の形でまとめ、発信するといった方法もあるでしょう。こうした報告書や記録は、調査に関わった人々にとっても貴重な資料となることがあります。

　また、近年では人類学をはじめさまざまな分野で、調査の結果を学術的成果物としてまとめて終わるのではなく、フィールドが直面する社会的課題の改善に向けて実践的に応用しようとする姿勢が打ち出されています(たとえば、山下編 2014)。調査者が一方的にフィールドを調べて記述する従来の研究のあり方を問い直し、現場のさまざまなアクターと協働しながら、フィールドの課題解決に取り組む実践活動型の研究、**アクションリサーチ**も、さまざまな場所で活発に行われています[11]。一方、必ずしもアクションリサーチのようなスタンスを取っていなくても、調査協力をお願いした相手から何らかのお手伝いや協力を頼まれたりすることも、フィールドワークではよくあることです。たとえば筆者は、日本の大学に通う留学生のグループに協力してもらって調査を行った際、後日その中の何名かから、彼らの研究調査への協力や、質問紙の日本語チェックなどをお願いされたことがありました。調査者としての立場と個人としての立場の境界をある程度保っておくこともフィールドにおいて重要ですが、人間的な関わりあいの一部として、可能な範囲でそうした依頼に応えることも、また1つのフィールドへの還元の仕方だと思います。

　フィールドにおいて、調査者はその場に何の影響も及ぼさないような、中立で透明な存在にはなりえません。フィールドに調査者が参入する、やり取りを交わす、記録する、人と人をつなぐ、といった活動を行うこと自体が、

どのような形であれ、フィールドの状況や人々の考えに変容をもたらしうるものです（井濃内・井出 2020）。こうした点で、研究調査とその還元には社会的責任が伴います。しかし同時に、調査や執筆等を通じた成果の発表は、これまで散らばっていた情報を結びつけ、新たな人・リソース・思想のつながりを生み出す可能性を持つ「応答」の実践でもあります（西川 2010: 第 7 章 4 節も参照）。その可能性は、フィールドが直面する社会的課題の解決に向けた資源としても、大いに生かすことができるのです。フィールドワークの可能性とあり方をめぐる模索は現在進行形で続いており、さまざまなフィールドにおいて、ユニークな取り組みが行われています。そうした先行研究に学びながら、ぜひ皆さんも調査を通じて自分には何ができるのか、何がしたいのかを自らに問いかけ、研究を通して社会とつながる多彩な方法を探求してみてください。

3.3　わたしがひらかれ、変容する

　本章では、研究の方法を探るステップとして、フィールドワークの概要と代表的なデータ収集方法、それから調査の手続きについて学んできました。ことばと文化研究のための調査のイメージが、なんとなく湧いてきたでしょうか。最後に、単なるデータ収集の手段としての意味を超えた、フィールドワークが持つ「**学び**」について考えたいと思います。

　フィールドワークにおいて、私たちはさまざまな場所の、さまざまな人々のことばへと、ぐっと接近します。そこにあるディスコースをじっくりと観察し、実践に織り込まれた文化の形や、社会関係を読み解きことばにすることを目指します。その過程では、計画通りに物事が進むことはほとんどないかもしれません。それは、フィールドワークが状況や運に大きく左右される調査法だからというだけではなく、それ自体が、自らの思い込みや常識を脱し、実践に関わる人々の「内側の」視点を獲得する過程であるからです。

　フィールドで観察を始めると、みなさんはきっと、これまで本で学んだ知識や、頭の中で組み立てていた予測をはみだす、複雑さや矛盾をはらんだ現実と出会うはずです。文化人類学者の川口（2017: 173）がいうように、私た

ちは生まれて成長する過程で、学校や地域や周囲の人々との関係の中で、その社会の慣習や決まり、つまり「こうあらねばならない」という物事の見方を学んでいます。しかし実際のところ、世の中にはさまざまなやり方や考え方があります。いつも通りの日常の反復の中では、自分と異なる考え方と向き合う機会は多くないかもしれません。ところがフィールドワークをすると、私たちは意識的に自分以外の人々の考え方に注意を払うことになります。すると、自分が「当たり前」だと思っていたものの見方が揺さぶられます。そして、それが本質的に、絶対的に決まっているものではなく、世界の複数の見方のうちのただ一つでしかないこと、そして世界は、いつでも「そうでなくてもよい」可能性に開かれている、ということに気が付くのです。

　こうした気づきは、自分がはじめに持っていた問いや、その問いが前提としていた思考に大きな問い直しを迫るかもしれません。そのショックは同時に、なぜ自分にとって特定の見方が「当たり前」だったのか、それはどこから来たものなのかを問う契機、つまり自分自身や自文化のことを相対化し、より広い視野から考え直す契機ともなりえます。自分とは全く異なっていて、わかりあえないように見えた誰かとの間に、実は類似性やつながりがあること、何かの目標に向けて、手を取り合える可能性があることを知るかもしれません。

　フィールドワークが、問いの答えを見つけるための手段ではなく、問いそのものを掘り起こし、深め、明確にしていくプロセスである、と冒頭で言ったのは、このためです。他者の実践に学び、他者の視点からその意味を理解しようとするとき、それまで自分自身が前提としていた思考の枠組みそのものが浮き彫りになり、問い直されます。フィールドワークは、他者との関係のなかで、わたし自身が変容するプロセスでもあるのです。

　人類学者のティム・インゴルド（2017 [2013]）は、こうした参与観察を通した全人的な変容こそ、データ収集の手段であることを超えた、フィールドワークの最も重要な「学び」そのものであるといいます。しかし、調査者が対象を自分と切り離し、自分の知識や枠組みを当てはめて理解しようとする、「人々について」の研究姿勢のままでいては、その変容は起こらないとも指摘しています。大切なのは、「人々とともに」考えることであり、目の

前の現実のなかから学ぼうとする身構えです。フィールドでの出会いに自らをひらいておくことで、おのずと起こるやりとりを通じた自他の変容こそが「学び」となるのです（松村 2020）。

　だからこそ、フィールドワークは予想通りに進みません。はじめから知りたかったことのデータを、短時間で大量に収集するような調査方法に比べると、フィールドワークは、問いも方法も現場から考えはじめる、歯切れの悪い「非効率的な」調査法かもしれません。実際のところ調査の時間や資金に限りはあるものなので、なるべく効率よく調査を進め、早く結論を見つけたいという気持ちもあるでしょう。でも、私が思うように調査が進まず焦っていた時、指導教員に言われたことばをここに共有します——「計画通りになんかいくわけない、むしろ計画通りの調査をするなら、フィールドに行く意味がない！」。もし、フィールドを見る前からそこで起きていることが全て予想できてしまうなら、それは自分の思考の枠組みの中だけでフィールドを捉えているということであり、既存の理解の枠組みをはみだす生きた実践と出会う可能性を閉じているということかもしれません。混沌とした、しかし豊かな現実に飛び込むことで、予想していなかったような事象、そこにあるのに気付かれていない現象を捉え、そこから新しい問いと世界の見方を切り出していく。それこそが、フィールドワークだからこそできる研究であり、フィールドへとわたしたちが向かう最大の意味なのだと思います。

　ぜひ、好奇心のアンテナを頼りに、いろんなフィールドを探検してください。冒頭で述べたように、物理的な場所に限らず、オンラインのなかだって、物語のなかだって、ことばあるところはすべてフィールドです。身の回りのことば、メディアのことば、あるいは、そこにあるのに見落とされている、聞かれにくい誰かのことばに耳をすませてください。そして、さまざまな人と出会い、やりとりを交わし、驚きと発見を重ねてください。フィールドでの学びを通じ、人間のことばと文化をめぐるたくさんの「当たり前」を解きほぐし、その多様な差異への柔軟かつ批判的なまなざしを身に付けること。それは、ことばを交わして他者と生きるわたしたちの日常を、ほんの少しでも豊かなものにしてくれるはずです。本章で紹介したフィールドワークのお道具箱が、その冒険に一歩踏み出す助けとなればうれしく思います。

≪ブックガイド≫

■ 小田博志(2010)『エスノグラフィー入門―〈現場〉を質的研究する』春秋社
大学生に向けて書かれた入門書。本書で解説したようなフィールドワークを「人びと
が生きている現場を理解するための方法論」(小田 2010: 5)としてのエスノグラフィー
という用語で広く定義しています。フィールドへの参入から分析、研究成果の発表に
至るまで、コツや心構えなどが平明なことばでわかりやすく概説されています。実際
に著者の指導生が書いたレポートや、調査協力の依頼文書、口頭発表のためのハンド
アウトなどの見本が豊富に載っており、役立つページがたくさんあるはずです。

■ 佐藤郁哉(2002)『フィールドワークの技法―問いを育てる、仮説をきたえる』新曜社
小田(2010)よりもう一段専門性の高い、フィールドワークの実践的解説書。特に第 II
部技法編は、フィールドノーツの付け方やインタビューに関する詳細なテクニックや
実用的なアドバイスが盛り込まれており、調査に入る前に読み込むのがおすすめで
す。著者とその学生が実際に作成したメモやフィールドノーツの実例を検討すること
で、具体的にどのような記録が「よい」データなのか、考えながら学ぶことができる
でしょう。同じ著者の『フィールドワーク―書を持って街に出よう 増補版』(新曜社、
2006)では、フィールドワークの歴史や理論が厚く解説されているため、併せて読む
とさらにフィールドワークへの理解が深まります。

■ 西川麦子(2010)『フィールドワーク探究術―気づきのプロセス、伝えるチカラ』ミネ
ルヴァ書房
こちらもフィールドワークの入門書ですが、著者自身のさまざまなフィールドワーク
の経験と、大学教員として学部生にフィールドワークを長年教えてきた経験に根差し
た、学生目線に立った具体的で読みやすい文章が魅力です。筆者の実体験に基づく生
き生きした事例や、思うようには進まないフィールドワークの実際に即した多数のア
ドバイスは、はじめてフィールドに飛び込む学生に寄り添う温かさを持っています。

■ Perrino, Sabina. M. and Pritzker, Sonya. E. (Eds.) (2022). *Research Methods in Linguistic
Anthropology*. Bloomsbury Academic.
アメリカの言語人類学者たちによる、言語人類学の調査方法概説書。2022 年に出版
された本書は、伝統的な調査手法の解説に加え、オンライン空間やニューメディアで
の調査方法(Chapter 10. Online Research and New Media by Archie Crowley and Elaine
Chun)など、現代的な調査方法についても新しい情報に基づく議論が盛り込まれてい
ます。また資金獲得のためのプロポーザルの書き方を解説する Chapter 12. Grant

Writing for Projects in Linguistic Anthropology (Sonia N. Das) は、調査における倫理的配慮など、調査計画の段階において考えるべきポイントがよくわかります。研究資金への応募を考えている人にはもちろん、指導教員やゼミ仲間、研究協力者を含め、ほかの人に自分の研究を"わかりやすく、魅力的に"伝えるための方法を考えるうえでも参考になるでしょう。

注

1　なお、中にはその場でメモを付けることが難しいフィールドもあるでしょう。状況によってはその場では全力で記憶することにとどめ、一人になったタイミングで一気にノートに書き落とす必要がある場合もあります。あるフィールドでの調査開始時には、メモを取り始める前に、その場の責任者に一言メモを取ってもよいか確認すると安心です。これはノートテイキングに限らず、写真や動画を撮りたい場合、アンケートを実施したい場合などにも当てはまります。何かアクションを起こす前に、現場の人や指導教官に報告・連絡・相談することは調査を通して常に重要なことです。

2　一例として、筆者は中高一貫校でフィールドワークをしていた博論研究の際、一日がかりの調査が連日続き、家に帰ってから十分に清書版ノートを作る時間が取れない日が多くありました。そこで、フィールドと自宅を日々往復する車での移動時間を使い、その日ごとの大まかな観察内容や見聞きしたやりとりの再現、特に忘れたくない発見などをざっとボイスレコーダーに吹き込んで記録しておき、週末などにまとめて清書版ノーツを作成する際の補助資料としていました。なるべく調査日から時間を置かずに清書版ノーツを作成することが望ましいのはもちろんですが、状況に応じて、自分に合った、現実的で継続可能な記録方法を考えることも必要なことでしょう。

3　早川・井出(2009)は、サイバースペースでのやりとりを、参与観察による厚い記述から描き出している好例です。インターネット掲示板「2ちゃんねる」をフィールドに、スクリーンショット画像などを効果的に用いながら、一度もそのサイトを訪れたことがない人にも情景が浮かぶ描写がなされており、自分のフィールドについて論文の中で説明する方法を学ぶうえでも参考になります。

4　調査協力者とは、インタビューへの参加者やフィールドでの世話人など、調査の過程で研究に協力してくれる人のことを広く指して使われる語です。従来、調査対象者やフィールドで調査者に重要な情報を提供してくれる人物を指す語として、「インフォーマント(情報提供者)」という語が使われてきました。しかし近年では、一方的に情

報を収集するというフィールドワーク観や、調査者／被調査者の関係性への問い直し（本章 3.2.4 節も参照）から、フィールドの人々をより主体的で対等な協力者／協働者として位置付ける「調査参加者」や「調査協力者」、またアクションリサーチ等の実践型研究では「協働者（collaborator）」といった語が用いられるようになっています。同時に菅原（2006: 4）は、調査の中で生じる他者との多様な関係を特定の用語でひとくくりにするべきではなく、論文の中で一つ一つの関係性をこまやかに記述することを勧めています。

5　フィールドワークのなかのインタビューについての解説や実例がまとまっている文献として、たとえば齋藤清二・山田富秋・本山方子編『インタビューという実践』（新曜社、2014）があります。

6　ただし、調査者自身が直接やりとりに参与できない場合に、調査協力者に機材を預け、自由なタイミングで録音・録画を行ってもらうという方法もあります。この手法を取った研究としては、たとえば日米に住む家族間のビデオ会話を分析した砂川（2017）や、大学の留学生と日本人学生の通時的関係構築を追った今田（2015）などがあります。この方法には、協力者の都合に合わせて記録が行えるため、協力者の負担を減らせるメリットもあります。やりとりの背景情報を補うため、後日協力者と一緒に記録を見ながら発話の意図などについて質問する**プレイバック・インタビュー**をセットで行うことも効果的です。

7　Ottenheimer（2012）は、筆者の Ottenheimer が院生時代に調査を通じて出会った黒人ブルース歌手 Cousin Joe の自伝執筆に携わった際、彼のアフリカ系アメリカ英語の発音や文法をどう文字化すべきかという課題に直面した経験をめぐって書かれた、示唆に富む論考です。文字化の政治性やことばの標準性、調査者と協力者の非対称性、多声性や話者のパフォーマティビティなど、ことばと文化の研究者が向き合うべきテーマが詰まっています。それでいて大変読みやすく面白い書き物でもあるので、ぜひ読んでみてください。エッセイのような豊かな描写は、記述のお手本にもなります。

8　小林聡子『国際移動の教育言語人類学―トランスナショナルな在米「日本人」高校生のアイデンティティ』（明石書店、2021）は、アメリカ、カリフォルニア州の公立高校に通う「日本人」生徒たちの人種やナショナリティの境界をめぐるアイデンティティについてのエスノグラフィーです。本書の豊かな記述には、越境によって複雑な社会的位置に置かれた子どもたちの日常生活に迫る詳細な観察や、丁寧で思慮に満ちた彼らへの聞き取りの様子がにじみ出ています。また、調査方法にメンタルマッピングを取り入れている、数少ない日本語で書かれた研究事例でもあります。フィールドワークに基づく厚い記述がもつ強い説得力を感じることができるでしょう。また著者の博士論文をまとめたものである本書は、アカデミックライティングのお手本としても好

著であり、調査結果を説得力のある論文に仕立てるための書き方を学びたい人にもおすすめです。

9　フィールドを見つける／フィールドに入るまでのプロセスについては、井出里咲子・砂川千穂・山口征孝『言語人類学への招待―ディスコースから文化を読む』(ひつじ書房、2019) の第 3 章 6 節で、著者 3 名それぞれの博士論文研究における等身大の紆余曲折の道のりが綴られています。運と縁に導かれながら、手探りで進むフィールドワークという調査の実際の様子に触れることができます。

10　調査が被調査地に与えうる負の影響について論じている文献として、宮本常一・安渓遊地『調査されるという迷惑―フィールドに出る前に読んでおく本』(みずのわ出版、2008) などがあります。また、人類学の歴史を紐解くと、かつて調査する側は植民地の宗主国の、経済的に豊かで高等教育を受けられる者であり、される側は支配を受ける側の貧しい人びとであることがほとんどでした。そこには、政治的・経済的に強い立場の者が弱い側を一方的に調査し、表象し、多くの場合その成果は本人達に直接還元されることはない一方で、調査者は論文を書いて学位を得、教授の職を得たりしてさらなる社会的優位を得る、という不平等な関係性がありました。文化人類学では特に 1970 年代頃からこうした構造への問題提起が巻き起こり、調査する側とされる側の関係性や、誰が誰の文化として何を表象するのか、という「文化を書くことの政治性」への自覚が促されました。いま支配／被支配や強者／弱者の境界が複雑化する世界を研究する私たちも、こうした歴史や研究の持つ政治性と向き合い、自分なりの立場を示すことが求められます。一連の議論の中で提起された概念や新しい調査のアプローチについては、藤田結子・北村文編『現代エスノグラフィー―新しいフィールドワークの理論と実践』(新曜社、2013) に詳しくまとまっています。コンパクトな一冊でありながら、理論や事例が網羅されているほか、さまざまなフィールドワーカーの実経験を基にした、フィールドで直面しうるさまざまな倫理的課題やトラブルとその対応についても論じられています。

11　アクションリサーチは医療や教育等、さまざまな分野で応用されていますが、近年では日本社会の多文化共生をめぐるさまざまな課題解決に活発に取り入れられています。たとえば井濃内・井出 (2020) は、地域社会の保育園で急増する外国人保護者とスタッフ間のコミュニケーション課題解消に向けたプロジェクトの一端を報告したものです。保育園でのフィールドワークから、現場で「ことばの壁」として語られる認識を形作る、日々のやりとりにおける相互の理解のすれ違いや情報の伝わらなさ、その背後にある複数の言語イデオロギーを読み解き、言語人類学の視座から「ことば観」の解きほぐしを目指す取り組みへの展望を論じています。その後 2 年間に渡る取り組みの経過を報告した狩野・井出 (2023) も併せて読んでみてください。また、徳永智

子・角田仁・海老原周子編著『外国につながる若者とつくる多文化共生の未来』(明石書店、2023)は、**若者参加型アクションリサーチ**(**youth participatory action research: YPAR**)などの理論を用い、定時制高校・NPO・大学といった各機関が連携して取り組んだ、外国につながる若者との協働実践プロジェクトの報告です。本書の執筆には、研究者だけでなく、高校教員やNPO職員、大学生や大学院生といったさまざまな人が参加しています。また、外国につながる若者自身が、自分や社会についてふり返り、語ることばで満ちあふれています。マジョリティである日本人を中心とした教育システムの中で周縁化されがちな外国につながる若者を、「かわいそう」な支援の対象として一方的に描くのではなく、多文化社会を一緒につくっていくアクターとして、共に動き、共に考え、共に書く。本書が提示する、人々と「ともに」行う研究実践のあり方とその書き方は、「研究」へのイメージをがらりと変えてくれること間違いなしです。実践型のフィールドワークを通じたエンパワメントや社会変革の可能性、実践における留意点やヒントを多角的に学ぶうえで、大変参考になる文献です。

参考文献

Ahearn, Laura M. (2021) *Living Language: An Introduction to Linguistic Anthropology*, 3rd ed., Hoboken: Wiley Blackwell.

Briggs, Charles L. (1986) *Learning How to Ask: A sociolinguistic appraisal of the role of the interview in social science research*. Cambridge: Cambridge University Press.

Bucholtz, Mary. (2010) *White Kids: Language, Race, and Styles of Youth Identity*. Cambridge: Cambridge University Press.

Bucholtz, Mary. (2012) Word Up: Social Meanings of Slang in California Youth Culture. In Leila Monaghan, Jane E. Goodman, and Jennifer M. Robinson (eds.), *Interpersonal Communication: An Ethnographic Approach*, 2nd ed., pp. 274–297. Oxford: Blackwell. (reprint of Bucholtz 2006)

藤田結子・北村文編 (2013)『現代エスノグラフィー—新しいフィールドワークの理論と実践』新曜社

Geertz, Clifford. (1974) "From the Native's Point of View": On the Nature of Anthropological Understanding. *Bulletin of the American Academy of Arts and Sciences*, 28(1): 26–45. https://doi.org/10.2307/3822971

早川公・井出里咲子 (2009)「2ちゃんねるのことばとコミュニティ感覚—カキコミの作法が創る一体感をめぐって」『メディアとことば 第4巻 現在を読み解くメソドロジー』pp.192–219. ひつじ書房

Hill, Jane H. (1995) The Voices of Don Gabriel: Responsibility and Self in a Modern Mexicano

Narrative. In D. Tedlock and B. Mannheim. (eds.) *The Dialogic Emergence of Culture*, pp.97–147. Urbana: University of Illinois Press.

Hill, J. H. (2005). Finding Culture in Narrative. In N. Quinn. (ed.) *Finding Culture in Talk*, pp.157–202. New York: Palgrave MacMillan.

井出里咲子(2016)「妻へのインタビュー談話に表出する子育てスタンスの日米比較」『国際日本研究』8: 1–16.

井出里咲子・砂川千穂・山口征孝(2019)『言語人類学への招待―ディスコースから文化を読む』ひつじ書房

今田恵美(2015)『対人関係構築プロセスの会話分析』大阪大学出版会

インゴルド・ティム著、金子遊ほか訳(2017)『メイキング―人類学・考古学・芸術・建築』左右社(Ingolod, Tim. (2013) *Making*. Routledge.)

井濃内歩・井出里咲子(2020)「保育園と外国人保護者のコミュニケーション―ことばを問い、フィールドとかかわる言語人類学的実践研究」『言語文化研究』18: 61–81.

狩野裕子・井出里咲子(2023)「保育園と外国籍家族をつなげるプロジェクト型活動から考えることばの「道具性」―「ことば観」の変容を捉える実践記録から」『言語文化教育研究』21: 32–54.

Kataoka, Kuniyoshi. (2003) Form and function of emotive pictorial signs in casual letter writing. *Written Language & Literacy* 6(1): 1–29.

川口幸大(2017)『ようこそ文化人類学へ―異文化をフィールドワークする君たちに』昭和堂

小林聡子(2017)「アイデンティティと協働性―空間と言語がつくる境目と境界線の身体化」『国際教育』10: 21–37.

小林聡子(2021)『国際移動の教育言語人類学―トランスナショナルな在米「日本人」高校生のアイデンティティ』明石書店

松村圭一郎(2020)『はみだしの人類学―ともに生きる方法』NHK出版

宮本常一・安渓遊地(2008)『調査されるという迷惑―フィールドに出る前に読んでおく本』みずのわ出版

西川麦子(2010)『フィールドワーク探究術―気づきのプロセス、伝えるチカラ』ミネルヴァ書房

小田博志(2010)『エスノグラフィー入門―〈現場〉を質的研究する』春秋社

Ottenheimer, Harriet. J. (2012) Writing Cousin Joe: Choice and control over orthographic representation in a blues singer's autobiography. In Leila Monaghan, Jane E. Goodman, and Jennifer M. Robinson. (eds.) *A Cultural Approach to Interpersonal Communication*, 2nd ed., pp.93–109. Malden: Wiley-Blackwell.

Philips, Susan. (2013) Method in Anthropological Discourse Analysis: The Comparison of Units of Interaction. *Journal of Linguistic Anthropology* 23(1): 82–95.

齋藤清二・山田富秋・本山方子編(2014)『インタビューという実践』新曜社

佐藤郁哉(2002)『フィールドワークの技法』新曜社

猿橋順子(2016)「言語景観データ分析の方法―テクスト・談話・記号」*Aoyama Journal of International Studies* 3: 43–62.

菅原和孝(2006)『フィールドワークへの挑戦―〈実践〉人類学入門』世界思想社

砂川千穂(2017)「空間をまたいだ家族のコミュニケーション―スカイプ・ビデオ会話を事例に」片岡邦好・池田佳子・秦かおり編『コミュニケーションを枠づける』pp.91–108. くろしお出版

徳永智子・角田仁・海老原周子編著(2023)『外国につながる若者とつくる多文化共生の未来―協働によるエンパワメントとアドボカシー』明石書店

山下晋司編(2014)『公共人類学』東京大学出版会

コラム③：フィールドワークあれこれ（1）

　ディスコース研究におけるフィールドワークには、どのようなものがあるのでしょうか。このコラムでは、本書の執筆陣がそれぞれの研究テーマに合わせてとった調査方法と、その方法に辿り着くまでのプロセスを紹介します。（1）では、対面のフィールドワークにおけるデータ収集の試行錯誤を、井濃内と狩野が報告します。ディスコース研究のフィールドワークとその方法の多様さを発見してみてください。みなさんの調査の道具箱の引き出しが増えるかもしれません。

ケース 1―コミュニティをフィールドワークする（井濃内歩）

　私の修士論文では、日本の大学で日本語を学ぶ留学生グループの間で行われていた、意図的な誤用やインポライトな表現、若者ことばといった非標準的な日本語資源を使ったジョークのパフォーマンスを研究しました（研究の内容は次の論考にまとめられています：井濃内歩（2022）「「わたしたちのことば」に創発する居場所―留学生の逸脱的日本語によるあそびの分析から―」『異文化間教育』（55）: pp. 176–193. / Inouchi, A. (2023). Voicing the Belonging: Joking Practice with Deviant Japanese among International Students at a University in Japan. In C. Bushnell and S. Moody (Eds.), *Navigating Friendships in Interaction: Discursive and Ethnographic Perspectives*, pp. 101–119, Routledge.）。フィールドとなったのは、同じ留学プログラムを通じて世界各国から来日し、親しい友人関係にあった留学生 12 名を中心としたコミュニティです。

　地域の村落や学校、あるいは NPO や会社など、地縁や特定の目的のために組織化された集団とは違い、友人同士のグループは、調査の許可を得る窓口となるような代表者や責任者はいません。そこで調査開始の手続きとしては、グループの一人一人と関係を築くことが重要でした。まず、彼らが履修

する必修科目に着目し、担当の教員に頼んで授業に参加させてもらい、授業の前後に教室で少しずつ彼らに声をかけて、留学生の日本語使用に興味を持っている院生であることを伝えました。いきなり彼らの日常生活に飛び込むのは難しいので、はじめに行った調査はインタビューです。地道に一人ずつと約束を取り付け、グループの文化や日本語使用について半構造化インタビューを行うことで、一人ひとりとじっくり話をする時間を取ることができました。大体全員と顔見知りになったところで、彼らが学内行事や食事に出かける際に一緒に行ってもよいか尋ね、少しずつさまざまな場面に同行するようになりました。このようにして、時間をかけて彼らの日常に身を置きながら、彼らのことばと文化を観察できるようになっていきました。

　一方で、私の調査において難しかったのが、談話データの録音・録画です。私の研究対象はジョークという極めて文脈依存度の高い相互行為であり、分析のためには、小さな間合いや表情などの非言語情報も含めた詳細な相互行為の記録が必要でした。しかし、日常会話の中に予想不可能なタイミングで出現するジョークという実践のデータを取ることには、予想以上の難しさがありました。その理由の1つに、調査者である私自身のポジショナリティがあります。彼らのジョークは、特に日本語学習者に課せられる日本語使用の規範を意図的に逸脱し、「日本人のように話すことを笑う」ことで、日本社会における自らの位置取りを立ち上げるという社会的意味をもっていました。当初彼らにとって日本語を第一言語とする日本人であり、日本語教育のための研究をする院生と見なされていた私にとって、調査開始前、私がその場にいることで普段通りのジョークが行われなくなるのではないかという懸念がありました。そこで一度、メンバーの一人にレコーダーを預け、私に代わって会話を録音してもらったことがあります。しかしその場の具体的な文脈が欠落した会話音声は、全く分析できるようなものではありませんでした（3.1.3「録音・録画する」参照）。加えて彼らは12人の大所帯。四方八方で座席をまたいだ会話が五月雨式に発生するなかでは、録画による目線や姿勢などの非言語要素も含めた記録抜きには、どの発話が誰に向けられているのかを判断することも不可能でした。そこで心を決め、彼らのあいだに身を置きながら、ジョークを観察できるまでの関係性を紡げるよう、上で述べ

　たような方法で一人ひとりとの丁寧な関係づくりを試みたのでした。やがて「13人目のメンバー」と言われる間柄となり、ジョークも内側から観察できるようになったのですが、それでも会話の録音にはなお問題がありました。居酒屋やカラオケなどの店内や野外で行われた録音は往々にして雑音がひどく、聞き取ることが難しい発話が多くありました。詳細な談話分析ができるような、良質なデータを集めることが難しかったのです。

　そこで指導教員のアドバイスも受けて考案したのが「お菓子パーティー」でした。彼らを4〜5人ずつのグループに分けて教室に招き、お菓子を囲んで自由におしゃべりをしてもらって、その模様をICレコーダーとビデオカメラで録音・録画するという方法です。ノイズをなるべく排した状態で録音／録画するにはこの環境はぴったりでしたが、同時に普段と異なる実験室のような環境は参加者の緊張を招きがちです。なるべくリラックスして普段通りの会話をしてもらうために、話のネタになるユニークなお菓子などを準備し、また会話の冒頭は私も参加して、明るく砕けた雰囲気づくりを行いました。グループの分け方も彼らに事前に相談し、特に話が弾みやすいメンバーの組み合わせを手伝ってもらいました。教室に入ると、一瞬慣れない空間や配置されたビデオカメラに少し緊張する様子も見えましたが、話し出して数十分も経てば笑い声が響き、ジョークが飛び交う賑やかなおしゃべりの場となりました。こうして、目線やジェスチャーも含めた分析が出来る、質の良いジョークの相互行為データをとることができたのでした。

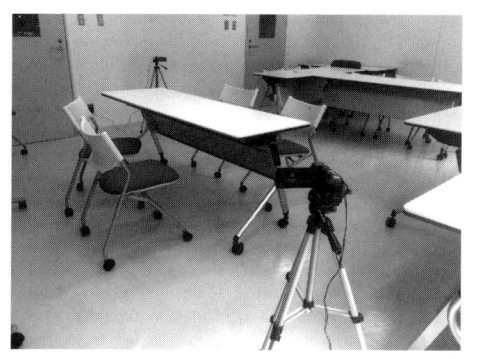

図1　表情が映るよう対角線上にビデオカメラを設置

図2　実際のお菓子パーティーの様子

　なお、2018年時点でのお菓子パーティーの際は研究室のビデオカメラを借りましたが、その後外食先等で行った録音・録画には自分のiPhoneを使いました。一般的な録音・録画であれば、スマートフォンも十分なクオリティを備えています。私は広角撮影のために魚眼レンズを購入して付けましたが、今はワイドカメラが内蔵されたものもあります。自撮り棒は少し工夫すると三脚としても使えます。専門家向けの録音・録画機材は学生にはやや高額ですが、身の回りのデバイスや道具を活用することで、十分データ収集は可能です。また調査予定ではなかった日に突然データ収集のチャンスがやってきたときにも、すぐに対応できます。

　フィールドでは、物事は予想通りに進まず、その都度現れる課題に臨機応変に対処していくことが求められます。しかし、その度に解決策を考え、周りの人や先行文献の知恵を借りながら、自分だけの調査方法を編み出していくことも、フィールドワークの醍醐味だと感じます。

ケース2─コロナ禍での貼り紙フィールドワーク（狩野裕子）

　コロナ禍にあって、現場に入って人々とともに同じ時間を過ごすフィールドワークという手法が、多くの「当たり前」に支えられて成り立つものだと気付かされたのは私だけではないと思います。何かの集まりの場所に行く、参加する人々のふるまいを観察する、人に会って話を聞くといったフィール

ドワークの一つ一つのステップが、感染のリスクと隣り合わせであり、協力者の生存を脅かしかねないという大きな問題に直面した時期でした。

　一方で、そうした緊急事態にあってはじめてみられる出来事もたしかにありました。たとえば、酒井晴香・井濃内歩 (2020)「コロナ禍初期における大学生のオンライン雑談会話―相互行為を通じたつながりの創発」(『社会言語科学』25 (1)：102–117.) では、オンラインコミュニケーションツールがめざましく浸透していくなかで、画面に映し出される「背景」が会話のなかでどのような機能をもっているのかをオンラインの雑談会話から分析しています。また、酒井晴香・青山俊之・田嶋翔・井出里咲子 (2023)「大学体育会男子部員らによる「ノリ」と「いじり」の創発と詩的連鎖」(社会言語科学会第47回大会口頭発表、東京国際大学、2023年3月17日.) では、大学の部活動がオンラインで実施されたことから、その録音・録画データのなかで、「ノリ」「ツッコミ」ひいては「いじり」がどのような詩的連鎖のなかで生み出されているかを分析しています。ここでは、これらの事例と同じく、コロナ禍という文脈のなかで私が行った事例の一つを紹介したいと思います (狩野裕子 (2023)「コロナ禍の貼り紙がつくる公共のことば―言語人類学からの一試論」『国際日本研究』15: 53–72.)。

　休校・休業が相次ぐなか、私は運良く (？) 3人の小さな子どもたちと自宅で過ごす機会を得ました。といっても、彼らと一日中同じ空間ですごすのは至難の技です。外出自粛が推奨されているところ、たびたびベビーカーを押しながら家のまわりを散歩していました。少し足をのばして、お気に入りの商店街へいくと、様変わりした商店街の様子が目につきました。いつもなら開いているお店がみんな閉まっており、人気もなく、もの寂しい感じばかりが漂っているのです。それまで、ベビーカーを押しながら、何度も街の人々との小さな会話を楽しんでいたことも影響していたと思います。その変化は私にとって、懐かしさの喪失に近いものでした。瞬時に、この異様な空気感、質感をどうやって「記録」できるだろうかと考えました。

　そうやって商店街の変化を体感するのと同時に、一つ一つのお店の扉に、お店のスタッフが貼ったであろう貼り紙が貼られているのに気がつきました。人の活気に飢えていた私は、貼り紙を見つけて歓喜し、食い入るように

読んでいきました。なじみのお店では、そのお店の人の顔が浮かんでくるようでしたし、一度も開いているところをみたことのないお店では、「このお店、やっていたんだ！」と新しい発見がありました。そこに書かれた文字を通して、商店街を再発見する、そんな感覚を得たのです。とくに手書きのものは、書かれた字にお店の人の人間味が滲み出ているようで愛おしく、お店の人となじみのお客さんとのやりとりを妄想したものです。

　いくつかの貼り紙を見るうちに、この貼り紙は、コロナ禍の商店街の質感の変化を記録するものになりうるのではないかと考えるようになりました。貼り紙は、お店の人たちがコロナ禍の事態をどのようなものとして捉えているかを伝えているように思えたからです。散歩に出かける前に、今日はこの地域、今日はこの地域とエリアを決めて（といってもどれも自宅から数キロ以内の歩いて行ける距離です）、お店に貼られた貼り紙を撮影していきました。

　当時、大学の授業はオンラインになっていました。指導教員に貼り紙の写真を撮って歩いていると話したところ、TA をしていた大学院の授業（方法論）で話す機会をもらい、その時にはじめて撮り溜めた写真をざっと見直す作業にとりかかりました。できる範囲で分類をして、こういうところが面白いと見せたところ、「自分の国ではまず手書きの貼り紙はない」や「どうして謝罪する必要があるのか」「自分の国ではこんな貼り紙が貼られている」といったフィードバックがもらえました。ここから撮り溜めたデータは分析の一次資料になり得ること、貼り紙のエリアや枚数を増やして傾向を探れるだろうという気づきとモチベーションを得て、その後も収集を続けました。

　ある程度写真を撮り溜めたところで、どうやって整理すればよいのか、という問題に直面しました。データの整理作業はおそらく、どの研究でもどこかの工程で直面することだと思います。これまで私は会話データを扱っていました。会話データの整理では、一つの会話データに対応する文字起こし資料（トランスクリプト）をまとめたドキュメントファイルをつくり、その後、いくつかの抜粋データを集めて 1 つのファイルにまとめていくという作業をしていましたが、視覚データを一次資料にするのははじめてだったので戸惑いました。ひとまず PowerPoint のスライドに 1 枚ずつ写真を貼り付け（図

3)、それを踏まえて一つ一つのお店に便宜的に番号をふり、それを Excel シート（図 4）と地図上に記録する作業をしていきました[1]。Excel シートには撮影日、写真データの情報（ファイル名）、整理番号、掲示場所、お店の業種、

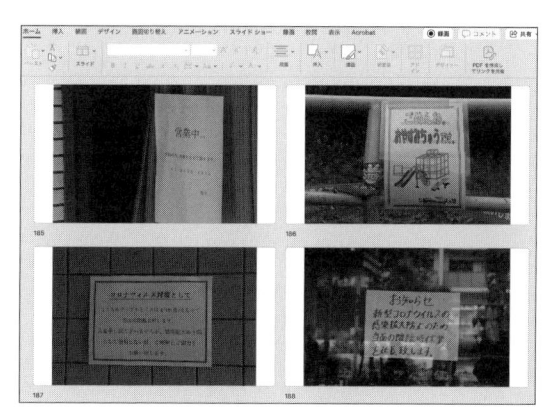

図 3　スライドに貼り付けた写真

撮影日	写真番号	地図情報	整理番号	掲載場所	業種	文言	形態（手書き・印刷）	備考
20200421	IMG_ 2170	S	40			ご来所の皆様へ　現在、都内全域で「新型コロナウイルス感染防止のための東京都における緊急事態措置」が、令和2年5月6日（水）まで実施されています。これを受け、〇〇区では感染防止対策を強化しております。休憩が37.5度以上の場合や体調不良を感じられている場合には、入所の自粛にご協力をお願いいたします。検温をご希望の方は、受付案内スタッフにお声がけください。	印刷	IMG_2170外観
20200421	IMG_ 2171	S	40					
20200421	IMG_ 2172	S	41	入口	飲食店	臨時休業のお知らせ　いつも〇〇をご利用頂きまして、ありがとうございます。新型コロナウイルス感染拡大により緊急事態宣言中のため5/6（水）まで臨時休業とさせて頂きます。お客様にはご迷惑をお掛け致しますが、ご理解とご協力のほど宜しくお願い致します。	印刷	カフェ
20200421	IMG_ 2173	S	41					IMG_2172外観
20200421	IMG_ 2175	S	42	入口	美容室	新型コロナウイルス感染拡大防止に伴う自粛営業のお知らせ　〇〇では4月30日までの間、現在ご予約を頂いている方のみの対応とさせていただきます。　ご予約を頂いていない日は休業日となります。お手数ですがお電話、メールなどでご確認下さい。　〇〇　電話番号　皆様のご理解とご協力、よろしくお願いいたします。宅配の方はお手数ですが、こちらへお電話ください。　電話番号	印刷	
20200421	IMG_ 2176	S	43	入口	高齢者福祉	～新型コロナウイルス、感染拡大防止にご協力を、お願いいたします～　・発熱等、体調がすぐれない方は、あらかじめお申し出ください。・状況により、後日、来所いただくか、電話相談とさせて頂く場合がございます。	印刷	フリガナつき
20200421	IMG_ 2177	S	43					感染症対策ポス
20200421	IMG_ 2178	S	43					
20200421	IMG_ 2179	S	43					
20200421	IMG_ 2180	S	43					
20200421	IMG_ 2181	K	44	入口	飲食店	お客様各位へ　いつもご利用頂きありがとうございます。今回のコロナウイルス感染拡大を懸念し、当店でも感染拡大防止の為当面の間休業します。ご迷惑をお掛けしますが何卒ご理解頂きたく存じます。※営業再開につきましては今後の世間の情勢によって対応させて頂きます。	手書き	
20200421	IMG_ 2182	K	45	入口	美容室	コロナウイルス感染拡大防止の為、　～4/30（木）まで臨時休業させて頂きます。5/1（金）より営業いたします。	手書き	
20200421	IMG_ 2183	K	46	入口	飲食店	お客様へ　当店は新型コロナウイルス感染拡大防止の為4/11～5/6まで営業を臨時休業とします。ランチ・TAKEOUTやってます。	手書き	
20200421	IMG_ 2184	K	47	入口	飲食店	コロナウイルス感染拡大防止のため臨時休業させていただきます　4/16(木)～4/30（木）	手書き	
						定期総会中止のお知らせ　4月24日（金）の定期総会・4月17日（金）の役員会は		

図 4　撮影した写真データの内容を記した Excel シートの一部

文言、貼り紙の形態（印刷・手書き）を記入していきました。

　PowerPoint にまとめることのメリットは、図3のように、一覧で見渡しやすいこと、気がついたことをノートに書き加えたりしやすいことです。私の場合、写真データは日付別にフォルダをつくって整理していたので、それぞれのフォルダを毎回開く手間が省けました。また、Excel シートにまとめることのメリットは、書かれた文言の検索がしやすく、フィルタをかけて該当するデータを抽出できる点にあります。今はオンラインオフラインを問わず、さまざまなツールがあります。私のやり方は、基礎的なものだったと思います。

　データ整理は、分析の必要に迫られてやるもの、という位置付けにあるかもしれませんが、この作業があるからこそ、見たいものが見えてくるのであって、逆に言えば、データ整理が不十分であれば見たいものは見えてきません（自戒をこめて）。データ整理は、実は分析の基礎固めとなる重要なステップです。これが正解というものはなく、改良し続けられるので、新しいツールやアプリケーションを見聞きする際に、どういうデータの整理に使えそうかという点で情報を選別していくのがいいと思います。

　最後に、データを発表や論文執筆に用いる際のことをお話しします。撮影したデータを使う際、私は、各店舗の店主にデータ利用の許諾を取りませんでした。その代わりに、場所やお店が特定されないように、個別情報にはモザイクをかけるといった加工を施しました。私の貼り紙を見るスタンスは、「私」という個的主体の実経験を出発点としていました。見たいものも社会的な問題意識によるものではなく、非常に個人的な懐かしさの喪失の質感やその変化、その経験の意味でした。それぞれのお店の人の手によって貼り紙が貼られるとともに、コロナ禍の意味づけもまた伝達されていき、そうした伝達のあり方や語り方の質感は、嘘偽りなく確かにそこにありました。私が経験したことから出発している点においては、現象学的かつ経験主義的なデータ収集だったといえると思います。また、許諾をとらずに使用したということは、その一連の出来事が私という局所的な器を通して経験された事実を「優先させた」ともいえるかもしれません。この点の倫理性については、これからもずっと考え続けなければいけないと思っています。

注

1　これは、私がこの地域のお店をある程度理解しており、撮り溜めた写真をあとから見直しても場所を特定するだけの理解があったからできたことです。見知らぬ土地の場合には、一枚一枚写真を撮るたびに、地図上に写真情報を記録するか、写真情報に地図情報を記録するかのどちらかの作業が必要になってくると思います。今はどの記録媒体も GPS 機能が付いていると思いますので、撮影の際には位置情報を記録することをおすすめします。

第4章

ことばのやりとりを分析する

儲叶明

　問いを立て、方法を探り、いよいよことばのやりとりを分析する段階が来ました。ことばはどのように分析すればよいのでしょうか？　たしかに、私たちは他人の心の内を読み解くことはできません。しかし、意識的か否かにかかわらず、私たちは何らかの規範に基づいて日々生活しています。たとえば授業を聞くという何気ない状況も、そこに参加するにあたってふさわしいふるまいをし、複雑な社会的行為を遂行しているのです。このような規範は、私たちの日常のことばのやりとりに着目することにより、はじめて浮き彫りになってきます。この章では、筆者の中国語母語話者としての経験を踏まえ、「挨拶」、「自分／他人を呼ぶこと」、「ポライトネス／インポライトネス」というキーワードを例に、人間同士のやりとりの面白さを提示していきます。

　4.1 節では、日常の場面における「挨拶」から日中の対人行動のパターンを分析していきます。4.2 節では、「俺」をはじめとする日本語の種類豊富な「自分を呼ぶことば」（自称詞）を取り上げ、それの不思議さについて提示します。また 4.3 節では、「○○さん」のような「人を呼ぶことば」（他称詞）を取り上げ、その挨拶における立ち位置を踏まえつつ、中国語コミュニケーションとの比較から日中の言語・文化イデオロギーについて述べます。4.4 節では、社会言語生活のなかで私たちがどのように他者と関わるかを考えるうえで、あえて失礼に振る舞う（イン）ポライトネスについて紹介します。4.5 節では会話を文字化する方法やツールを紹介し、4.6 節では本章をまとめながら、語用論研究の 2 つの考え方について紹介します。4.7 節ではこと

ばのやりとりの面白さは何かを説明しながら本章をまとめます。ではまず
「挨拶」から見てみましょう。

4.1　たかが「挨拶」、されど「挨拶」

　朝、知り合いに出会った時には「おはよう」、学校の授業が終わって友人
と別れるときには「お疲れ様」「じゃーまたね」など、皆さんは1日を過ご
す中で、相手や時間帯、場面に応じてさまざまな挨拶をしますね。日本社会
だけではなくさまざまな社会において、挨拶は人間のやりとりの潤滑油であ
り、われわれの日常生活において最も基本的な構成要素です。たとえば、日
本社会において頻繁に使用されている「すみません」という表現について考
えてみると、「すみません」は一般的に「感謝」や「謝罪」の機能を果たし
ていると理解されています。しかし誰がどんな場面で「すみません」を使っ
ているかをよく見てみると、「すみません」がもっと豊富な機能を担ってい
ることがわかります。井出（2005）による例をあげると、薬局でのやりとり
においては、「すみません，目薬いいですか，お出ししていただいて」と、
目薬の処方を依頼する「依頼の合図」として機能します。また支払いが終わ
り店員に軽くお辞儀をしつつ「じゃあ，すみません」と言った際には、やり
取りの終了を示しています（井出 2005: 209）。このように挨拶としての「す
みません」は、われわれの日常のやりとりを枠づけ、参与者間の関係性を「維
持」、「修復」してくれているのです（井出 2005: 209, 211）。

　「すみません」だけではなく、他に日常で他人に出くわす際に使う挨拶と
それが行われる状況に関しても、少し見方を変えると面白そうな現象が見え
てきます。具体例として、「長い廊下における挨拶」（定延 2016）を紹介しま
しょう。

　学校や職場の建物の中に、1本のまっすぐで長〜い廊下があったとしま
す。その廊下を歩いていると、それほど親しくない同級生（もしくはそれほ
ど親しくない職場の同僚）がこちらに向かって歩いているのに気付いたとし
ます。多くの日本人は、このような状況に気まずさを感じます。これは以下
の2つの「規範」（以下 a、b）があるからだとされています。

　　a. 挨拶は、相手に気づいたら即刻おこなう。
　　b. 挨拶したら即刻、別れるか、本題に入る。　　　　　（定延 2016: 137）

　「逃げ場のない」長い廊下で、当事者は上記の規範を破らざるを得ない局面に迫られます。すなわち、物理的に距離の長い廊下では、当事者がお互いのことに気づいた瞬間に挨拶するのは可能ですが、その後「別れるか、本題に入るか」という次のプロセスを物理的にすぐには達成することができません（すなわち、ルール b の実践はできなくなるのです）。人によってその解決法は違いますが、定延（2016: 138）は、多くの日本人が取る方法として、「長い廊下を短い廊下にする」と述べています。具体的には、定延は次のように説明しています。

　　　相手と至近距離に近づくまでは素知らぬ顔で歩き続け、相手との距離が
　　　十分に短くなるまで近づいたところで（その時刻を T2、その場所を P2
　　　とする）、相手の目を見て「あ」などと言って「相手に気づいてみせ」
　　　れば、その直後に挨拶をし、さらにその直後にすれ違ったり本題に入っ
　　　たりすることは自然になる。　　　　　　　　　　　（定延 2016: 138）

　以上の定延の説では、要するに「相手に気づく」ことと「相手に気づいてみせる」ことは異なるタイミングで行われる事象となり、結果的にルール b の実践ができるようになるということです（定延 2016: 139）。
　では、この場面を中国に移してみましょう。ルール a は中国社会にも存在しますが、ルール b は若干異なります。「別れるか、本題に入るか」という次の選択肢はほぼ同様ですが、そのプロセスが行われるタイミングは、状況に応じて調整できます。こうした場面を中国社会で観察すると、遠くからお互いを識別した瞬間に、お互いに手を振りあって「気づいたよ」ということを示すことが多いです。その後はお互い近くなるまで若干大きな声で簡単なことばを交わすことが多いでしょう。たとえば、"上课？"（授業ですか？）、"饭吃了吗？"（ごはん食べた？）、"去哪儿啊？"（どこにいくの？）など、雑談としてのスモールトーク（small talk）が行われています。これらは形式的に

はスモールトークですが、中国社会のコンテクストでは「挨拶」として認識可能である点が日本社会のコンテクストとの本質的な違いです[1]。これらの挨拶（「ごはん食べた？」「どこへいくんですか？」）は質問の形を取りますが、これに対して、中国社会のコンテクストでは、必要に応じて「今度一緒に食べに行きましょうよ」、「いいよいいよぜひ一緒に行きましょう」、「例の件はどうでした？」などのように、実際のスモールトークへと拡張させていくことも可能です。当然、この場合の「食事へのお誘い」は、「挨拶」の性質が強く、その後実行に移すかどうかは問題ではありません。当事者が後から気にすることは少ないと言えるでしょう。

　このように、日本人は「気づかない」ふりで「長い廊下」を「短い廊下」にするのに対して、中国人は挨拶を拡張させることで「長い廊下」を「短い廊下」にしているわけです。日本人と異なり、中国人はこの柔軟性を持った「非定型なあいさつ」（滝浦 2013: 136）のおかげで、長い廊下で「出会っていないという振舞い」をする必要がないのです（実際、日本人のようにふるまう人もいますが）。しかし、このようなやりとりを日本社会のコンテクストに当てはめると、絶対にだめだとはいえませんが、こうしたふるまいに対する容認度は低くなるでしょう。大学の廊下でそれほど親しくない同級生と出会ったときに、「ごはんを食べました？」と尋ねれば、「え？」と、まず不思議に思われますし、場合によって「親しくもないのにいきなり食事の誘い？」と応答に窮するでしょう。さらに、「どこへ行くの？」と聞くのも、「なぜそんなに一々詮索するの？」と思われる可能性があるでしょう（類似するエピソードは、滝浦 2008: 115 を参照してください）。そもそも日本では、廊下の端と端で、大声で会話するのに抵抗を感じる人も少なくないでしょう。すなわち、日本社会において「挨拶」というものは、親疎の関係性にもよりますが、それほど親しくない「ソト」[2]（三宅 2011: 60）の相手に対して、以下の①～③のような基準に則して行われているのではないかと考えられます。

①近距離で、かつその身体距離に適切な声の大きさで行われるべきものである。

②「おはようございます！」、「あっ、おはよう」と、形式的にペアとなるものである。
③必要がないかぎり、相手から余計な情報を引き出さないことが望ましく、簡潔に行われるべきである。

　以上の①～③の「規範」は、日本語の教科書を含めてどこかに書かれているわけではありませんが、無意識のうちに日本人の行動パターンに染み込んでいると言えます。このような規範があるから、「長い廊下」の状況におかれた日本人は、「演技的に気づいてみせる」ことをせざるを得ないのです。
　日本社会においてこのような「気づいてみせる」行為は、実は長い廊下だけではなく、他の場面でも観察されます。ビジネスの場面において取引先からの電話に出るとき、かけ手が名乗った後、受け手が「あっ、お世話になっておりますぅー」と、「あっ」を付け加えて挨拶することが多いです。ここでの「あっ」は専門用語でフィラーと呼ばれますが、（電話に出る前からわかっていたにもかかわらず）「相手が重要な人物なのだと、相手の名乗りをとおして気づいた」、その瞬間の「慎み」を表すのだと考えられます。このように考えると、定延（2016）の言う「相手に気づいてみせる」ということは、日本社会に適応していくための礼儀作法であり、一種の素養として身につける必要があるものだといえます。
　このように何気ない挨拶を取ってみても、普段気づきもしないような規範の発見が可能であることが分かります。第 3 章にも書かれているように、日常生活の中に観察対象を見つけることにより、自分自身を取り巻く身近な環境がフィールドとなってくるのです。

4.2　自分を呼ぶこと

　日常会話のやりとりにおいて、自分自身について言及する時に用いることば「自称詞」（鈴木 1973: 146）があります。日本語ではこの自称詞の種類が豊富で、ジェンダーとの関連性も深いことが知られています。たとえば、男性は「わたし」のほかにも「俺」、「僕」などを使うことが多いでしょう。男性

が使用する一人称のなかには、さらに「わたくし」、「自分」などもあります。その中でも、「わたし」は男女ともに使えますが、取引先とはじめて面会する場面や、学会、総理大臣が国会を開く場面などに用いられるという点で、フォーマルな印象を持つことが多いです。日本語学習者の筆者が日本語を覚えはじめた当初は、一人称の「わたし」は、基本的に「どこで誰に対して使っても失礼にならない」のに対して、「僕」は「やや平易でカジュアルな場面に使用するもの」であると授業で教わりました。しかし、実際に日本で暮らしてみると、若い日本人男性は「わたし」をあまり口にすることがないどころか、目下の人に対して「わたし」を使うと、むしろ距離感を与えてしまう恐れがあるということに気づきました。そのため、特にインフォーマルな場面では筆者は自称詞として「僕」を意識的に使うようになりました。さらに、特に日本の若い世代においては、男性同士で「俺」が多用されていることにも気がつきました。筆者は「俺」について、目上の人に対して決して使ってはいけない自称詞であり、基本的には同輩や目下に対してのみ許容されると認識していたため、「俺」を使うことを遠慮してしまいます。しかし、日本で生活すると教科書にある規範とは異なることばの使い方（語用といいます）が見られることもあります。たとえば、筆者が観察した限りでは、大学で授業が終わった後、担当教員と個人的な会話で「俺」を使う大学生がいました。そのやりとりの際、先生側は即座に「俺？」と復唱し、逸脱に気づいたことを表明しましたが、その学生はさほど違和感がない様子でした。なぜこの学生が教員に「俺」を使ったのか、大変興味深いです。

　一般的に男性性が強いとされている「俺」を女性が使用するという事例もあります。宮崎（2016）は、東京近郊の中学校でフィールドワークを行い、当該中学校における生徒たちによりインフォーマルな文脈で使用される一人称の使用特徴を調査し、分析しました。その結果、一般的に女子生徒の使用が想起されやすい「アタシ」と「ウチ」以外に、いわゆる男性一人称の「ボク」、「オレ」の女子生徒による使用が明らかになりました（宮崎 2016: 144–145）。当該中学校の女子生徒の間では、「ボク」は、女子が友達の間で日常的に使用される一人称として認識されていました。つまり、「ボク」は男子専用の一人称ではなく、女子が普通に使用していいものとして解釈されてい

たのです(宮崎 2016: 145)。それに対して女子生徒による「オレ」の使用は、教師や保護者からは「度を超えていて不良っぽい」(宮崎 2016: 145)という批判的な意見があった一方、それを使用するグループが同級生の中で力を主張する資源と見なされていました(宮崎 2016: 145)。具体的には、周りの女子からも「男になりたいわけじゃないけど、オレ的なものがほしい」「かっけー(かっこいい)」(宮崎 2016: 145)などと肯定的に評価をされることも多かったのです(宮崎 2016: 145)。

このように、従来「男性語」として使用される「ボク」と「オレ」は、宮崎(2016)が調査した中学校においては、「女子が使用してよいもの」として再解釈されていました。女子によるこのような「男性語」の使用は、従来の「女性が使用すべきことば」、「男性が使用すべきことば」という伝統的な規範を揺さぶり、女子たちが自らで言語使用のルールを創発し、それを通して「女性は…」、「男性は…」という従来の伝統意識を問いかける過程そのものであると宮崎は指摘しています(宮崎 2016: 148)。

4.3 人を呼ぶこと

やりとりにおいて自分を呼ぶことがあれば、当然、会話相手を呼ぶこともあります。これは「対称詞」(鈴木 1973: 146)と呼ばれ、言語によって使い方が異なってきます。筆者が日本語を勉強し始めた頃は、他人に対する呼び方として、「○○さん」という「さん付け」を最初に教わりました。また、「○○くん」や「○○ちゃん」という呼び方は「親疎」、「上下関係」、「場面」などの状況によっては失礼に当たることもあるので、なるべく使わないほうがよいと認識していました。しかし、日本に来ると、「さん付け」の呼び方自体が「相手を敬う」ニュアンスがあることに気づくと同時に、「○○さん」という呼び方の便利さも痛感しました。特に、それほど親しくない相手に対して、「苗字 + さん」を使えば、相手・場面を問わず失礼になりません。逆に、この方法は相手の苗字を知ったうえでしか通用しないという制限があります。

一方、中国語では、「○○さん」にぴったり合致する呼び方はありません。

そのため、相手を呼びかけるときにかなり臨機応変な対応が必要です。特にフォーマルな場面では、相手が男性の場合は、「先生」(*xian sheng*) という呼び方が比較的に日本語の「○○さん」に近いです。女性の場合はやや複雑です。比較的若い女性は、「小姐」(*xiao jie*)、やや年配な女性の場合は「女士」(*nu shi*) と呼びかけるので、世代によって呼び方が変わってきます。これは日本と似ていますが、組織の中では、「○○经理」(マネージャー)、「○○厂長」(メーカーの社長／工場長) などと、役職をつけて呼びます。さらに、一定の技術を手にした年配な男性に対して敬意をこめた呼び方として、「师傅」(*shi fu*) という呼び方もあります。たとえばタクシードライバーに対して、相手の苗字がわからなくても、「师傅」と呼んでコミュニケーションを取ります。これに対して、日本語の場合は、見知らぬ人を呼ぶ時の呼称がないので、「あの、すみません」のように他称詞を使うことを回避すると言われています (滝浦 2020: 62)。この事例からは、「すみません」は人を呼ぶ機能も持っていることが分かりますね。

　このように、中国社会における呼称には、相手の苗字が分からなくても相手を呼ぶことができる便利さがあります。一方で、性別、年齢、役職などの状況的コンテクストに応じて臨機応変に対応しなければなりません。特に、同じ人でも場面や相手との関係性によって異なる呼び方で呼ぶことが中国社会では重要で、アメリカの社会言語学者ブラムはこれを「相応しい名称 (“Proper Names”)」(Blum 1997: 364) と名付けています。相手を適切に呼ぶことが必要である理由は、中国語では、ことばの屈折 (「だ」→「です／ます」、「来る」→「来られる／いらっしゃる」、「ありがたいっす」など) によって実現される敬語体系が日本語ほど発達しておらず、その代わりに、人を呼ぶ対称詞が、非常に重要な**対人距離の調整**の機能を果たしているということが一因として考えられるでしょう。

　また面白いことに、冒頭の節で言及した「挨拶」に関連させて考えると、対称詞が挨拶文に出現可能な位置も日中間で異なります。以下に一例を挙げます。

　　（朝、学生が構内を歩いていて、教員が向かってくるのに気づく）

日本語：

○「(田中先生、)おはようございます」

？「おはようございます、田中先生」

中国語：

○「张老师早！(張先生、おはようございます！)」

○「早，张老师！(おはようございます、張先生！)」

　日本語の場合は、「田中先生」と他称詞を使わず、そのまま「おはようございます」と言ってもさほど問題がなく、むしろそれがデフォルトです。相手が自分に気づいていない場合は、「田中先生、おはようございます」と相手の注意を引くために対称詞を付け加えることもあります。一方、中国語では、相手を呼ばずに挨拶することは、やや親しい間柄の場合にのみ許されるものであるため、特に目上の人に対する挨拶は、相手を適切に呼ぶ他称詞が重要です。たとえば、中国人学生は先生に挨拶する際に、日本人学生に比較して呼称(先生)を多用していることが丁(2017: 147–150)の調査で報告されています。そのため、日本語では違和感のある「おはようございます、田中先生」という文は、中国語の場合は問題ありません。要するに、中国語では、挨拶の中核文の前後のいずれの位置にも対称詞をつけ加えることができるのです。中国語では、相手を呼ぶことは端的に相手の注意を引くものではなく、相手を待遇する(この場合は礼儀を尽くす)ものとして機能しているからです。なお、中国語では相手の名前を呼ぶだけで、挨拶と認められる場合があります(滝浦 2008 など)。たとえば、滝浦(2008:114)と類似するエピソードとして、筆者が所属していた中国の大学の日本語学部では以下のやりとりが何度も起こっていました(人物名は仮名)。

　(廊下を歩いている中国人学生が日本人の教員に出くわし、互いに気づく)

学生：　「田中先生！」

先生：　「？！」(立ち留まって学生を見る)

学生：　「おはようございます！」

先生：　「あー、おはよう」

　田中先生からすれば、「何か用事でもあるのか？」と思って立ち止まりましたが、後半の挨拶文が来てようやく「あっ、挨拶だったんだ」と気づきます。このような挨拶の仕方は、中国語母語話者が自文化のコミュニケーションのパターンを日本語に当てはめた使用であると思われます。

　以上、「挨拶」、「です・ます」、「自称詞／対称詞」という日常生活におけるありふれた言語運用に着目してみました。こうした何の変哲もないやりとりの背後には、実は私たちがどのようにその運用を捉えているか、ことばと日常の行為に対する「こうであるべきだ」、「こうであるべきではない」という規範としての**言語イデオロギー**、**文化イデオロギー**が潜んでいる可能性を実際の事例を援用しながら説明しました。次節からは、よりマクロな視点で、やりとりを分析する方法論について紹介します。

4.4　やりとりの距離感―ポライトかインポライトか

　この節で考えてみたいのは、ことばやふるまいを通して、われわれはどのように他者と関わるかということです。一例を見てみましょう。

　（食卓を囲む家族の夕食場面。塩の瓶から遠い弟が塩を指さしながら、
　それに近いところに座る姉に向かって）
　「塩！」

　食卓で塩に近い姉に、弟が「塩」というだけで、「塩をください」という意味が伝わり、それが依頼として機能していることがわかります。しかし、もしそこに座っていた人が同級生なら、「ごめん、塩もらっていい？」という言い方になるでしょう。さらに、それが指導教員の場合は「あの…すみません…一瞬塩を取ります」と依頼自体を避けるかもしれません。このように目上の者に対して「ごめん、塩もらっていい？」と依頼することは相手への配慮に欠けており、失礼な態度であると見なされます。しかし、「塩！」だ

けでも差し支えない関係性において、「ごめん、塩もらっていい？」と丁寧に依頼することは逆に気を使いすぎている印象を与えてしまいます。

　要するに、コミュニケーションにおいてはこれが正解だという絶対的な答えはなく、やりとりの相手や状況にとって何が一番適切なのかという**相対的な答え**しかないのです。一方で、円満な対人関係を実現するためコミュニケーションを取るたびに、相手との対人距離を照合しながら、どのようなことばを使うべきかを問うた古い理論があります。アメリカの Brown & Levinson (1987) の**ポライトネス理論**と呼ばれるものです。

　ブラウンとレビンソンは、人間は誰しも普遍的に二つの「フェイス」（"face"）という欲求を持つと主張しています。他者と積極的にかかわり、認められたい、賞賛されたいという欲求を「**ポジティブ・フェイス**」といいます。それに対して、自分の縄張りを他者に侵入されたくない、邪魔されたくないという欲求を「**ネガティブ・フェイス**」といいます（Brown & Levinson 1987: 61）。この 2 つのフェイスのいずれかを脅かす行為は、「フェイス侵害行為（"face threatening acts"、略称 "FTA"）」（Brown & Levinson 1987: 60）と呼ばれます。

　他者の「ポジティブ・フェイス」に訴えかけるストラテジーは、「ポジティブ・ポライトネス」（PP）です。ポジティブ・ポライトネスは、対人距離の点において相手に接近し、相手との共通基盤を主張するストラテジーです。たとえば、親しさを表すためのため口、相手の肩を軽く叩くような身体接触はこれにあたります。一方、他者の「ネガティブ・フェイス」に訴えかけるストラテジーが「ネガティブ・ポライトネス」（NP）です。ネガティブ・ポライトネスにおいては、とにかく相手との距離感を保つことが肝心です。初対面の目上の人に対して、回りくどいと分かっていても敬語を使うのはそのためです。ことばの工夫だけではなく、目上の人とことばを交わすときに、なるべく相手と物理的な距離を保ち、相手に近づかないよう気づかうことも多いでしょう。このように、円満な対人関係を実現するために、我々はさまざまな工夫を通して他者との調整をしていると主張するのがポライトネス理論です。

　しかし、世の中のことは全てが善意により動いているとは限りません。円

満な対人関係を志向することが一般的ですが、対人関係なんかどうでもいい、嫌われてもいいからぶっきらぼうな態度で発散したい―そのような場合も日常生活には実在するでしょう。このような、やりとりにおいて話し手が意図的に相手のフェイスへの侵害を引き起こすものを扱う理論として、**インポライトネス理論**（Culpeper 2005 など）が存在します。インポライトネスということば自体が、「ポライトネス」に「イン」がついた形となっている以上、「ポライトネスとは反対の理論なのだ」と認識されがちです。しかし、いわゆる「上から目線」の発言など、ポライトネス理論では対称的な言語行動が見つからないものも含まれているため、ただ単にポライトネス理論をひっくり返したものではありません（Culpeper & Haugh 2014, 椎名監訳 2020）。

　では、このような、日常生活であまり期待されているとは言い難いインポライトなやりとりに注目することで何が見えてくるのでしょうか。

　インポライトネス研究の第 1 の柱として、我々はどのような方法を用いてインポライトを表現するのか、という問いが存在します。Culpeper（2005）は、アメリカの人気テレビ番組（ショーと呼ばれるバラエティ系に当たります）の司会者が用いる言葉遣いやキャッチフレーズを分析しました。司会者はよく素人の出演者をからかったり、いじったりするのですが、特に "Who-question"、"Yes/No question"、プロソディーなどの音声的操作、方言、アクセントの意図的な模倣などを通して、意図的に番組参加者に対するインポライトを実現しているのです（pp. 50–52）。そうすることにより、視聴者の間に笑いを引き起こし楽しい雰囲気が創り出されているのです。第 2 の柱として、インポライトネス研究には、なぜインポライトな行動をとるのか、それによって何が得られるのかという問いに応えようとするものがあります。たとえば、陈・冉（2013）は、中国のドラマのなかにあるやりとりを取り上げ、意図的なインポライトネスは、たとえば上司から部下に、年上から年下に対するものなど、話し手が自分自身を社会的に優位な立場に置くことを可能にすると分析しています。

　さらに、日常生活で他人とやりとりする時に、特に親しい関係においては、相手にぞんざいな表現や悪態が含まれることばを向けることもあるでしょう。ぞんざいな表現が含まれるため、一見険悪な対人関係につながりそう

なやりとりが、結果的に「遊び」となる現象は、擬似的な対立行動である「遊びとしての対立」（大津 2004: 44–46）と解釈されます。大津は 20 代の女性友人同士間のこうした「遊びとしての対立」に注目し、それがどのように始められているかを考察し、分析しました。以下に大津（2004: 49）による事例を引用します。

```
  1  F： だって　私がさ，私みたいな女おったら　嫌い
             になるもん．
     K： ∧∧∧∧∧┌∧∧∧∧∧∧∧∧∧∧∧∧∧∧∧∧∧∧∧∧∧
     F：        └∧∧∧∧∧∧∧∧∧∧∧∧∧∧∧∧∧∧∧
→2   K： 最悪な┌女だ．最悪．
  3  F：      └∧∧∧∧∧∧　なんか　あの女むかつくっ
             て：．とか┌絶対言っとる．
  4  K：          └むかつくって：．
  5  F： だから：→
     K： うん．
  5  F： 私のまわりにいる人はいい人ばっかり．
     K： ∧∧∧∧∧┌∧∧∧∧∧∧∧∧∧∧∧∧∧∧∧∧∧∧
     F：        └∧∧∧∧∧∧∧∧∧∧∧∧∧∧∧∧∧∧∧∧
```

（大津 2004: 49、例 3）

　上記の事例では、K と F がそれぞれの会話の参加者を表していることに加えて、テキスト以外にもさまざまな記号が含まれていることが分かるでしょう。会話分析や談話分析を代表とする質的研究では、テキストと共に、こうしたさまざまな記号を用いて話者の会話をなるべく忠実に再現しようとしています。このようなデータの文字化の方法については、次節で詳しく紹介します。K と F はそれぞれの話者を表しており、数字は発話の行数を表し、数字の前の→は、注目すべきところを表しています。波線がついている発話は話者が笑いながらの発話であり、行をまたがる括弧のところは、2 人の話者の話が音声的に重なっていることを示しています（大津 2004: 52）。
　大津（2004）は、1F 行の話者の自己否定の後に、聞き手である K が後続の

やりとりの2行目と4行目でFを非難し続けており、特に2行目の「最悪」の部分がくり返して発されていることから、大げさな感情表現が「これは遊びだよ」ということを相手に伝えていると主張しています（大津 2004: 48–49）。大津（2004）はこうした、相手への非難により引き起こされた対立が結果的に参加者に「遊び」として解釈されて「冗談」となる日常のやりとりが、無意識のうちに相手との「親密な関係性」を絶えなく創り出していくことを指摘しています（大津 2004: 51）。

　このように、貶めや非難や対立などの否定的な態度を相手に向けるものの、結果的に「それは本当でない」と捉えられるものは、**「疑似インポライトネス」**（"Mock impoliteness"）（Culpeper 1996: 356–357; Culpeper & Haugh 2014・椎名監訳 2020: 283–289）と呼ばれます。「疑似インポライトネス」は、特に親和的関係性における連帯感の促進のやりとりとして、よく取り上げられるトピックですが、その分類についてはさまざまな議論がなされています。その中でも特に、インポライトネスに注目する研究の一つの潮流の中で取り上げられることが多いです。

　本節では、日常生活における対面でのやりとりをどのように分析することが可能か、実例をいくつか挙げながら説明しました。さらに、ことばと対人関係という観点から、ポライトネス理論とインポライトネス理論を紹介しました。このように、コンテクストの中でことばを研究し、ことばと対人関係の関係性に注目する語用論的な観点の分析も、すべて広い意味でのディスコース研究に含まれています。

4.5　データの文字化をしてみよう

4.5.1　会話分析の文字化方法

　前節までは、具体的な事例を挙げて、日常におけるやりとりをどのように分析し、そこから何を得られるかを説明しました。日常のやりとりを分析する際には、上述の大津（2004）の事例からもわかるように、やりとりを文字化する（書き起こしする）過程が不可欠です。ここで、文字化の方法、文字化する際の注意点を少しお話ししましょう。文字化は、思った以上に時間がか

かる作業です。文字化の緻密度、精確度、スピードなどには個人差があります。筆者の経験に基づくと、1分間の会話を文字化するためには、平均して1時間程度の時間が必要です。しかし、慣れてくるとさほど苦ではなく、むしろ面白く感じることが多いです。

　文字化する際に準拠する基準と記号は、研究分野、研究者によってさまざまですが、中でも、Gail Jefferson (Jefferson 2004) によって開発されたシステムがベースとなっているものが多いです。日本語のトランスクリプションの記号凡例は、串田ほか (2017)、高木ほか (2016) を参考にするとよいでしょう。以下、先述した Jefferson (2004) に基づいてつくられた串田ほか (2017: v) の書き起こし記号の一部を引用します。

[	この記号をつけた複数行の発話が重なり始めた位置.
]	この記号をつけた複数行の発話の重なりが解消された位置.
=	前後の発話が切れ目なく続いている. または, 行末にこの記号がある行から行頭にこの記号がある行へと間髪を入れずに続いている.
(数字)	沈黙の秒数.
(.)	ごく短い沈黙. およそ 0.1 秒程度.
文字::	直前の音が延びている.「:」の数が多いほど長く延びている.
文字?	尻上がりの抑揚.
文字¿	やや尻上がりの抑揚.
°文字°	弱く発話されている.
hh	息を吐く音. h の数多いほど長い. 笑いの場合もある.
(続きは省略)	

（串田ほか 2017: v より抜粋）

以上の書き起こし記号に基づいた文字化の例を以下に示します。

```
11    k： へぇ::::°そ°科学芸術大学せん¿せいが確かメイシ大学かなん
12         かの¿  (.hh)日本°ん°先生がいて¿
```

```
13　t:　うん:::
14　k:　僕そこに日本:::
　　　　(0.6)
15　　　なんてゆうきぎょう？プレゼン？　企業::の紹介プレゼン？
　　　　(0.6)
16　t:　うん
17　k:　の大会みたいな(.)そこに僕(.)審査員で入って¿=
18　t:　=[へぇ::
19　k:　　[北京大(h)学(h)の¿=
20　t:　=へぇ:::
```

以上の例において、左から数えて2列目にある参与者のアルファベット記号は、個人が特定されないように本人の実名と異なる表記が付けられていることがわかります。また、11行目の「日本゜ん゜先生がいて」の部分が示した通り、会話分析の文字化では、文法的に正しい書き起こしを作成するより、限りなく参与者の発音に近い形で文字化することが好ましいです。たとえば、11行目では、「日本の先生がいて」のように、名詞と名詞をつなげる属格の「の」が発されたと推測されますが、ここでは実際に話し手が発した「ん」という表記で文字化しています。0.1秒以内の間隔は文中で表記されますが、それ以上の間合いは、改行して単独で表記します。大学名などの固有名詞は、研究課題や所属分野によりますが、参与者の個人情報の漏洩につながる場合は、固有名詞が識別されないように変更して、匿名化することが多いでしょう。

　文字化する際に、以上の記号をそのまま踏襲して使用する研究もあれば、以上の書き起こし記号に基づいて自らの研究課題の需要に応じて「変化」を取り入れる研究もあります。たとえば、「笑いながらの発話」部分を、「hhh」ではなく、その発話の前後をより目立つ記号の「〈@〉」で囲んでいる事例（高梨2016: 108など）もあります。先述の大津（2004: 49）の事例も、笑いを「ハハハハハ」と表記しています。このように、それぞれの研究者が常に自分の研究にとって最適な表現となるように書き起こし記号を調整しています。

　また、先に挙げた事例では、行番号、発話の頭のところ、文中、すべて1

列に揃っています。文字化(書き起こし)作業における重要なポイントは、文字化資料を精確で整然とした文字化資料を整えることです。ここでは、この点に関連する Word の機能について説明します。

　Word を使用して文字化する際に、通常であれば便利な機能が邪魔になる可能性も出てきます。たとえば、通常 Word ソフトを利用して編集する際には、ローマ字の頭文字が自動的に大文字になったり、2 文字目が小文字に変換されたり、単語の誤入力やスペルミスが自動修正されます。これらは通常であればとても便利な機能ですが、文字化する際には「不便／邪魔な」機能になってしまいます。そのため、書式が入っている Word ファイルではなく、文字化専用の Word ファイルで文字化資料を用意し、それを原稿に取り入れることをお勧めします。以下、文字化(書き起こし)する際に、Word の中で、解除しておいたほうがよい機能をいくつか紹介します。以下の説明はWindows の Word 2019 に関するものです。

① 　Word のオートコレクトの設定解除
　　「ファイル」⇒「その他」⇒「オプション」⇒「文章校正」⇒「オートコレクトのオプション」
② 　校正機能の解除
　　「ファイル」⇒「その他」⇒「オプション」⇒「文章校正」
③ 　自動間隔調整の解除
　　「ホーム」タブ⇒「段落」⇒「体裁」⇒「改行時の処理」と「文字幅と間隔」のチェックマークを必要に応じて外す

　以上の書式を設定した上、英数字や括弧などの記号には、“Courier New”を使用しましょう。このフォントでは、文字(英語の場合はアルファベット)同士の間隔が均一に配列されているため、なるべく「不本意で不規則なスペースをできるかぎり回避したい」文字化作業において使いやすいです。これに対して、日本語のフォントはこれといった規定はありませんが、筆者は「MS 明朝」を好んで使用しています。「MS 明朝」は、明朝体の中で最も頻繁に使用されるフォントといっても過言ではないでしょう。

　以上では文字化する前の、Word 書式とフォントの設定について述べました。では、肝心の文字列（発話列）を揃えるにはどうすればよいのでしょうか。各行の頭文字、行中の一部の文字同士を、一律に整然と表示させることは、意外と手間がかかる作業です。それに、下手に半角や全角をはさむと、時間をかけてもなかなか揃えられないことが、初心者はよく遭遇する悩ましい課題です。筆者も文字化を覚える最初の頃は、文字列を、手間をかけて一つ一つ押して細かく修正していた時期があり、特に文中の文字を揃えることに大変苦労しました。

　こうした問題は、Word の「インデント」、「ルーラー」、「Tab キー」機能を活用できるようになると一気に解決することができ、作業の効率が劇的に上がります。詳しい操作の仕方はウェブページや YouTube でも見ることができます。ウェブで「インデント」、「ルーラー」、「Tab キー」の三つのキーワードで検索し、やり方を覚えておくとよいでしょう。

4.5.2　非言語情報や SNS の表示方法

　文字化資料に表示される情報には、非言語情報も含まれます。以下は儲（2022）からの抜粋です。

```
04   B:   [啊哈     @天哪：：@
          aha     tianna
          間投詞  オーマイゴッド
          アハ    オーマイゴッド
     C    +カップの文字を指差して
05   C:   +看     到      写      了
          kan     dao    xie     le
          見る    COMP  書く   ASP
     （書いているのを）見たよ                    （儲 2022: 81）
```

　身体動作は、発話の行の上方部と発話の当該位置に「＋」を挿入し、上方部の「＋」の右側に具体的な身体動作の内容を書きます。身体動作の参与者表記は、小文字のアルファベットで表記すると分かりやすいです。上の @

マークで囲まれている発話は、明らかに笑いながら発話された部分です。筆者の研究では、笑いが発話のどの部分で起きたか否かが分析において重要であったため、より目立つ @ マークを使用しました。

　微細な身体動作が発話文のどこで産出されたかを精緻に記述するには、秒単位で音声と動画をくり返して再生できるツールの使用が有効です。たとえば、アノテーションツールとして知られている"ELAN"がその一つです。ウェブ上で検索すれば、無料でダウンロードできます。

　現在では、対面コミュニケーションだけではなく、LINE などのインスタントメッセンジャーを介して行われる非対面のコミュニケーションも非常に多いです。こうした非対面コミュニケーションを分析の事例として扱う際に、どうすればよいかを説明していきます。以下は一例です。

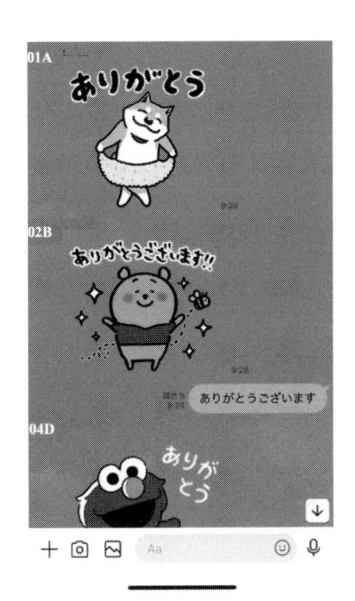

図 1　LINE のチャット画面処理例

　上記の事例は、チャット画面のスクリーンショットです。参与者の匿名性を確保しつつも情報を明確に示すためには、スクリーンショットを加工する必要があります。たとえば、以上の例では、行数は数字「01、02…」、参与

者は「A、B、C…」、合わせて「01A…」の形式で表記されています。右の吹き出しは自分が送信した内容で、LINE では自分自身のユーザー名とアイコンが表示されませんが、データとして提示する場合、同じく行数と参与者名の記号を付けたほうがより分かりやすくなります[3]。また、LINE では、送ったメッセージを長押しし、「スクショ」を選択して、「情報を隠す」機能で会話参加者のアイコンを隠してくれるような便利な機能もあります。

　上記の事例を文字化する必要がある場合は、

事例/断片 (XX)
　　01A：［STAMP］［動物キャラクター、「ありがとう」のテキスト］
　　　　　　　　　　　　　　　　　　　　　　　　　9:26
　　02B：［STAMP］［クマのプーさん］
　　　　　　　　　　　　9:28
　　03C：ありがとうございます
　　　　　　　　　9:34
　　04D：［STAMP］［赤いキャラクター (エルモ)］

　あくまでも一例ですが、LINE などのオンラインチャットでのスクリーンショットを掲載したうえで、以上の例のように、「事例」もしくは「断片」というタイトルで文字化されたトランスクリプションを併記すると、読者にとってより見やすくなります。LINE のやりとりは、個々のメッセージと共に送信時間も表示されているため、文字化する際に、行数の下に送信時間も記載します。筆者は、LINE で表示される通り、メッセージの最後に送信時間を書いています。送信時間の記載方法に関しては規定がないため、個々の研究の事情に合わせて記載するとよいでしょう。

　特に長い事例でスクリーンショットを複数枚掲載する場合、文字化されたトランスクリプションは分析の際にも、分析を読む際にも頼りになります。GIF や STAMP などの図画的資源は、［　］で囲んで記載するとよいでしょう。その横に、さらに［　］で簡単に図画の中身を叙述すると、当該行はどの種類の資源でどのような内容なのかが、一目瞭然で分かります。また、叙述の内容は、研究課題や内容など自分自身の必要に応じて変えることも可能

です。たとえば、先程挙げた事例では、「プーさん」という固有名詞による叙述も、「赤いキャラクター（エルモ）」といった単純な叙述もありました。参与者の相互行為を忠実に文字化し、分析者と読者が後から読む時にスムーズに分析と内容を理解できることが文字化する際の最も重要な基準です。

4.6　演繹的な立場と帰納的な立場

　この章では、挨拶、自分や他人を呼ぶことという日常のやりとりを取り上げて、人間同士のやりとりの面白さを説明しました。また、ことばと対人関係の観点から、我々がことばを使って他者との距離をはかるためのポライトネス、インポライトネス理論について述べました。こうした研究分野は語用論と呼ばれます。語用論分野は幅広く、見方によってまとめ方が異なりますが（加藤・澤田 2020 を参照）、分析対象の着目点の観点から主に 2 つのアプローチがあります。まず 1 つ目は、事前に着目点を決定し、それに従って集めた事例を検証することにより言語運用の規則を解明していくという演繹的な方法です。たとえば、接続詞の「しかし」が具体的な文脈のなかでどのように使われ、どのような役割を果たしているかを分析することなどです。2つ目は、事前に焦点を絞らずにひとまずデータを収集して、そこから現象を発見し、やりとりの実態の解明を目指す帰納的な方法です。たとえば、アメリカのコンビニなどの公共性のある場面における客と店員のとりとめのない雑談を収録し、そこからアメリカ社会の対人やりとりの特徴を分析した井出（2008）などの研究があります。このような研究は、事前に何かの分析の焦点を定まってからデータを採取するのではなく、特定の場面におけるデータを採取してから、そのデータをくり返し見ていくうちに浮かび上がってきたものを捉えて分析しています。

　実際の研究にあたっては、先に問いを立てるべきか、先にアプローチを決めてそれに沿った問いを探すべきか、という疑問が生じると思います。筆者の経験から言うと、アプローチ方法の選択は所属ゼミの雰囲気に多かれ少なかれ影響されることが多いです。この意味で、アプローチの方法が先に確立する場合が多いでしょう。しかし、それはあくまでも一つの大枠であり、さ

らに細かい方法の決定が必要です。たとえば、一概に質的なアプローチを取ると言っても、インタビュー、参与観察、ナラティブ分析、複数のやり方を組み合わせた「三角測量」などさまざまなやり方があります(詳しくは第3章を参照してください)。この意味で、どの方法を取るかは、研究課題を明確にした後で考えるのが適切でしょう。また、問いと方法は常に静的なものではなく、相互に影響し動的に変化していますので、研究の時期によって、順番が変わることも多々あります。

研究方法に迷った時は、一度「この研究で自分が何を伝えたいか、何をはっきりさせたいか」という原点に戻ることが有効です。日常のやりとりやコミュニケーションに対して常に観察眼をもって対峙し、常に疑問をもって「問う」姿勢が重要です。

4.7 おわりに

ここまで読んで、皆さんどう思いましたか。ことばのやりとりを分析する、と聞くと、難しい印象があったかもしれません。しかし、ことばを分析することは、案外、身近なところからはじめられるものだということは、この章を通してわかってもらえたかと思います。

日常的にことばを使う私たちのふるまいには、実はたくさんの「気づき」があります。普段「気づかない」ものに「気づく」ことが、ことばのやりとりを分析するうえでの醍醐味といえるでしょう。気づかなかったものに気づいたことで、同じ物事でも全く違う観点から捉えられたり、それまで理解できなかった他者の気持ちを不思議なほどに理解できるようになったり、答えがなかった問題に答えが出たり、答え自体が重要ではなくなったりします。そこにある世界が何一つ変わっていないのに、何もかもが変わったような体験は、こうした「気づき」を通して得られます。

アンテナを張って問い続け、日常的に看過されがちな「小さな気づき」に立ち向かい続けることで、他者への理解を促進し、その積み重ねがやがて私たち自分自身をよりよく理解することに繋がります。

ことばのやりとりを分析するには、もっと多様な手法があります。次章で

は、語りとしてのナラティブとその方法について紹介します。

≪**ブックガイド**≫

■　滝浦真人(2013)『日本語は親しさを伝えられるか』岩波書店
　〈そうだったんだ！日本語〉シリーズの 1 冊として出版された本です。当シリーズでは、「気づかなかった日本語」を分野内の研究者から分野外の一般読者まで網羅的に提示するというスケールの大きい狙いがあっただけに、「スパイスの効いた」テーマが多いです。一見「何だと？！」と思うような本書のテーマですが、著者が日本のことばの歴史をきちんと踏まえながら、私たちが日常で何気なく使っている「標準語」としての日本語は、実は十分に「十分堅苦しいもの」であると読者に気づかせようとしています。目の前で淡々と語ってくれているようなエッセー調の書き方でありながら、厳密に組み立てられたロジックがきちんと読み手の思考を導いてくれるため、非常に読み応えのある 1 冊です。著者自身が(「あとがき」によると)「書くことは何度も諦めた」ほど、よく考えて書かれた 1 冊です。

■　中村桃子(2020)『新敬語「マジヤバイっす」―社会言語学の視点から』白澤社
　体育系男子大学生の使用がイメージされやすい「そうっす」のように見られる「です・ます形」の短縮形を取り上げ、「ス」体がどのように使われ、評価され、何を表しているかを社会言語学の視点に基づいて分析した専門書です。専門書ではありますが、思わずくすっと笑ってしまうような身近な例文とともに、一般の読者も想定された平易な言葉遣いが工夫されています。そうでありながら深みのある内容がしっかり入っている本です。社会言語学の概念を網羅的にも親しみやすいことばで紹介されている点においても、十分に一読する価値のある本です。

■　林宅男(2008)『談話分析のアプローチ―理論と実践』研究社
　談話分析と会話分析の諸概念を網羅的に扱い、個々の用語の説明がくどくなく、断片的にまとめられているところが特徴です。分野の脈絡を簡潔な記述を通して把握したい、個々の用語を確認したい場合にはとても便利な一冊です。キーワード別に構成されており、必要な／調べたいだけ読むことができるという、本としても、辞書としても使える 1 冊です。社会言語学、社会学、言語学などで会話分析／談話分析の手法を取りたい人なら、押さえておいてまず間違いのない入門書です。

■　加藤重広・澤田淳(2020)『はじめての語用論―基礎から応用まで』研究社
　言語学の一つの下位領域としての「語用論」ですが、実はさまざまな学問と融合でき

る学際的な分野です。本書は、「語用論」というキーワードを介してその隣接分野を入門的、網羅的に概説、紹介する1冊として位置づけられます。認知、文法、歴史、異文化対照、日本語教育など、それぞれの分野を牽引する方が自らの理解に基づいた「語用論」を解説してくれるため、1冊で「語用論」のふり幅と可能性を感じ取れますし、語用論を通して隣接分野を知るためにもおすすめできる本です。

注

1　筆者の内省では、中国語学習者向けの中国語教科書でよく紹介される"你好"（こんにちは）という挨拶は、よほどよそよそしい間柄（初対面など）でない限りあまり使用されていません。若者同士は「Hello」、「Hey」、「嗨（英語の"Hi"の発音から由来する）」を使用して相手に気づいたことを示した後、スモールトークを始めることが多いのに対して、年配者同士もしくは年配な方に対する挨拶の際には、「张老师」（張先生）、「老张」（目上の人に対して親しみを込めた呼び方）など、呼称を使用して相手を呼びかけることから始めます。ちなみに、若者の「Hello~」や年配者同士／目上に対する呼称の表現は、いずれもそれだけで「挨拶」として機能できます（内藤 2001; 滝浦 2013 などを参照）。

2　三宅（2011）によると、日本人にとって「ウチの人間」は自己のまわりの家族やごく親しい人を、「ソトの人間」はあまり親しくないが自己やウチと関連のある人々を指します（三宅 2011: 60）。

3　匿名性を確保するために、自分自身を匿名化することもあります。

参考文献

Blum, Susan D. (1997) Naming practices and the power of words in China. *Language in Society* 26(3): 357–379.

Brown, Penelope and Levinson, Stephen C. (1987) *Politeness: some universals in language usage.* Cambridge: Cambridge University Press. （田中典子監訳（2011）『ポライトネス―言語使用における、ある普遍現象』研究社）

陈倩・冉永平（2013）「有意不礼貌环境下身份构建和和谐」『外语与外语教学』273: 15–28.

儲叶明（2022）『中国語コミュニケーションにおける「近さ」について―対面とオンラインでの遊びとしての対立を事例に』筑波大学人文社会科学研究科博士学位論文

Culpeper, Jonathan. (2005) Impoliteness and entertainment in the television quiz show: The

Weakest Link. *Journal of Politeness Research* 1: 35–72.

Culpeper, Jonathan. (1996) Towards an anatomy of impoliteness. *Journal of pragmatics* 25: 349–367.

Culpeper, Jonathan and Haugh, Michael. (2014) *Pragmatics and the English Language.* London: MacMillan Education Press.（椎名美智監訳、加藤重広・滝浦真人・東泉裕子訳（2020）『新しい語用論の世界』研究社）

丁尚虎（2017）『あいさつの日中対照研究：場面と対人関係による使用制限を中心に』東北大学国際文化研究科博士学位論文

井出里咲子（2005）「スモールトークとあいさつ」井出祥子・平賀正子編『講座社会言語科学 1』pp. 198–215. ひつじ書房

井出里咲子（2008）「第 9 章　スモールトーク」唐須教光編『開放系言語学への招待―文化・認知・コミュニケーション』pp.171–186. 慶應義塾大学出版会

Jefferson, Gail. (2004) Glossary of transcript symbols with an introduction. In G. Lerner. (Ed.) *Conversation analysis: Studies from the first generation*, pp.13–31. Amsterdam/Philadelphia: John Benjamins.

加藤重広・澤田淳（2020）『はじめての語用論―基礎から応用まで』研究社

串田秀也・平本毅・林誠（2017）『会話分析入門』勁草書房

三宅和子（2011）『日本語の対人関係把握と配慮言語行動』ひつじ書房

宮崎あゆみ（2016）「日本の中学生のジェンダー―人称を巡るメタ語用的釈―変容するジェンダー言語イデオロギー」『社会言語科学』19（1）: 135–150.

大津友美（2004）「親しい友人同士の会話におけるポジティブ・ポライトネス―「遊び」としての対立行動に注目して」『社会言語科学』6（2）: 44–53.

定延利之（2016）『コミュニケーションへの言語的接近』ひつじ書房

鈴木孝夫（1973）『ことばと文化』岩波書店

高木智世・細田由利・森田笑（2016）『会話分析の基礎』ひつじ書房

高梨博子（2016）「遊びのフレームにおける間主観的個性の形成に関する考察―スタンステーキングの視点から」『社会言語科学』19（1）: 103–117.

滝浦真人（2008）『ポライトネス入門』研究社

滝浦真人（2013）『日本語は親しさを伝えられるか』岩波書店

滝浦真人（2020）「対人語用論」加藤重広・澤田淳編『はじめての語用論―基礎から応用まで』pp. 57–76. 研究社

内藤敬子（2001）「あいさつとしての「叫人」発話について」『アジアの歴史と文化』5: 45–64.

コラム④：フィールドワークあれこれ(2)

　フィールドワークあれこれ(2)では、チャットのことばを集める方法、またメディア・ディスコースを収集し分析する方法についての事例を紹介します。

ケース3─チャットのことばを集める(儲叶明)

　今の時代、チャットということばを聞くと、対面会話のやりとりだけではなく、LINEなどのインスタントメッセンジャーを利用した非対面のやりとりを想起することも多いでしょう。そのため日常のやりとりを分析する時に、非対面のやりとりを見逃したら非常にもったいないです。儲(2022)の博士論文では、中国のインスタントメッセンジャーであるWechat(LINEに近い機能を多数持つ)における中国語友人同士の一見喧嘩のように見えるオンラインテキストチャットが、いかにお互いが「近い関係にある」ことの実践として共同的に為されていることを分析しました(儲叶明(2022)『中国語コミュニケーションにおける「近さ」について：対面とオンラインでの遊びとしての対立を事例に』筑波大学人文社会科学研究科博士学位論文)。こうしたオンラインテキストチャットのことばは、対面の話しことばと違い、時が経っても残されることから、特に録音や録画の設備を使用しなくても「残される」点において、対面チャットの収集に比較して有利であると言えます。

　しかし、自身の所持している端末にチャットの履歴が残されているとはいえ、その「履歴」をいつでも自由に自分自身の研究に使用できるということではありません。かりに自分自身が参加したオンラインチャットでも、データとして使用される予定の断片に登場したすべての参与者に、チャットの履歴を、どのように、どのような場所で使用したいかを呈示した上に、それについての許諾をもらわなければなりません。後からのトラブルを最小限に防

ぐためにも、口頭での承認だけではなく、文面の承認をもらったほうが万全
です。許諾の際に、研究目的と研究課題により同意書の文面も変わります
が、たとえば次のような文面が一例として挙げられます。次は、高木ほか
(2016)を参考に儲(2022: 220)が作成したものを引用します(高木智世・細田
由利・森田笑(2016)『会話分析の基礎』ひつじ書房)。

> 分析のために、提供してくださったオンラインチャットの内容をスクリ
> ーンショットしたり、文字化し、逐語録を作成したりしますが、固有名
> 詞等は全て変更し、個人が特定されないように配慮いたします。画面シ
> ョートファイル・逐語録ファイルが保存されているようなパソコンや媒
> 体は、すべて、厳重に管理いたします。また、個人を特定できるような
> 箇所が、授業や学術論文、学会発表において公表されることも一切あり
> ません。オンラインチャットの文字化サンプルは以下の図1(トランス
> クリプションサンプル)とオンライン画面ショットへの加工サンプルは
> 以下の図2をご参考ください。ご質問等がございましたら、○○○まで
> にご遠慮なくご連絡くださいませ。
>
> 　　　　　　　　　　　(高木ほか 2016 を参考に儲 2022 が作成)

　以上の文面とともに、以下のように、実際に論文で使用される予定のトラ
ンスクリプションの例と、画面ショットの例を添えるといいでしょう。以下
の図に示した通り、同意書の中で、協力者に自身の名前がどのように匿名化
され、自身のチャット履歴がどのように呈示されるかを一目瞭然の形で同意
書の中に呈示したうえに同意の署名をしてもらう必要があります。
　チャット画面は、ふきだし、絵文字などもっとも参与者のやりとりの本来
の雰囲気を反映するものなので、スクリーンショットをした上に、文字化の
データとは別に提示することを勧めます。また、トランスクリプションも、
チャット画面のスクリーンショットでも、各参与者のユーザー ID が特定さ
れないように記号を付けて呈示することを勧めます。
　先述したように、オンラインチャットの履歴は、時がすぎても残される利
便性があります。しかしその一方で、時があまりにもすぎて、半年、一年、

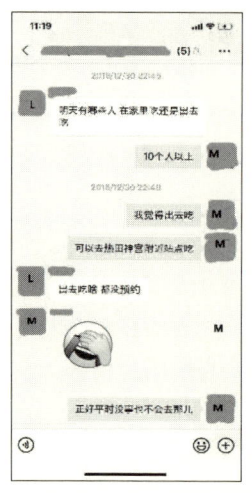

図1　スクリーンショットの例

```
事例      地震

2016/10/21 14:39
01  M: [地震震度画像]

02  M: 觉得我们选钢筋铁骨的楼太对了
        鉄筋のを選んでよかった
03  L: 这点震度无所谓吧
        この程度大丈夫だろう
04  M: 再大点的话就有区别了
        もうちょっと強かったら違いが出る
05  K: 咋了
        どうしたの
06  K: what happen (コードスイッチング)

07  L: 先地震あったよ (コードスイッチング)
```

図2　トランスクリプション例

（儲 2022 より引用）

二年、場合によって四、五年前のデータを使用することも珍しくありません。実際、筆者が博士論文で使用したデータは、博士論文の執筆から計算して、およそ4年前のチャットの履歴でした。そのため、参与者同士、参与者と調査依頼者の間の関係性にも変化があった可能性が十分に考えられ、参与者同士間の関係性にも変化があったことも多々あります。だいぶ連絡を取っていない相手に改めて声をかけて後付け的に承認をとることが、対面データを収録する際にその場で承認を取る場合と、また異なる意味での難易度があります。特に筆者の博士論文で扱う現象は、「遊びとしての対立」という現象で、一見相手を非難するようなやりとりを収集します。このため、デリケートで使えないデータもありました。こうした事情を踏まえ、オンラインチャットのチャット履歴を分析のデータを使用しようとするときに、事前にアプリの検索機能を利用し、分析したい対象の出現頻度と、分析対象の参与者から確実に同意をもらえるかどうか、両方の兼ね合いの中で取捨選択したほうがより万全でしょう。また、オンラインチャットのデータは、履歴として残されるとはいえ、自身やメンバーのグループの退室、アカウントの退出などにより、データが消えてしまうこともよくあります。そのため、オンライ

ンチャットデータのバックアップ、またスクリーンショットの保存をこまめに行うことを勧めます。後からパソコンの検索機能で効率的に探せるように、すべてのスクリーンショットのファイル名を具体的につけたほうがいいでしょう。たとえば、「地震＿絵文字入り」などが挙げられます。

ケース 4—データベース・メディアをフィールドワークする（青山俊之）

　みなさんは「自己責任」ということばを聞いたことはありますか？「自分でやったことは自分が責任をとる。自己責任ができてこその自由だぞ」とか、「人様には迷惑をかけない。それが自己責任だからね」とか、さらには「民主主義も経済の原則も、地方自治もネットの利用も、自分の将来すらも！自己責任が原理原則です」などなど。どれも異なる文脈で語られるものですが、「自己責任」と言われてみればなんとなくそんな気がしてくるのではないでしょうか？

　どうとでも言えてしまう「自己責任」に関するやりとりやそれが起きる文脈を、ぼくの研究では総じて**自己責任ディスコース**と名づけました。普通、研究論文では重要な概念を定義します。たとえば、「自己責任とは、○○である」というようにです。そうすると扱う範囲を狭めることができます。株取引など金融用語で用いられる「自己責任の原則」に着目すれば、経済のジャンルで語られる「自己責任」に絞った分析をするのだな、というようにです。ことばの意味を限定すれば研究者同士で論述内容を検証しやすくもなります。ですが、ぼくはあえて自己責任をめぐる解釈を狭めるのではなく、むしろ「自己責任」という**この「文字記号」を用いるあらゆる言語コミュニケーションとその文脈**に着目しました。

　なぜ、そんな大仰に「自己責任」をめぐるあらゆる記号を、自己責任ディスコースと定義したのか。その大きな理由は、ぼくが研究するイスラム国(IS：Islamic State)日本人人質事件（2015 年 1 月）では、人質となった日本人に対する「自己責任」を用いた批判（以降、自己責任論とします）が上記の例で挙げたように、実にさまざまに展開されていたからです。はじめは「なぜ人々

は『自己責任』という単語ひとつで人質に対する批判を加熱していく一方で、事件の背景は掘り下げられないのだろうか」と考えて研究に取り組み始めました。どうにも人質を批判する自己責任論が声高らかに語られれば語られるほど、誰がどう「責任をとる」のかが曖昧になっているように思えてならなかったからです。

　にもかかわらず、そのあいまいさは鑑みられないまま、新聞・書籍・テレビ・インターネット上では、ある人は「迷惑をかけたのだから自己責任だ」と主張し、ある人は「自己責任なんてとんでもない」と社会問題が論じられてきました。自己責任が語られるほど、責任はあやふやになる逆説を放置するのはある種の悪循環です。しかも、「自己責任」を強く求めるるのは他者です。なおさら、よく分かりません。調査を進め、人々の語りを読めば読むほど、研究者による議論を調べれば調べるほど、どうにも「自己責任」を一意に定義できない、**むしろそれらをゆるやかに結びつける関係性を読み解く必要がある**、そう考えるようになりました。本コラムでは、そうこうしてまとめるにいたった筆者の研究論文「自己責任ディスコースの詩的連鎖―ISIS日本人人質事件におけるブログ記事に着目して―（『社会言語科学』第23巻第2号、2021年3月、19–34頁）」を中心にメディアや記号から見えるフィールド世界を紹介します。

　闇雲に「自己責任」という漢字を用いている事例を探すだけでは、議論の焦点が定まりません。そこで利用したのが**全国新聞データベース**でひたすら「自己責任」を検索し、その記事を集めることです（詳細は第6章を参照ください）。すべての記事をすぐに読み通すことはできませんが、年別で「自己責任」の使用数をグラフ化することはできます。それが図3です。全国新聞における「自己責任」の使用数の推移を把握すると、使用数が大きく増加する時期には、「自己責任」と言及する社会的な出来事が起きたことがわかってきました。簡単にこの推移を説明すると、1980年代まではほとんど経済用語である「自己責任の原則」として言及されるのですが、それが1990年代にとりわけ増加します。まず、1991年に証券会社の債権不祥事でその「自己責任」が問われ、1995年には阪神・淡路大震災、さらに1996年から2001年にかけて金融ビックバンと呼ばれる政治的な改革が推進され、それ

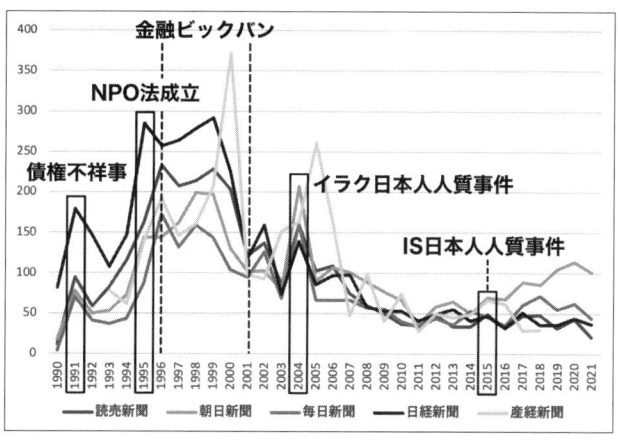

図3　全国新聞五紙における「自己責任」使用数の変遷

ら「リスク」に対処することを指して「自己責任」が多く用いられてきました。その他にも、教育改革やその方針でも「自己責任」が言及されていきます。

　このように、全国新聞五紙を活用することで、自己責任ディスコースに関する**歴史・社会文化的な文脈や主要な出来事**が見えてきました。特に、2015年の IS 日本人人質事件の時点では「自己責任」の言及が減少しており、それ以降に朝日新聞を中心にまた使用数が増加していることはさらなる文脈を考える参考になりそうです。インターネットにおけるデジタルコンテンツや SNS が勃興した 2010 年代以降、とりわけ新聞の発行部数は減少し、その危機が叫ばれてきましたが、社会的な文脈を探るうえではまだ参考にする余地があります。

　次に肝心の IS 日本人人質事件における自己責任論では、どのような意味的な関係性が分析できたかを簡単に紹介しましょう。IS 日本人人質事件とは、一般人である湯川遥菜さんとフリージャーナリストである後藤健二さんが IS に拘束され、最終的に殺害されるという事件でした。この出来事に対し、特にデヴィ・スカルノ夫人のブログ記事「大それたことをした 湯川さんと 後藤記者」(2015 年 1 月 29 日)を公開し、そこでは後藤さんに対し「いっそ自決してほしい」と述べられたことに着目しました。このブログ記事

は、Facebook 上で 2 万件以上も拡散され、そのことがイギリスの大手ニュースメディアである BBC でも取り上げられるほどで、記事上のコメントも 860 件ほど寄せられました。そこで、ブログ記事本文とそのコメントに焦点を当て、どのように「自己責任」や人質への批判が語られているか、特にその理由づけに着目して分析をしました。

まず、デヴィ・スカルノ夫人によるブログ記事では、人質に対して「**社会的責任**」を挙げて一貫した批判をしていました。たとえば、後藤さんの母に対し、自身の息子が「大・大・大・大迷惑をかけていること」を棚にあげて助けを乞うことに疑義を示し、「ひたすら、地にひれ伏して謝るべきではないでしょうか」と述べます。この例は、「**家族**」やその規範意識を想定した批判的理由づけです。この他にも、「**国家**」や「**職業**」といった社会関係的な立場やその役割から想定される批判が展開されていました。たとえば、「冷静に考えたらこの二人が私情でどれだけ国家と国民に迷惑をかけたか、それを知るべきではないでしょうか？」と読者に対して問いかけるといったようにです。

では、この記事に対し、ブログ記事上に寄せられた 860 件のコメントはどのような特徴があったか。さすがにコメントの数が多くてひとつひとつ分析するのは大変です。そこで、**KH Coder** というソフトウェアですべてのコメントを Excel にコピペし、それを機械的な分析にかけて関連する単語をグラフ化しました（図 4）。グラフの中央で太く括ったものが、第一クラスターと呼ばれる最も多く言及された語彙群とそのネットワーク的関係性です（共起ネットワークと言います）。ここから、「自己責任」は「危険」と「迷惑」という語彙と強く結びついていることがわかります。この「危険」は、IS が跋扈する地域に赴いた日本人二名が想定するべき「リスク」を理由とした批判と結びついています。そこで、コメントにおける批判的言及の理由づけを、①人質が危険地域に赴いたことを理由に責任を問う「**行為―因果的帰責**」、②2 つの「**社会的帰責**」―(1)危険を回避する専門家としての責務が求められる職業的責任、(2)妻子を残した父親としての責任、③「**日本人**」という共同体の中で迷惑をかけつつも責任を取れない「**無責任**」、という 3 つの観点から主だった分析ができると考えました。これらブログ記事とそのコ

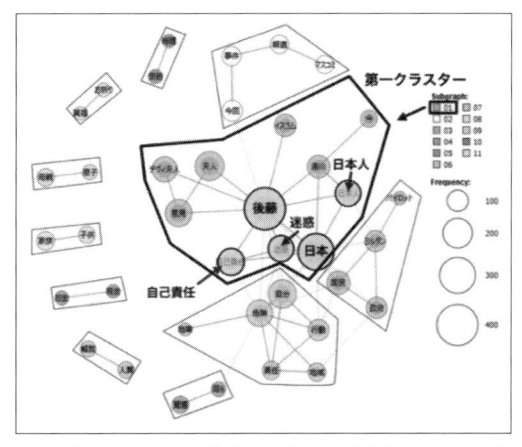

図4　「コメント」の共起ネットワーク(青山 2021: 27)

メントの分析から見出せる傾向をまとめると図5のようになります。

　IS日本人人質事件において際立ったメディアディスコースである自己責任論、そこには「家族」「職業」「国家」をはじめとした社会的に期待される役割や規範意識という**文化モデル**が見えてきました。

　特に、この自己責任論には、「**迷惑(をかけるな)**」という、客観的には「規律」を守れ、主観的には「(わたしの・人様の)気分」を害すな、といった規範意識が入り混じっています。こうした意味的なネットワークの分析によって、日本社会における「自己責任」の意味が曖昧かつ拡張する文化論理が垣

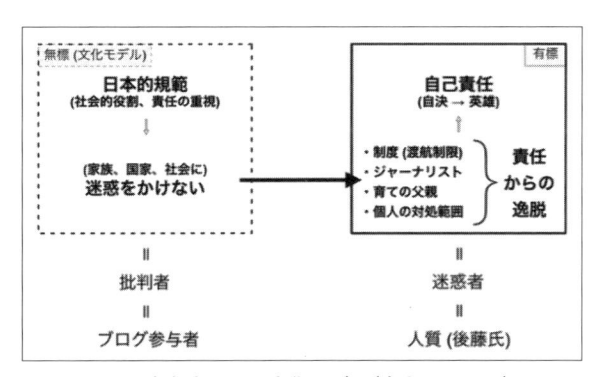

図5　参与者による文化モデル(青山 2021: 31)

間見えてきました。

　現代社会は自由になったと言われます。昔に比べれば家族の縛りも弱くなった、多くの人が「自分らしく生きていい」と言ってくれる、それを実現してくれるのが現代の経済形態と情報メディア環境だ——だけどそれは「自己責任」だし、「迷惑」はかけるなよ。どうやらメディア上の自己責任ディスコースをめぐった知的な旅の先には、広大なフィールド世界における言語コミュニケーションとのネットワークがさらに広がっているようです。人は新たなメディア技術や環境に、新しい「空間」への想像的／創造的な夢を見がちです。ですが、「空間」だけではなく、「時間」がかけ合わさって「世間」は成り立っています。時にめまいがするような現実と虚構の交叉に向き合うこと、そんなフィールド世界の複雑さと対峙することを自己責任ディスコースは示唆しているのかもしれません。

第5章
ナラティブ・語りを分析する

井出里咲子

5.1 ディスコースとしての語りとその意味

　本章ではディスコースとしての語りとナラティブを分析する方法について説明します。皆さんも日常で起きた出来事や、少し特別な体験や気持ちについて、誰かに話したり日記やSNSに記したりすることがあるかと思います。こうした話ことばや書きことばによる語りや物語は、それが週末に見た映画の感想であれ、友達と楽しむ恋バナであれ、誰かの半生を語るライフヒストリーであれ、いずれも**ナラティブ**と呼ぶことができます。ナラティブの定義にはさまざまなものがありますが、代表的なものに「常に順序づけられた出来事の連鎖の描写あるいは再現」(Ochs 2004: 270) があります。「朝起きてすぐに出かけた」という叙述文も、「朝起きた」と「でかけた」という短いながらも出来事の連鎖を語ったナラティブです。また小説や童話、演劇や映画、神話や民話といった創作物も広義にはナラティブとみなします。

　同じ赤ずきんちゃんの物語を3歳児に話すのと、大人に話すのでは語り口や言葉選びが異なるように、ナラティブは、誰に向かって話すのかにより話の内容や表現方法が変わります。また聞き手が話し手の親友なのか、今出会ったばかりの人なのか、2人きりなのか、たくさんの人がいる食事の席なのかによっても、話す内容として何が選択され、どのように語るかも変わるでしょう。さらに同じ体験を話すとしても、その出来事が起きた直後に話すのか、しばらくの時間を経て話すのか、また何を目的として語るのかによって

も話し方はその都度変わります。このように同じ出来事について語るとしても、語りは一様ではありません。「語るという行為 (narrative event)」を通して、「語られる出来事 (narrated event)」そのものが変わります。つまり、語るという行為を通して経験や出来事は構築され、「あの時・あそこ」で起きた経験や、それまでにことばにされてこなかった何かが、「いま・ここ」の語りの場を与えられて、語られる出来事として生成されるのです (秦ほか 2017: 9–10)。

では人はなぜ語るのでしょうか。誰かに話を聞いてもらったり記録として記したりする行為は、日々の出来事や自己の行動を解釈づけてまとめていく「意味づけの行為」だといえます。また語りとして生成されるナラティブは、私たちが現実を自分との関連において理解する方略そのものとされます (Bruner 1990)。人はナラティブを通して社会的現実を組織化して意味づけ、一貫性をもたせ合理化し、理解します。同時に人は過去に起きたことだけを語るのではありません。事象を説明したり正当化したりするためにちょっとした創作 (作り話) をすることもあれば、議論や交渉の際にもナラティブを用いているのです (Dunn 2021: 1430)。

このように、ナラティブは私たちのさまざまな経験を物語として意味づけます。そのうえで、経験の組織化という行為を通して異なる物語を紡ぎ出し、「ものの見方を変えようとする」ことにおいて役立ちます (やまだ 2021: 347)。また語るという行為は、語る行為者が「誰か」という**アイデンティティ生成の場**となり、語りを通して自己観が変容していきます。さらに人は語ることにより、家族のようなグループやコミュニティといった**共同体を構築**し、その行為を通して世代間が結ばれていきます。たとえば口頭伝承、手記としての震災体験や語り部による語りは、世代やコミュニティを超えて、智慧としての経験を伝達します (高森 2023)。このようにナラティブや語りはアイデンティティとしての自己形成だけでなく、社会的価値や道徳的なスタンス、そして歴史性が交渉され形成され、伝達される場と捉えられるのです。

その一方で、マスター・ナラティブと呼ばれる覇権的なナラティブがあります。これらはマスメディアや国家体制などが語る、モデル的な「大きな物

語」であり、歴史的に、そして現在も植民地化や軍事侵攻を正当化するために用いられます。こうした文化社会における支配的なナラティブは「こうあるべき、こう考えることが正しい」という慣習や規範意識を生産、再生産する場所となりますが、同時にその影において語りえないナラティブがあり、またレジスタンスとしての抵抗・対立のナラティブも生み出されるのです。

　このような意味生成の場としてのナラティブは、第 1 章でみたヤコブソンのコミュニケーションの 6 機能モデルからも理解できます。ナラティブは、「いつ誰がどこでどうした」という命題的な意味を伝える「指示的・情報伝達機能」だけでなく、話し手の情動や感情を表出する「感情表出機能」をもちます。また人と人や場をつなげ、響き合わせる「交感的機能」、説得や批判などを通して人を行動や内省へと駆り立てる「他動的・指令的機能」があります。さらにナラティブには語り口の響きやリズム、ことば遊びの美的価値が共有される「詩的機能」があります。また「昨日はつい語っちゃってごめん」といった表現がそうであるように、ナラティブそのものについて語る「メタ言語的機能」があります。ナラティブの機能については 5.3 節の「ナラティブ分析からわかること」で詳述しますが、こうしたナラティブは物語性と虚構性を秘めており、その意味で聴衆に向けたパフォーマンスとしても解釈できます。

5.2　いかに聞くのか―2 つの方法

　誰かの話としてのナラティブや語りは多くの場合インタビューという手法を通して集められます。聞き取り調査やヒアリングとも呼ばれる人の話を聞くインタビューは、社会科学分野のデータ収集において古くから使われてきた方法の一つです。文化人類学者のマーガレット・ミードやクリフォード・ギアーツも、南太平洋のサモアやインドネシアのバリ島に赴き、現地の言語を学びながらフィールドワークをしましたが、まずは通訳を挟んでさまざまなことを人々に尋ねています。言うまでもなく知らないこと、わからないことを「人に聞く」という行為は、フィールドワークに欠かせない行為であり、研究の大切な最初の一歩だからです。

　文化人類学のマリノフスキーはインタビューを通して調査協力者の声を得ることで、その人々がもつ世界の把握の様式を描こうとし、それを「ネイティブの視点」(native's point of view) と呼びました。これは人々が抱く世界観を内側から描こうとするエミック(emic)な方法とされ、これに対して研究者のもつ外側からの第三者的視点から世界を描くことはエティック(etic)と呼ばれました。しかし世界は主観と客観のように二元的に切り分けられるものではありません。質的研究におけるナラティブ分析でも、語りとしてのナラティブは、話し手と調査者も含めた聞き手とが、**共に創り上げる創発的なディスコース**として捉えられます。

　このことを前提としながら、次に語りやナラティブを集める手法してのインタビューのやり方について説明します。第3章にあるように、インタビューには主に「構造化」「半構造化」「非構造化」の3つの方法があります。「構造化」されたインタビューでは予め聞きたい質問を揃え、多くの人に同じ質問を同じ順番でします。対象地域や属性などを変えつつ多数の人から回答を得るうえで、構造化インタビューは「口頭でのアンケート(質問紙)調査」に似ています。比較的多くの回答を得られることや、得られた回答を世代や地域差などで比較できる利点がありますが、その一方で話し手が回答に至った経緯や、個人の経験に寄り添った問いの深掘りは行えないため、ディスコース研究に向いている手法とはいえません。

　そこでここでは「半構造化」と「非構造化」インタビューに「アクティブ・インタビュー」を加えたうえで、ディスコース研究に用いられる方法を大きく2つに分けて紹介します。

5.2.1　半構造化インタビュー

　構造化インタビューに対し半構造化インタビューは、予め「これは必ず聞きたい」という必須項目を準備して質問をしつつ、話の流れや話し手の様子により、ある程度の脱線を許容する意味で「半構造」的です。同じ体験について複数の人に語ってもらうにしても、体験の受け止め方やそれをいかにことばにするかは人それぞれです。こちらが期待しているほど話が出ない時や、語りが思わぬ方向に飛躍して予想外に展開することもあります。相手が

話しにくそうな様子の時などには、臨機応変に質問や言い回しを変えたりしつつも、「これだけは聞きたい」という項目を押さえておきます。

　半構造化インタビューの具体例をご紹介します。筆者は共同研究で、日英米の女性が出産と育児体験を語った語りをディスコース分析しました（秦ほか 2017, 井出 2017）。共同研究者 2 名とともに日本国内の 3 地域とイギリスのロンドン、アメリカのアリゾナで半構造化インタビューをするにあたり、共同研究者らと必須項目として次の質問を準備しました。「①あなたの出産体験を聞かせてください」「②出産前後であなたの生活は変わりましたか」「③出産前と比べて、自分、夫、親族が変わったところはありますか」「④15 年後、自分がどうなっていたいですか」「⑤あなたが理想とする「母親」とはどんな人ですか」の 5 つです。調査協力者は共通の知り合いを通して紹介された初対面の人たちです。はじめて会った人に突然①の質問をするのは唐突です。インタビュー冒頭では差支えのない範囲で、協力者の方の年齢、職歴、家族構成、結婚や出産時の年齢、結婚のきっかけを伺い、筆者も自己紹介をしてから必須項目の質問に入りました。また話の流れによっては、参考項目として「妊娠中や産後の苦労」「子供を産まないことについてどう思うか」といった質問も準備しました（秦ほか 2017: 18–20）。

　ではなぜこれらの質問だったのでしょうか。必須項目①は、過去の体験としての出産体験がいかに「完結した物語（completed story）」として語られるかをみました。これに対し②と③は、話し手が育児中か、育児が終了したのかによって、現在進行形の「完結していない物語（uncompleted story）」、または「完結した物語」として語られます。いずれの質問でも、話し手が調査という場で自分や夫をどのようなことばで「評価」するかに関心が注がれました。④と⑤の質問は未来や展望についてであり、普段はあまり考えない仮想的な問いです。ここでは話し手がもつ「こうありたい」「こうあるべき」といった規範意識を知りたいと考えました[1]。こうした質問からわかったことについては次節で紹介します。

5.2.2　非構造化／アクティブ・インタビュー

　上記のある程度構造化されたインタビューに対し、「非構造化」インタビ

ューは、聞いてみたい大まかなテーマを頭に描きながらも具体的な質問項目は定めず、普段のおしゃべりのような会話からナラティブを引き出す手法です。非構造化インタビューは、ライフストーリーのような一連の出来事について語っていただくうえでの方法として適しています。またフィールドは決まっているけれど、具体的な問いが絞り切れていない場合、予備調査段階でこの方法を用い、その後「もう少し詳しく話を伺う」ために半構造化インタビューを実施するのも効果的です。

　ここで「アクティブ・インタビュー（active interview）」を紹介します。アクティブ・インタビューは、相互行為を通したアクティブなもので、インタビューをダイナミックな意味構築の場として扱います。アクティブ・インタビューにおける聞き手は聞く側に徹するのではなく、自らも語りを生成する主体として意見や経験を共有します。このことから一見して誰が調査者で、誰が被調査者かはわかりにくいのがアクティブ・インタビューです。

　アクティブ・インタビューは非構造化インタビューと形式的には似ていますが、その背後にある考え方に質的な異なりがあります。言語学や人類学を含む社会科学の初期においては実証主義的な認識を下敷きに、インタビューの話し手は「真実の経験を保存した容器」とみなされました。そしてインタビューの聞き手は適切な手続きさえ踏めば、科学的に話し手の「知識を収集」できるという意味で「発掘者（miner）」にも喩えられました。これに対し、社会構築主義や解釈アプローチが主流の現在の質的研究では、聞き手を含めたコンテクストの中で生起するインタビューを「**知識構築の過程**」と捉えます。アクティブ・インタビューの名付け親であるホルスタインとグブリウムは、インタビューから得られる意味について次のように述べます。

　　むしろ意味は、インタビューにおけるインタビュアーと回答者の出会いにおいて、両者が積極的に関わり、コミュニケーションを行うことを通して組み立てられていくものである。回答者とは、これから発掘されるのを待つ情報の宝箱といった比喩にふさわしい情報の収納庫というよりはむしろ、インタビュアーと協同で知識を構築していく者のことである。
　　　　　　　　　　　　　　　　　　（ホルスタイン・グブリウム 2004: 21）

　調査者は知識が構築するその只中にいるだけでなく、共にその過程に参与していることから、「旅行者（traveler）」になぞらえられるのです（De Fina 2020: 158）。インタビューという方法そのものが、社会的に共同で構築される実践であることについては、インタビュアーを「共著者（co-author）」とした言語人類学者の Duranti（1986）も指摘しています。ライフヒストリー研究の第一人者であるやまだようこは、「相手に語る行為」としてのナラティブについて、他の人を「私（たち）」にかかわらせ（engagement）、私の世界へ巻き込む（involvement）、コミュニケーションによる共同行為（joint acts）だと説明します（やまだ 2000）。聞き手は語りの世界に引き込まれ、かかわりあうことから、常に中立で客観的な位置にいることはありません。聞き手を含んだ「いま、ここ」としての文脈のみならず、その語りの場を内包する歴史的社会的文脈、そしてその時代に支配的なメタナラティブやマスター・ナラティブの影響を受けてナラティブは展開します。インタビューの話し手、インタビューの聞き手、そして歴史社会的文脈としてのコンテクストという3つの主体は常に変化しています。一度インタビューした相手に二度目にあった際の話し手と聞き手の自分自身、またその時のコンテクストは前回とは同じではありません。刻一刻と変容するフィールドを常に意識してインタビューに対峙することが大切でしょう。このようにアクティブ・インタビューの提示する視点は、ナラティブが相互行為としてのディスコースであり、共に構築されていく社会構築主義的な実践であることを覚えておきたいです。

5.3　ナラティブ分析からわかること

　本節では、語りやナラティブをディスコースとして分析することで、どのような研究ができるかを説明します。ここでは、①ナラティブの構造、②ナラティブと規範意識、③ナラティブとアイデンティティの3つに分けて説明します。

5.3.1　ナラティブの構造
　ナラティブ分析の古典的研究に、社会言語学者のラボフが個人的体験談を

集めて分析した「語りの構造」研究があります(Labov 1972)。社会言語学者としてのラボフの代表的研究として、人の話し方と社会階層の関連性を調査する変異理論が知られますが、ラボフは人々の日常的な話を引き出す手法として個人的体験談を収集していました。たとえばラボフはニューヨークに住む若者たちから「死にそうになった」体験をインタビューで聞き出し、録音した体験談を文字化して分析した結果から、次の共通した構造的要素を明らかにしています。

1. 導入部・概要(abstract)　　　　：何について語るのか
2. 方向づけ(orientation)　　　　：いつ、どこで、誰が、何を、の背景設定
3. 展開(complicating action)：何が起きたのか
4. 結果(result or resolution)：最後に何が起きたのか
5. 終結部(coda)　　　　　　　：ナラティブのまとめ
6. 評価(evaluation)　　　　　　：話に対する語り手の感想や感情

　ラボフ＝ワレツキーモデルとも呼ばれるこの構造は、神話や詩学といった特別なジャンルだけでなく、私たちの日常的な語りの中にも「型」としての構造があることを明らかにしました。また当時隆盛だったチョムスキーの生成文法の如く、ナラティブのようなディスコースの中にも深層構造や表層的な変異があることを明らかにしました (Johnstone 2003: 638)。この型はその後、現在進行形の出来事を語るのか、過去に経験済みの体験として語るのか等により、必ずしも同じ構造や順番があるわけではないことが問題視され、再検証されています。また形式的なインタビューと比べ、自然発生的な会話に生じるナラティブでは、ナラティブの構造が異なることも明らかにされています。

　ここで日本人とアメリカ人の日常会話におけるナラティブを比較した研究を紹介します。杉田(2004)は親しい友人関係にある学生ペア（米語話者 7 組、日本語話者 5 組）に一定時間自由にお喋りをしてもらい、その会話中に発生したナラティブ部分[2]を分析しました。その結果、次の興味深い相違を報告しています。まず米語話者のナラティブでは、ナラティブ開始の冒頭

で、合図のように概要や結末が示される傾向にありました。友達とのおしゃべりの途中で新しい話題としてナラティブが導入される際、前置きとして話しの概要や展開部が短く紹介されるのです。たとえば "She was lost. Did I tell you? Okay, here's what happened" というナラティブ開始部では、「(共通の知り合いである)彼女が迷子になった」と、これから語るナラティブの結末が先に語られ、そのことを知っているかを聞き手に確認してから、展開部へと入っていきます(杉田 2004: 20–21)。これに対し日本語会話では、ナラティブの冒頭で概要や結末が話されることはありません。むしろ語ろうとする出来事に関して最初に起きたことが導入されます。「なんか、週末？ 土曜の夜ね、あの子たちと飲んだの、あの留学生の」といった日本語ナラティブの開始部は、これから出来事が語られる状況を聞き手に予示し、また聞き手もそれを理解し、あいづちを打ちながら話を聞くことになり、概要や結末が語られることはありません。

　次にナラティブの展開以降の部分に着目すると、米語のナラティブでは語り手が出来事の展開を話す間、聞き手はあいづちを打ったり笑ったりはしながらも、質問や割り込みといった発話はほとんどせずに語り手の話に集中しています。そして評価の部分に入ると話し手にあれこれ質問をし、意見を言う様子が見て取れます。これに対し日本語ナラティブでは、展開部分で聞き手が頻繁にあいづちを打ち、さらに「いつ食べたの？」といった質問や「ね、あの子たちそんなに日本語しゃべれない」などの補足発話を多く発しています。さらに結論について聞き手が結果を予測し、先取りする発話も見られました。たとえば次の事例では、語り手 J4 が旅の経験を語る終結部にて、次の訪問地に行くはずのところ親族が体調を崩したことを話しています。

```
027    J4    ううん [むこうのおじいちゃんがたおれて
028    J3        [あ　むこうの?
029          ふ::ん
030    J4    けっこうやばいみたいなかんじで:
031    J3    そっこかえった?
032    J4    うん　すぐかえった          (杉田 2004: 60 より抜粋)³
```

このやりとりの直前では聞き手のJ3が誰のおじいちゃんが倒れたのか質問をしています。27行目でそれにJ4が答え、さらに30行目でその状況の詳しい説明を続けているのですが、その次の31行目では聞き手のJ3が「旅を切り上げてすぐに帰った」という結論を語り手J4の話を先取りして話しています。杉田の研究からは、親しい友人との雑談に立ち表れる日常的な語りにおいて、米語話者のナラティブが語り手中心のモノローグのように続くのに対し、日本語では語り手と聞き手の共同で語りが構築されることが明らかにされ、ナラティブの構造の異なりが相互行為レベルでの異なりによることが解き明かされています。

5.3.2　ナラティブと規範意識

インタビューは日常会話の延長線上にありながらも、普段は滅多に話すことのない事象が言語的に具現化される場所です。ことばには指示的（referential）レベルでの意味と非指示的（non-referential）レベルでの意味がありますが、何（what）を話すのかではなく、どう（how）話したのかという非指示的レベルでの意味構築のプロセスからは、文化社会的前提や話し手の抱く「こうあるべきもの」としての規範意識が反映されます。ここに紹介する2つの事例も、日常的なお喋りの延長として語ってもらったナラティブですが、人称詞や授受表現といった言語資源の使い方に、語り手が普段意識していない社会文化的な慣習や規範意識が表れています（秦・村田 2020: iv, Quinn 2005）。

次の事例は、前節で紹介した出産・子育てのインタビュー調査から分析した日米のナラティブです。まずは日本での調査から、当時小さいお子さんの子育て真っ最中だったサチさん（仮名）にインタビューをした時のやりとりをみてみます。

```
01  筆者：　ご主人はいかがですかご主人が(.)あの:むつくん生まれて:それで(.)あ
02        (.)こういうところがあったんだ::とか(.)変わったっていう(.)う::ん
```

03　サチ：　旦那さんですか：(.)旦那さんはもう：もうさっきもねえ：言った
　　　　　　んですけど

04　筆者：　うんうん

05　サチ：　子どもすっごい好きな人で：(中略)やっぱ子ども生まれて(.)さ
　　　　　　らにほ

06　　　　　んとにこの人好きなんだなあって思って(.)なんでしょうね(.)
　　　　　　なんかほん

07　　　　　とそういうの好きなんですよね=

08　筆者：　=ええ

09　サチ：　遊んでくれるというか=　　　（井出 2017: 200–201 より抜粋）

　筆者が子供の誕生後のご主人の変化について尋ねると、サチさんは夫を
「旦那さん」と呼びながら、子どもが生まれる前からいかに夫が子ども好き
だったかを回想します（03 〜 09 行目）。01 行目以前から既にサチさんは、
結婚前の夫が友人の子どもと遊んだエピソードや、普段から息子と「ほんと
楽しそうに」遊ぶ様子を話し、夫が子ども好きであることに言及していま
す。しかしここで興味深いのはその話された内容ではなく、それがどう語ら
れたのかという非指示的な箇所です。サチさんは 06 行目まで夫について「子
ども好き」としての「タイプ」として夫を評価的に形容していましたが、同
じ夫について、08 行目では「遊んでくれる」と恩恵の授受表現を用いて言
い直しています。

　日本人女性の出産と育児のナラティブの中には、夫について「おむつを替
えてくれます」「協力してくれるほう」「あまり遊んでくれないですね」とい
うように授受表現の「くれる」を使う表現が多くみられました。こうした「て
くれる」表現は行為の恩恵が話し手自身や自身のウチ領域に向けられている
ことを意味的に指標します。「てくれる」を使った日本人女性の語りからは、
子育てが主に女性の領域にあり、夫はあくまでもその領域に補助的な立場で
参入しているという構図があり、そこに日本社会におけるジェンダー役割意
識としての規範性が見て取れます（井出 2017）。同時にサチさんは年上の調
査者である筆者に対する語りの中で、「遊んでくれる」と恩恵の授受表現を

利用していますが、これも相互行為としてのナラティブを介して、自分をどう相手に見せるかという社会的意味を二次的に指標します。

　一方で同じ日本人女性でも、夫を「旦那さん」や「夫」と呼ばない人もいます。たとえば主語を三人称の「うち」として育児を語る日本人女性の語りには「てくれる」表現は出てきませんでした。イギリスやアメリカで国際結婚をして子育て中の日本人女性も、夫の育児に対し「おむつ替えますよ」「うち、お風呂入れます」などと「てくれる」表現を使わない場合が多いことも印象的な出来事です（秦ほか 2017）。

　次にアメリカ人女性に対するインタビュー調査から、筆者とマギーさん（仮名）の相互行為を抜粋してみます。ここで筆者は参考項目の質問から、マギーさんとお子さんとの関係について質問をしているのですが、これに対し02 行目でマギーさんは、その質問が彼女自身に向けられたものなのか、夫の意見を聞いているのかを筆者に尋ねています。

```
01 筆者：　I see. What do you like about your
　　　　　relationship with your children right now?
　　　　　（なるほど、 お子さんとの今の関係のどんなところがいいと思
　　　　　いますか？）
02 マギー：I like the, that we're open. And that- is
　　　　　it just me? My, just me or my husband?
　　　　　（なんでも話すことです。というか、私ですか？それとも夫につ
　　　　　いて？）　　　　　　　　　　　　（井出 2017: 182 より抜粋）
```

　このインタビューの場にマギーさんのご主人は同席しておらず、筆者は01 行目で、"What do you think" の "you" をマギーさんに当てて質問をしていました。これに対し、マギーさんは筆者が夫婦の意見を求めているのかと確認しているのですが、そこには子育て（英語で "parenting" といいます）は「両親・夫婦」でするものと認識するマギーさんと、筆者の認識のずれが浮かび上がっています。このインタビューからは、聞き手である筆者自身が「子育ての担い手は母親」だと無意識に思い込み、規範意識をもっているこ

とが明らかになりました。

　インタビューでは、日本人女性もアメリカ人女性も同じように産後寝不足になったり鬱を経験したりと、さまざまな出産、子育ての苦労を語ってくれましたが、その際もうひとつ面白い現象がありました。米語のナラティブでは、大変だった体験が一人称の"I"で語られるのに対し、幸せな成功体験は三人称の"we"で語られ、その両者が"but"（しかし）で繋がれる構造が見えてきたのです。この「大変だけどいいこともある」という米語ナラティブの型からは、個人的には苦しく理想通りにいかない側面はあっても、対外的には子育てにおける家族やパートナーは「素晴らしく（wonderful）」、理想的であると描く規範性が浮かび上がりました。これは必ずしも日本語のナラティブからは見えてこない文化的な「型」の1つと言えるかもしれません。

　このように相互行為としてのインタビューナラティブからは、話し手や聞き手が普段意識しない規範意識や価値体系が、授受表現、人称代名詞といった言語資源に**非指示的に指標**され、そこに意味が炙り出される過程が明らかにされるわけです。

5.3.3　アイデンティティとしてのナラティブ

　最後にナラティブが構築するアイデンティティについて紹介します。社会言語学者の Wortham（2001）が述べるように、個人的な体験を語る際には、ナラティブを通して過去の自分が表象され、自己や他者について評価され、世界や世間に対する自分の位置取りがされます。つまりナラティブはアイデンティティとしての自己が構築されるその現場でもあります。ここではディスコースとしてのナラティブに表象されるアイデンティティ構築について、Yamaguchi（2005）の研究から紹介します。Yamaguchi は、日本で生まれてから幼い頃にアメリカに移住した若者を「1.5 世代の日本人（1.5 generation Japanese）」と名付け、彼らの国家的アイデンティティ（national identity）がどのように語られるかをアメリカでインタビューしています（Yamaguchi 2005）。日本人である調査者は日本と外国のハーフである調査協力者を対象に、彼らの日常的なやりとりを参与観察をするとともに、半構造化インタビューを通して日本にいた頃の経験とアメリカに移住してからの経験を語って

もらっています。文字化されたデータからみえてきたのは、人称詞 (I, we, you, they) に関連した描写における語りの変化です。いずれの語り手も、日本で暮らしていた頃の経験を「不満」やネガティブな体験 ("I didn't like school", "I didn't speak English too well") として語っているのに対し、アメリカに移住してからの経験ではポジティブな評価 ("I made lots of friends", "I feel like I am a very enriched person") としての語りが増えています。また語りからは、日本人やアメリカ人が代名詞の "they" で表象される箇所が出てきます。"We" ではなく "they" という人称代名詞で指標されることで、いつ誰が「他者化」されるかをみることにより、語り手が日本とアメリカを行き来する過程で抱えてきたアイデンティティの揺らぎが如実に浮かび上がります。このようにアメリカに移住した「1.5 世代」の若者が自らのライフストーリーを「どのように語るのか」をみた Yamaguchi の研究からは、アメリカ社会に支配的かつ覇権的なイデオロギーとしての「成功物語 (success story)」がメタディスコースとして話の流れを規定し、またこうした「成功物語」という特定のフレームが文化的慣習として社会に循環していることが述べられています。

　もう一つここで、ナラティブに異なる自己が反映される事例を言語人類学者の Hill (1995) の研究から紹介します。Hill は絶滅の危機にある言語の調査の一環として、メキシコの方言のひとつであるメキシカーノ語 (Mexicano) 話者のライフストーリーを収集していました。そのうちの一人で高齢だったドン・ガブリエル[4] にライフインタビューをしていた時のことです。インタビューで「人生で大変だったこと」について尋ねられたドン・ガブリエルは、「たいして大変なことはなかった」とスペイン語で話をしていたのですが、メキシカーノ語にコードスイッチすると突如「息子が殺された経験」を語りだすのです。そこでは若かった息子が村を出て都会に行ってから、悪い輩とのいざこざに巻き込まれて命を落とす様子が淡々と語られるのですが、メキシカーノ語とスペイン語がコードスイッチするだけでなく、ことばのつかえや声のよどみといったパラ言語、また間接引用や直接引用が臨場感をもって用いられています。ドン・ガブリエルの長い語りを分析した Hill は、方言であり自らのコミュニティのことばであるメキシカーノ語で語

られる語りには、「伝統的農民コミュニティでの生き方」、つまりあるべき理想の姿が表象される一方、都会のことばであり、標準語としてのスペイン語で語られる部分には、悪しきものとしての「現代的市場主義社会での生き方」が表象されると分析します(Hill 1995)。このようにナラティブを分析することにより、語り手本人も意識していない社会のイデオロギー性、自己と他者の関係性、そして規範意識が読み取れるのです。

5.4　パフォーマンスとしてのナラティブ

ドン・ガブリエルの語りにみた方言と標準語とのコードスイッチは、通常無意識に行われ、また日頃から常にコードスイッチをしているとは限りません。むしろこのコードスイッチは、外側の社会からやって来たいわばよそ者の研究者に対して語ったナラティブから自然と、創発的に立ち現れてます。5.1 節でも述べたようにディスコースとしてのナラティブは、聞き手と協同で構築されますが、聞き手の存在はオーディエンスとして何がどのように語られるのかに大きな影響を与えるのです。言語人類学者のバウマンは、コミュニケーションにおけるモード、そして話し方(way of speaking)として「パフォーマンス(performance)」という概念を提示します。パフォーマンスでは話し手が「コミュニケーションの技量」を聴衆に提示するうえでの責任が伴います(Bauman 2006)。ここでいうコミュニケーションの技量とは、ドン・ガブリエルが用いたコードスイッチや直接引用、間接引用のほか、ポーズ(間)、音調やリズム、語や表現のくり返し、パラレリズム(平行体)などがあります。また創作的会話(constructed dialogue)とも呼ばれる、実際には起きなかった会話の創作と引用(Tannen 1989)や心の声としての内声もパフォーマンスとしてのナラティブの価値を高めます。このように個人の有するパフォーマンス能力、語りの場の参与者の役割意識、そして社会的相互作用上での規範や評価、解釈の基準がパフォーマンスとしてのナラティブに大きく影響を与えます。こうした語りのパフォーマンス性については、2020 年 6 月におきたアメリカの＃ BLM 運動のデモに見られた黒人男性の語りにも分析されています(井出 2022)。

　最後に語り手が個人ではなく、社会の中で声の束となって力を持つ事例を1つ取り上げます。やまだは東日本大震災が起きた際に、さまざまな語りが内外で生じたことの一例として「がんばれ日本」の語りを取り上げました（やまだ 2021）。3.11 直後から、「がんばろう、日本」「がんばれ東北」「がんばらないで」といったフレーズが新聞や SNS、広告などにくり返され、互いに共鳴しあう様子についてデータを収集しています。そして、こうした日常の何気ない単純なことばこそが、平凡で定型的な文化的なナラティブであることを指摘します。こうした文化的ナラティブは人が生きるうえでの知恵や力となる一方、マスター・ナラティブとして、権威者や支配者が政治的に利用もします（やまだ 2021: 364）。ナラティブの中にはこのように集団の声が時代の声をつくるパフォーマンスの側面もあります。

5.5　当事者としてナラティブを分析する
　　―卒業論文の事例より

　本節では、卒業論文で語りやナラティブ分析を援用した研究を 2 つ紹介します。卒論やレポートでナラティブ分析をやってみたいと考える方は参考にしてみてください。

　まず「日本の大学生の就職観―通過儀礼としての一考察」（田中 2016）を紹介します。筆者の田中さんは卒論研究をしながらの就職活動を非常に苦しく思っていましたが、その苦しい就活を対象に卒論を書きたいと考えるようになりました。田中さんは現役の大学生が対峙し、乗り越えなくてはならない就職活動を、現代社会における通過儀礼とみなす仮説をたて、就活を終えたばかりの大学生 6 名に半構造化インタビューを実施しました。就活で困難だった体験を語ってもらい、リクルートスーツを着ることへの個人の感想、また話し手にとっての就活のイミなどを問うインタビューからは共通して「演じる」「コスプレ」「モード」というキーワードが浮かび上がりました。この分析からは、通過儀礼がそうであるように、就活においても自己の所属が曖昧化され自己変容の状況が認識されていることが明らかになります。また話し手自身が「通過イベント」「クエスト」「みんなが通る道」というメタファ

ー表現を用いており、就活というライフイベントが、社会における自己を位置づけ直し、再認識する道程となることが分析的に提示されています。

　次に、「移動がアイデンティティ形成に及ぼす影響―ライフストーリー分析を通した考察」と題された卒業論文（山本 2020）でのナラティブ分析をみてみます。家庭の都合で幼い頃から頻繁に国際移動をする「移動するこども」だった山本さんは、同じ国際移動を経験した子どもにとって移動が与える意味を語りから分析しようと考えます。そのため「親の都合で、生まれてから 18 歳までの間に継続して 1 年以上海外に在留経験のある」ハーフの友人 2 人を対象にインタビュー調査をしています。ライフストーリーインタビューを実施するにあたり、山本さんは川上郁雄の理論を参照枠とし、「移動するこども」のアイデンティティを「空間」「言語間」「言語教育カテゴリー間」という 3 つの移動とその相互への影響から読み解きます（川上ほか 2018）。その結果、空間や言語間の移動が与えるアイデンティティの揺らぎと同様に、移動がない時でも両親や友達といった周囲の人々から言われた何気ない評価的な発話が、自身のアイデンティティ認識に影響を与えることを明らかにしています。丁寧に文字化され分類されたインタビューのテクストからは、語り手の帰属意識が構築される語りの中に、友達に言われた「でもどっちかっていったら日本人だよね」や「いやでも日本人っぽいよ、違和感ないし」といった直接引用が頻繁に出てきます。こうした何気ないやりとりの中に自分と他者の距離感が再構築され、アイデンティティの揺れが再現されています。

　このように、自分自身も就職活動を経験したり、移動する子どもとして生きる経験をしたりする立場として研究することは、「ネイティブ・エスノグラフィー」とも「当事者研究」とも呼ばれます。ネイティブ・エスノグラフィーは、自分が所属する集団をその内側からとらえるのに対し、当事者研究は、ある「問題」を自覚した当事者とそのピア・グループが行うものです（佐藤・村田編 2018）。これらの研究は、研究対象者のいる場に身を置き、文脈もろともに対象を理解するだけでなく、協力者と調査者が協働して意味を構築する解釈的なアプローチです。なお、こうしたインタビュー調査を実施する際に必要な趣意書や同意書の作成、また個人のプライバシーを守る方法に

ついてはコラム⑤により詳しい説明があります。同意書のサンプルや作成の
ポイント等を参照するようにしてください。

5.6　おわりに

　最後に少し昔の話をします。筆者は大学院の修士課程に入学した最初の年
に、「野外調査法」という授業ではじめてフィールドワークを経験しました。
担当教員の先生が時間をかけて作ってくださったご縁で、大学近隣の農村部
落にお邪魔し、少人数のグループごとに農家でお話を伺いました。私のいた
グループも一軒の農家さんのご厚意で、フィールドノートを片手に縁側に腰
かけて、その家のおばあさんのライフストーリーを伺う機会を得ました。「お
嫁入りの時の貝合わせ」、「里帰りの後の母親との別れの寂しさ」といった体
験談を伺い、お土産に畑のネギと大根を頂いて帰宅しました。その時の経験
があまりにも新鮮で、筆者は同じ授業を履修していた友人と画策し、別の女
性に話が聞けないかと思い立ち、(今考えれば迷惑だったと思うのですが)、
数週間後、最初の調査地の農村から 2 キロほど離れた商店街のお店に赴き、
店主のおばさんにお話を聞かせてもらうことができました。その時に衝撃的
だったのが、商店街のおばさんと授業で伺った農家のおばあさんのライフス
トーリーの話し方が全く異なることでした。農家のおばあさんが、ぽつりぽ
つりと、まるで一筆一筆絵を描くように婚姻までの馴れ初めや里帰りの様子
を語ったのに対し、商店街のおばさんの話は、それはテンポよく、時系列に
沿った簡潔な「説明」だったのです。もちろんお店を切り盛りしながらの片
手間に大学生に語る話と、大学教授からの依頼で何年もやっている調査協力
とでは、状況は大きく異なります。しかし年齢は 10 も違わぬ女性で、たっ
た 2 キロの距離を隔てて生活している人たちの普段の話しことばや語り方が
大きく異なるのだという驚きは、筆者が人はどう語るのかという語り方へ関
心をもつきっかけとなりました。

　インターネットや生成系 AI とともに生きる現代社会は、見知らぬ土地の
情報から多様な問題・課題の解決方法、さらには人々の体験的なストーリー
が瞬時に手に入る便利な時代です。だからこそ、誰かと物理的な空間を共に

しながらことばを紡ぎ、経験としての時間や場所を構築する直接的な体験がますます貴重になってきています[5]。言語人類学者の Hill が述べるように、ディスコースは「インターアクションにおいて文化が具現化し生成される、まさにその場所」ですが、それはナラティブについても同様です（Hill 2005: 159）。皆さんもご自身のディスコース研究の中にナラティブや語りの分析を取り入れてみてはいかがでしょうか。まずは下記のブックガイドから気になる一章を読んでみて、その面白さに触れてみることをお勧めします。

≪ブックガイド≫

■ やまだようこ（2000）『人生を物語る―生成のライフストーリー』ミネルヴァ書房
ライフストーリー研究の第一人者であるやまだようこによる入門書です。ナラティブの入門書としては、ほかにも参考文献にあるやまだ（2021）が素晴らしい一冊となっていますが、「再生のライフストーリー」に着目した本書では、大きな病や大切な人を失うといった喪失からの再生において、語りが人生を生成する過程が丁寧に描かれます。心理学、人類学、社会学、医療などをつなげる学際的な視点で編まれた本書からは、人が生きていくうえで語ることの重要性や機能が読みやすくまとめられています。また卒論研究をもとにした研究も掲載されていることから、大学生にも是非お勧めしたい一冊です。

■ 佐藤彰・秦かおり編（2013）『ナラティブ研究の最前線―人は語ることで何をなすのか』ひつじ書房
ナラティブを相互行為として捉え、「何について」語るかではなく、「いかに」語るかに力点をおいて分析した研究論文集です。内容は多岐に渡り、テレビのトーク番組の語り手の自己イメージ表出についての語り、吃音者として生きるアイデンティティの語り、農村部の世代間差についての語りなど、人々の日常に溢れる語りから何がわかるかを明らかにしています。また冒頭ではナラティブ研究の第一人者であるイェルガコポロの寄稿論文が日本語訳として掲載されており、ナラティブ研究のこれまでの経緯と分析方法としての理論がまとめられています。

■ 高森順子（2023）『震災後のエスノグラフィ―「阪神大震災を記録しつづける会」のアクションリサーチ』明石書店
1995 年に起きた阪神・淡路大震災といえば、日本史に残る歴史的な出来事であると同時に、多くの人にとって遠い昔におきた災害かもしれません。その阪神・淡路の「震

災後」の 27 年間の軌跡を、「阪神大震災を記録しつづける会」という活動のエスノグ
ラフィを通してまとめられたのが本書です。本書には大地震を経験したり、震災後に
生まれたりした人のインタビューや手記、そしてそれらが語られ、書かれるに至った
背景が「アクションリサーチ」をもとにまとめられています。この本は正確にはディ
スコース研究ではありません。しかし長期に渡る調査の文脈と、聞き手である著者自
身の葛藤も描くことを通して、ナラティブを単なる「被災者」のものではなく、多声
的かつ共話的に紡いだものとして提示している点において画期的な一冊です。

注

1　インタビュー協力者にはインタビュー終了後にお礼状やお礼のメールを送りますが、
その際、インタビューで話した内容について修正や付け加えたいことがあれば返信に
書いていただくようにしました（これはフォローアップ調査と呼ぶこともできます）。
必須項目④と⑤については、インタビュー終了後も考え続けたり、悩んだりしたとい
う回答を多く頂き、メールや手紙で、より詳細な考えや気持ちを共有していただける
ことがありました。

2　こうした日常的な会話に立ち現れるナラティブは「スモールストーリー」と名付けら
れており、未来の話や仮定としての話、同じ話の語り直しや話すこと自体を拒否する
行為なども含めてナラティブのタイプとして理解されています（イェルガコポロ
2013）。

3　ここでは日本人の 2 名の参加者（個人名は J3 と J4 と記号化されています）のやりとり
を文字化したトランスクリプトが提示されています。左端の番号は、交替しながら続
く発話や行動に通し番号を振ったものです。文字化の詳しい方法については第 4 章を
参照してください。

4　スペイン語で男性の名前の前につく「ドン（Don）」は敬称ですので、ドン・ガブリエ
ルは「ガブリエルさん／氏」の意味になります。

5　人に直接体験談や話を伺う機会については、講演会のような形式のほかに、より対話
的なヒューマン・ライブラリーの取り組みなどもあります。

参考文献

Bauman, Richard. (2006) The emergent quality of performance. In Leila Monaghan and Jane
　　Goodman (eds.) *A Cultural Approach to Interpersonal Communication.* pp.35–37.

Malden: Blackwell.

Bruner, Jerome. (1990) *Acts of Meaning: Four lectures on mind and culture.* London: Harvard University Press.

De Fina, Anna. (2020) The ethnographic interview. In Karin Tusting (ed.) , *The Routledge Handbook of Linguistic Ethnography*, pp.154–167. New York: Routledge.

Dunn, Cynthia Dickel. (2021) Narrative. In J. Stanlaw (ed.), *The International Encyclopedia of Linguistic Anthropology*, pp.1426–1429. Hoboken: Wiley Blackwell.

Duranti, Alessandro. (1986) Audience as a co-author: An Introduction. *Text* 6(3): 239–247.

秦かおり・岡本多香子・井出里咲子 (2017)『出産・子育てのナラティブ分析―日本人女性の声にみる生き方と社会の形』大阪大学出版会

秦かおり・村田和代編 (2020)『ナラティブ研究の可能性―語りが写し出す社会』ひつじ書房

Hill, Jane. (1995) Voices of Don Gabriel: Responsibility and self in a modern Mexicano narrative. In D. Tedlock and B. Manheim (eds.) *The Dialogic Emergence of Culture*, pp.97–147. Chicago: University of Illinois Press.

Hill, Jane. (2005) Finding culture in narrative. In Quinn, N. (ed.) *Finding Culture in Talk: A collection of methods*, pp.157–202.　London: Palgrave Macmillan.

ホルスタイン , J.A.・J.F. グブリアム著、山田富秋ほか訳 (2004)『アクティブ・インタビュー：相互行為としての社会調査』せりか書房 [Holstein J.A. and J.F. Gubrium (1995) *The active interview.* London: Sage Publications.]

イェルガコポロ・アレクサンドラ (2013)「ナラティブ分析」佐藤彰・秦かおり編『ナラティブ研究の最前線―人は語ることで何をなすのか』pp.1–42. ひつじ書房

井出里咲子 (2017)「子育てナラティブの日米比較」秦かおりほか著『出産・子育てのナラティブ分析―日本人女性の声にみる生き方と社会の形』pp.177–220. 大阪大学出版会

井出里咲子 (2022)「ジョージ・フロイド事件におけるデモと詩の生成―嘆願のポエティクスを中心に」片岡邦好・武黒麻紀子・榎本剛士編『ポエティクスの新展開―プルリモーダルな実践の詩的解釈に向けて』pp.135–158. ひつじ書房

Johnstone, Barbara. (2003) Discourse analysis and narrative. In Schiffrin, D, D. Tannen, and H. E. Hamilton (eds.) *The Handbook of Discourse Analysis*, pp.635–649. Oxford: Blackwell Publishing.

川上郁雄・三宅和子・岩崎典子編 (2018)『移動とことば』くろしお出版

Labov, William. (1972) The transformation of experience in narrative syntax. In Labov, W. *Language in the Inner City*, pp.354–396. Philadelphia: University of Pennsylvania Press.

Ochs, Elinor. (2004) Narrative lessons. In Duranti, A. (ed.) *A Companion to Linguistic Anthropology*, pp.269–289. Oxford: Blackwell Publishing.

Quinn, Naomi. (ed.) (2005) *Finding Culture in Talk: A collection of methods*. London: Palgrave Macmillan.

佐藤彰・秦かおり編 (2013)『ナラティブ研究の最前線―人は語ることで何をなすのか』ひつじ書房

佐藤慎司・村田晶子 (2018)『人類学・社会学的視点からみた過去、現在、未来のことばの教育―言語と言語教育イデオロギー』三元社

杉田梢 (2004)「親しい友人同士の会話におけるナラティブの日米対照分析」筑波大学現代語現代文化専攻　修士論文

田中美帆 (2016)「日本の大学生の就職観―通過儀礼としての一考察」筑波大学国際総合学類　卒業論文

高森順子 (2023)『震災後のエスノグラフィ―「阪神大震災を記録しつづける会」のアクションリサーチ』明石書店

Tannen, Deborah. (1989) *Talking voices*. Cambridge : Cambridge University Press.

Wortham, Stanton. (2001) *Narratives in action: A strategy for research and analysis*. New York: Teachers College Press.

やまだようこ (2000)『人生を物語る―生成のライフストーリー』ミネルヴァ書房

やまだようこ (2021)『やまだようこ著作集第5巻　ナラティブ研究―語りの共同生成』新曜社

山本りり (2020)「移動がアイデンティティ形成に及ぼす影響―ライフストーリー分析を通した考察」筑波大学国際総合学類　卒業論文

Yamaguchi, Masataka. (2005) Discursive representation and enactment of national identities: the case of 1.5 generation Japanese. *Discourse & Society* 16(2): 269–299.

コラム⑤：同意書の作り方

井濃内歩

　このコラムでは「同意書」の作成について、実際の様式例もいくつか紹介しながら説明します。

　第3章でも述べた通り、同意書は調査を始めるにあたって、調査協力者に調査内容を説明し、協力への同意のサインをもらうための書類です。通常、研究の概要と参加にあたっての注意事項を記した趣意書（「調査協力のお願い」）とセットになっています。

　趣意書には、調査者の所属や研究テーマ、　研究目的等の基本的な情報に加え、調査の概要、参加に際しての注意事項やそれに対する対応方法などを明記します。たとえば、「インタビュー調査は何時間かかるのか」、「どのようなことについて質問するのか」、「後から発言を確認することはできるのか」といった、相手が懸念するであろう事項を、できる限り具体的に説明します。場合によっては謝礼の有無を記載することもあるでしょう。特に、フィールドワークを行う場合の同意書の内容については、日本文化人類学会や日本社会学会など、フィールドワークが調査方法としてよく用いられる分野の学会が定める「研究倫理要綱」が参考になります。各学会のホームページ上に掲載されているので、検索して参照してみてください。なお、ディスコース研究の同意書に盛り込まれる代表的な項目と、それを伝える文言の例には次のようなものがあります。

（1）調査参加の自由
　　　□　調査への参加は任意であり、途中で撤回することもできます。
　　　□　参加を拒否・中断しても、一切の不利益を負うことはありません。
（2）データの公開範囲と個人情報の保護、データの保管及び処分方法
　　　□　本研究のデータは、学術研究のために使われるものであり、それ以

外の目的で使用・公表されることはありません。

□ 個人を特定できるような箇所が、授業や学術論文、学会発表において公表されることは一切ありません。

□ 個人や機関等の名称は仮名や記号に変換し、匿名化を徹底します。

□ 収集されたデータは、○○大学の××研究室内で厳重に管理します。

(3) 予想される協力者への不利益やそれらに対する対処方法

□ 答えたくない質問には答えなくても構いません。

□ 後からご自身の発言が含まれるデータの開示や、発言の部分的な削除を請求することができます。

　調査を始める前に、協力者と趣意書の読み合わせをして一緒に内容を確認し、同意書にサインをもらいます。このとき、同意書は協力者一人につき 2 部用意します。それぞれにサインをもらったうえで、一枚は自分が受け取って保管し、もう一枚は相手の控えとして渡しましょう。次ページの例のように、趣意書と同意書を一枚に収める場合には、同意書部分のみ切り取って回収します。趣意書もしくは控えには、相手がいつでも連絡できるよう指導教員や自分の連絡先を載せておきます。受け取った承諾印入の同意書は、紛失や漏洩等がないよう、厳重に管理します。

　では、ここからはディスコース研究で用いられる同意書の様式を、ことばと文化ゼミ生の研究で実際に使用されたものから数パターン紹介します。同意書の形式に唯一の正解はなく、その都度異なるフィールドや相手にとって適切なものを試行錯誤するなかで、長さや書き方にはさまざまなバリエーションが生まれます。各パターンを比較しながら、自分の研究に適したものを作成しましょう。なお、以下のサンプルはあくまでも、筆者らが所属する筑波大学のことばと文化ゼミで共有されている同意書の一例です。各大学の専攻や研究室によっては、代々受け継がれている同意書のひな形などがあるかもしれませんので、まずは指導教員やゼミの先輩などに問い合わせてみるのがおすすめです。また、調査の内容や対象によっては、同意書の内容も含め、大学や組織の研究倫理委員会の審査を受ける必要がある場合もあります。大学指定の様式があればそちらを使用し、以下のサンプルを参考にする

場合は、それぞれの倫理規定に合わせて適宜加筆修正する必要があります。こちらも指導教員と相談しながら進めていくのがよいでしょう。

(a) 簡潔で短い日本語版

　初めに紹介するのは、前述の代表的項目を入れたごく簡潔なバージョンです。第7章でも紹介される、ことばと文化ゼミで以前実施されたゼミ調査の際に、ゼミに所属する学部生にインタビューの許可を得るために使われた同意書を、さらに一部簡略化したものです。研究協力者との関係性や調査の規模によっては、あまり大仰な文書だと協力者が身構えてしまうこともあります。授業活動や卒業論文・修士論文研究のために、身近な人の日常会話データを収集するような調査であれば、このくらいのシンプルなものでも問題ないでしょう。

調査協力のお願い

　本日は調査にご協力いただき厚くお礼申し上げます。本インタビュー調査は「言語人類学系のゼミにおけるディスコース分析実践プロジェクト」のために○○研究室で実施しているものの一環です。

　録音・録画させていただく会話は、○○が責任をもって厳重に管理します。ご協力いただいた方の実名や個人情報が第三者に知られることは一切ありません。また、分析のために音声情報を文字化し、逐語録を作成しますが、固有名詞等はすべて仮名や番号に変更し、個人が特定されないようにいたします。個人を特定できるような箇所が、授業や学術論文、学会発表において公表されることは一切ありません。

　またこの研究は、ことばのやりとりを見ることを目的としており、決して、参加者の性格を見たり、評価的な判断を下したりするものではありません。

　本調査への参加はどの段階でも辞退できます。また申告いただければインタビューデータを破棄することも可能です。同意書についてのご質問・ご意見、承認内容の取り消しや変更のご希望等がございましたら、下記までご遠慮なくご連絡ください。

　　　　　　　　　　　　　　　　　　　調査者氏名　○○○○

　　　　　　　　　　　　　　　　　　　調査者所属　××××

　　　　　連絡先(電話番号・メールアドレス等)xxxxx@yyyyy.com

同　意　書

　私は自分が参加した調査の録音・録画が、○○(△△大学)の研究および教育活動の一環として収録されたものであると理解します。私が参加したインタビューの録音・録画および音声の逐語録の使用を承認します。

　なお、上記の条件に従う限り、調査者は使用に際してその都度私に許可を得る必要はありません。

　　　　　　　　　　　　　　　　　　　　　　　　　年　　　　月　　　　日

　　　　　　　　　　　　　　　　　　　署名：＿＿＿＿＿＿＿＿＿＿

ご連絡先［メールアドレスもしくは電話番号］：

(b) フォーマルで丁寧な日本語版

　次に紹介するのは、筆者が大学の留学生の言語実践を調査した修士論文研究の際に使用した同意書です。日本語を学習中の留学生とはいえ、日本の大学で日本語の専門科目を履修し、研究活動も行っていた人たちだったので、一般的な日本語文書と同じ形式を取ることにしました[1]。このパターンの同意書は、フォーマルで念入りな印象を与えるため、公的機関の担当者や年長者など、丁寧さや厳密さが求められる場所、形式性の高い文書に慣れている相手などに向いています。

調査協力のお願い

　私は、【所属】で【専攻】を専攻している【氏名】と申します。この度、私の修士論文研究のための調査へのご協力をお願いしたく存じます。

　以下の説明をお読みいただき、調査にご参加いただける場合には、同意書へのサインをお願いします。なお、調査への参加は任意であり、参加されない場合や、参加を途中で撤回される場合においても、一切の不利益をこうむることはありません。

1. 研究題目および研究の目的・意義
「留学生の教室外での日本語使用に関する研究」
　留学生が日本での日常生活、特に日本語授業の教室外でどのような日本語を使っているのかを明らかにすることを目的に、研究を実施します。留学生活の多様な場面における留学生の日本語使用と、その背景にある社会的文脈を明らかにすることにより、日本語教育

や留学生支援に寄与することが期待されます。

2. 調査方法および調査期間
①インタビュー

　1時間程度、ふだんの言語使用や、言語へのイメージについてのインタビューを行います。内容は記録のために IC レコーダーで録音します。

②座談会の実施と会話の録音・録画

　構内の教室で1時間程度のお菓子を囲んだおしゃべり会の席を設け、そこでの会話の様子をビデオカメラで録画、IC レコーダーで録音します。

③観察と記録

　調査者がみなさんと一緒に過ごす場面で、活動や会話の様子を観察します。みなさんの言動やその時の状況などをメモに記録し、その後それを清書したノートを作成します。研究期間は 20XX 年〇月×日〜△月□日までを予定しています。

3. 調査への参加と撤回について

　調査への参加は任意であり、参加を断っても、一切の不利益を負うことはありません。また、一度参加を決めても途中で取りやめることができます。なお、途中で参加を中止されるときは、それまでに収集したデータをどのように扱うことを希望されるか（分析対象としてよいのか廃棄を希望されるのか）を伺い、それに従ってデータを取り扱います。

4. 予想されるリスクと対応

　調査のなかで話したくないことが質問された場合には、答えなくて構いません。お申し出により、いつでもインタビューを中断したり、IC レコーダーを停止したりすることができます。また、ご自身の発言内容の開示や、部分的な削除を申請することができます。調査は皆さんの日常生活を妨げることのないよう、日時、場所、方法を相談しながら実施します。その他、実施中にお気づきのことがあればいつでも下記連絡先までご相談ください。

5. データの使用・公開方法

　データは学術的目的のためにのみ使用されるものであり、それ以外の用途で使用・公表することは一切ありません。研究の成果は、修士論文や学術論文としてまとめられるとともに、国内外の学会や研究会などで発表されます。論文や発表において、個人を特定できるような箇所が公表されることは一切ありません。

6. データと個人情報の取り扱いについて

　調査中に知った個人的な情報を、他の協力者を含む第三者に伝えるようなことはしません。分析のために、録音内容を文字化した逐語録を作成しますが、個人や機関の固有名詞はすべて仮名に変更し、個人の特定ができないよう匿名化を行います。データは調査実施者の研究室で厳重に管理します。

以上

その他、本研究に関してご不明な点やご相談などがありましたら、下記連絡先までいつでもお問い合わせください。上記の内容に同意し、この調査にご協力いただける場合は、以下の同意書にご署名をお願いいたします。ご協力に厚く御礼申し上げます。

20XX 年○月×日

【氏名】

〈研究責任者〉【氏名】(所属)
E-mail：xxxxxxxxxx@u.tsukuba.ac.jp

〈調査実施者〉【氏名】(所属)
E-mail：xxxxxxxxxx@s.tsukuba.ac.jp

同　意　書

　私は、井濃内歩氏による研究調査について、目的・内容・倫理的手続きを十分に理解し、調査に参加することに同意します。

日付　20XX　年　○　月　×　日

本人署名(自著)　＿＿＿＿＿＿＿＿＿＿＿

ご連絡先［メールアドレスもしくは電話番号］：

(c) 質問紙とセットの日英語版

　最後に、第3章1節の「アンケートをとる」で言及した、同意書と質問紙をセットにしたバージョンを紹介します。以下は、筆者が博士論文研究で使用した同意書です。この論文では、日本の女子中高生の間で広がる、日常会話への活発な韓国語の取り込み(クロッシング)を研究しました。はじめからそのテーマを研究するつもりではなかったのですが、当初留学生や帰国生など国際移動する生徒が集まる学校での若者の多言語使用に興味を持っていたことから、ご縁のあった関東圏の中高一貫校をフィールドに、生徒の日常会話データを集めました。一般に、学校をフィールドとした調査では、まず学校長に調査実施の許可を得ますが、その後調査の過程では、関わってもらう人々にその都度調査の説明と協力依頼をし、個別に同意を得る必要があります。この時の調査では、インタビュー調査用、保護者用、教員用、英語版など、調査の内容や対象に応じて何パターンもの同意書を作りましたが、ここ

では中学2年生のクラスで数日間の参与観察を行った際に作った同意書を取り上げます。

　コロナ禍での中断を挟み、念願叶って教室内の生徒の会話を観察できる機会を得たものの、クラスに入れる時間は限られており、生徒全員の国際移動のバックグラウンドをめぐる詳しい聞き取りは困難でした。また、教室内でのインタビューは、他の生徒に聞かれていると感じて生徒が話しづらいかもしれません。一方、生徒同士のやり取りを分析するために、生徒の言語的バックグラウンドや、基本的な言語観についての情報は何としても知りたいところです。どうしたものかと考えるなかで思いついたのが、同意書に質問紙をくっつけることでした。いかに短時間で答えやすく、かつ調査説明文書としても有効なものにするか試行錯誤しながら作ったのが、下の同意書です。調査初日、通常授業の冒頭10分をもらい、自己紹介と調査の説明をさせてもらえることになりました。先生に紹介されるとすかさずバーッとこの紙を配り、説明を聞きながら記入してもらいました。回答したら、点線以下のアンケート部分だけ切り離して、手渡してもらいます。一方生徒には、切り離した残りの箇所、つまり調査の説明が書かれた部分を確認用に持っていてもらいます。裏面には、生徒の手元に残る部分の真裏にくるよう配置して注意事項を書きました。この方法は、短時間で各生徒の名前と移動経験、使用言語やそれに対するイメージや評価（言語イデオロギー）を端的に把握するうえで大変役立ちました。同様の方法は、学校や会社等忙しい現場での調査や、対象者が大人数の時、とりあえずフィールドの概要を掴みたいときにも活用できると思います。

2年X組のみなさんへ

調査協力のお願い

　はじめまして。【所属】から来ました、【氏名】です。

　私は、留学生や帰国生が多く通う学校での若者のことばについて研究をしています。今週の4日間、朝のHRといくつかの授業の時間にみなさんと過ごし、空き時間に簡単なインタビューをさせてもらいたいと思っています。

　下の Q1 に答えて、インタビューに協力してもよいか教えてください。また Q2 以降の質問にできる範囲で答えて、線で切り取った下の部分を、直接私に手渡してください。回答は日本語でも英語でもいいです。質問や相談があれば、いつでも Teams か〈調査者の学内アドレス〉まで連絡してください。1 週間、よろしくお願いします！

Hello! My name is XX, and I am a Ph.D. student at the University of YY. I am researching daily linguistic practices of youth in a school where many international / returnee students are attending. This week, I will be spending time with you during the morning homeroom and some classes and would like to conduct a brief interview with you. Please answer Q1 below and tell me if you can cooperate with the interview. Also, please answer the questions after Q2 as far as you can, cut the bottom part at the dotted line, and hand it to me directly. You can answer either in Japanese or English. If you have any concerns or questions about the research, please feel free to contact me via Teams or email (xxxxx@xxxxx.com) at any time. Thank you for your cooperation, and I'm looking forward to talking with you all!

---------------------- ✂ この線で紙を切って、ここから下を提出してください ✂ ----------------------

名前 【　　　　　　　　　　　　】

Q1. インタビューに協力してもよい。

　　I can participate in the interview.　　　　　　　　　□ はい / Yes　　　□ いいえ / No

Q2. これまで、日本以外の国や地域に住んでいたことがある。

　　I have lived in a country or region other than Japan before.

　　　　　　　　　　　　　　　　　　　　　　　　　　　□ はい / Yes　　　□ いいえ / No

Q3. Q2 で「はい」と答えた人に質問です。住んでいた国・地域と、期間をわかる範囲で教えてください。

　　If you answered yes to Q2, list all the countries/regions you have lived in and when you were there.

国・地域名	いつからいつまで？ （例：9 ～ 11 歳／小 3 ～ 6 ／ 2010 ～ 2013）	その時の学校 （現地校、インターなど）

Q4. あなたが使う言語・方言と、それぞれ、どうやって習得したか、どのくらい得意か、どんな場面で使うかを書いてください。また、それぞれの言語へのイメージや使うときの気持ち、勉強している理由などについて、あなたの考えを自由に書いてください。

　　Please list the languages/dialects you use, how you learned them, how good you think you are at them, and what situations you would use them in. Also, please freely describe what you think of each language, what it means to you, what you can/cannot say with it, or why you are studying it.

言語	どう習得したか	どのくらい得意？	いつ誰と使う？	自分にとってどんなことば？
(例1) 英語	イギリスで育った／ インターの共通語 など	思ったことを 自由に言える	教室での友達との おしゃべり、英語の授業、 TikTok	明るい自分になる／ジョークが 言いやすくて、自分らしい感じ／ 教室で使うときは緊張する　など
(例2) 韓国語	今年の春から 自分で勉強中	挨拶や、簡単な フレーズが言える	部活の友達とのチャット、 インスタの投稿	部活の友達と仲良くなれることば／ 英語や日本語より意味が通じ すぎないから、あそびができる

（裏面：切り離して生徒自身に保管してもらう上記説明の裏面に、以下が来る）

注意事項 ／ Notes

- みなさんとのやり取りは、メモの代わりとして録音します。記録した音声やビデオを、インターネットにアップしたり、研究以外のために使ったりすることは絶対にありません。それでも録音してほしくないと感じたら、会話の初めに私に伝えてください。もしあとから消してほしいと思ったときは、私まで連絡してください。

  I will record the conversations with you instead of taking notes. The recorded audio or video will never be uploaded to the Internet or used for any other purpose than research. If you still feel that you do not want to be recorded, please let me know at the beginning of our conversation. If you wish to have it erased later, please contact me.

- 答えたくない質問には、答えなくてかまいません。答えた内容が成績に影響することはありません。また、あなたが話したことを、他のクラスメイトや先生に伝えることは絶対にありません。もし、調査について不安なことや質問があれば、Teamsかメールで〈調査者の学内メールアドレス〉まで、えんりょなくいつでも連絡してください。

  If there is a question that you do not want to answer, you do not have to answer it. What you answer will never affect your grade. Also, what you say will never be shared with other classmates or teachers. If you have any concerns or questions about the survey, please feel free to get in touch with me via Teams or email (xxxxx@xxxxx.com) at any time.

　なお、未成年者への調査の場合には、本人用に文言をわかりやすく言い換えた趣意書の準備や、口頭での説明を念入りに行うとともに、代諾者としての保護者用の説明文書も用意し、同意書に本人と代諾者両方のサインをもらいます。相手が日本語話者でない場合や、長い文書を読むことに慣れていない場合などは、相手の言語やコミュニケーション・スタイルに合わせて同意書を作る必要があります。どのような形式のものを準備するとしても、一番の目的は、調査について協力者に十分に説明を尽くすこと、そして研究参加への合意を得て、それを形として残すことです。それぞれのフィールドの状況や相手に合わせて、適切で伝わる同意書をデザインしましょう。

　以上、同意書の作例をいくつかご紹介しました。同意書のパターンはこれ以外にもさまざまなものがあります。ぜひ他の文献やネット上の情報にもあたって、多様な同意書のスタイルを発見してください。言語研究関係の書籍では、高木智世・細田由利・森田笑『会話分析の基礎』(2016: 353–354、ひつじ書房)にも、シンプルで汎用性の高い同意書の見本が載っています。色々な人の方法を参考に、アイデアの引き出しを増やしていくことで、自分にぴったりの同意書が見つかるはずです。

注

1　ただし、協力者の学生たちと実際に読み合わせをした際には、口頭でわかりやすい表現に言い換えたり、具体例を付け加えたりしながら説明をしました。

第6章

メディアディスコースを研究する

青山俊之

　第6章では、メディアディスコースを研究するための技法を紹介します。具体的には、関連するさまざまな分野の概観と基本的な調査方法をまとめます。SNSにせよ、生成系AIの勃興にせよ、現代社会を考えるうえで「メディア」への理解はますます重要になってきました。残念ながら、本章で焦点を当てて紹介できるのは方法論にしかすぎません。しかし、メディアを研究する利点は、異なる分野と方法をまたぎながら、その人なりの多角的な知をつくりあげていけることにあります。そこで本章では、言語人類学や社会言語学を中心に、筆者が研究を進めるうえで役立った・身につけた技法を紹介します。

6.1　メディア研究の身構え

　方法の紹介の前に、「メディア」について簡単にまとめます。メディアとは、なにかとなにかを「媒介」するものです。パソコン・携帯・テレビ・ラジオといった電子機械およびそれを介して起こるコミュニケーションも「メディア」と総称されますし、文字・絵・ことば・服・組織・空間・制度といったあらゆる物と物・人と人・人と物の関係やその記号も、何かと何かの媒介を果たす「メディア」です。言い換えれば、具体的なモノやことばを紡ぐものを、1段上がって抽象的に表す概念が「メディア」です。

　このような広範囲な領域を含むメディアとそのディスコースの研究者は、さまざまな学術領域や研究を横断しながら調査・分析に取り組んでいること

がほとんどです。そのため、個々の研究対象や状況、問題意識に応じてどのように研究を進めればいいか、またどのように分析と考察をまとめればいいか、という問題には困難な試行錯誤が伴います。だからこそ研究の舵取りをするためにも、研究を進める指針となる問題意識を言語化することが重要です。

　ここでいう言語化とは、なにを「問い」とし、どのようにその問いを明らかにしていくかを他者に説明できることを指します。要するに、研究の解像度を高めることが言語化です。先ほどのような具体的事例からメディアの特徴を抽象的なパターンへと分けていくことも言語化の一例です。言語化ができれば、教員や花壇仲間（第 2 章参照）に相談しやすいだけではなく、これまでの研究や自分の考え方から距離をとって考えやすくなります。これがいわゆる批判的な思考です。そこで、次節では、メディアを対象にした学生の問題意識や興味関心に基づき、関連する学問分野の概要を 5 つの観点から整理します。

6.2　メディアディスコースに関する問題意識

6.2.1　メディアとことばの関係に関心を持つ学生

　1 つ目は、新聞・テレビ（報道・番組・CM・配信動画）などジャンルとしてのメディアとコミュニケーションに関心を持つ学生向けの研究です。メディアのジャンルには、他にもラジオ・掲示板・手紙・電話・メール・ブログ・SNS・チャットが挙げられます。一見してわかるように、非常に広い範囲を含んでいるので、メディア技術を媒介した「言語コミュニケーションにおける表現的特徴」に焦点を当てて分析する場合を想定して紹介します。このような研究は、社会科学的なメディア研究というよりも、社会言語学的な「メディアとことばの研究」に分類されます。

　たとえば、テレビ・新聞報道の言語的特徴に関する分析をするものがあります。普段はあまり注意深く観察していないテレビ・新聞報道でも、それが「テレビのテロップ」であることや「新聞の見出し」であると理解できるのはなぜなのか、などと考えてみてください。おそらく、何度も似た表現を見

聞きしていることで、それが「どのような表現(音・文字・語彙・文・色)で何を指標しているのか(例：見出し、セリフ)」ということに関する理解が無意識的に作られているはずです。このような解釈の枠組みを社会言語学では「フレーム」と呼びます。

　具体的な研究事例として、スポーツ中継を分析対象とする三宅(2004)と多々良(2017)が参考になります。三宅(2004)は、1996年のアトランタオリンピックの女子マラソンを実況する解説者とアナウンサーの「語り方」に対し、視聴者から不快感が寄せられた事例を研究しています。この事例は、日本の出場選手3名がメダル候補として注目されたためゴールデンアワーにテレビ放送され、高い視聴率を得たものでした。ですが、視聴者から実況者に寄せられた不満には、「場違いな形容詞」、「身勝手な感嘆符」、「恐るべき自己顕示」などがあり、テレビ局にも苦情が殺到したそうです。三宅の問いは、このような不快感の表明をもたらした実況者の言語行動を探ることです。三宅が着目した点のひとつが、「質問－応答－確認(IRF構造：Initiation-Response-Follow up)」です。IRF構造の典型に、教室でなされる教師と生徒のやりとりがありますが、女子マラソン実況者の例は下記のようなものでした。

　　【データ】　H＝女性アナウンサー、I＝女性解説者
　　(I：質問)　H　えー、どうです？
　　(R：応答)　I　少しゆったりめのペースで走ってますね。
　　(F：確認)　H　あー、そうですかぁ。

(三宅 2004: 113 より抜粋)

　IRF構造は、質問－応答－確認の一連のやりとりの流れを示しています。一般的には、質問と応答をするだけでなく、最後の確認のフェーズである程度は義務的にあいづちを打ち、次なる話題に移っていきます。ですが、女子マラソン実況中継ではこの確認のあいづちがなされておらず、インタビュー形式のように聞こえる談話でした。ちなみに、実況担当の女性は実況専門ではなく、アナウンサーと解説者が女性同士という組み合わせもはじめての試

みだったそうです。先行研究によれば、男性実況者には話の盛り上がり部分でテンポを変える「スポーツ調」と呼ばれる会話のリズムが典型的に見られるそうです（村松 1999）。しかしこの事例のマラソン実況の話し手は、実況の経験もなく、かつそのジャンルのリズムで話してもいなかったわけです。その他の要因も相まって、女子実況者同士の談話に逸脱的な評価がなされたことが三宅の研究によって明らかにされています。この三宅の研究は、分析データの位置づけや「フレーム」に関連する先行研究を整理し、スポーツ実況に限らず、テレビを介して共有される言語行動規範を分析的に読み解きます。分析内容に加え、研究論文としての構成も参考になる論考です。

　次に多々良（2017）の研究は、三宅（2004）と同じくスポーツの実況中継としてサッカーを分析対象としていますが、異なる研究アプローチが取られています。多々良（2017）は、英語と日本語で放送された同じサッカーの実況中継を分析し、用いられる言語資源の違いに着目します。英語話者による中継は個々の選手の動きやプレーを俯瞰的に描写する傾向があるのに対し、日本語話者による実況中継は選手が試合中に置かれている状況と内面的心理を描写（内的引用）する傾向があることを指摘します。このような異なる言語体系や社会文化圏におけることばを比較する研究は、対照研究と呼ばれます。2つの研究の論述の仕方や内容を比較検討してみると、「メディアとことば」を研究する技法の一端が垣間見えるでしょう。

　メディアとことばの研究では、言語的な特徴を分析すると同時に、そのメディアや表現を取り巻く歴史・社会文化的な文脈を視野に入れることもできます。具体的には、新聞・ラジオ・テレビやインターネットを介したデジタルコミュニケーションを可能とする環境（旧 Twitter の X、Facebook など）がどのような経緯で誕生し、誰によってどのように使われ、どのようにメディアそのものやその利用形態が変化していったのかなどが挙げられます。またその変化をもたらす社会文化的な背景において、特徴的な言語表現が表出する過程や関係に着目するのもよいでしょう。そのようなメディアを取り巻くマクロな文脈と、ミクロな言語コミュニケーションが交叉するところに、ディスコースが立ち現れます。その象徴的な特徴やそれがもたらす社会文化的な影響を分析することが、研究の深掘りや意義を見出だすことに繋がりま

す。自分の研究テーマと関連するメディア研究や社会学といった分野の議論を押さえておくと、広い射程から研究の着眼点を見出すきっかけを掴めるかもしれません。

6.2.2　メディア共同体やネットワークに関心を持つ学生

　2 つ目は、特定のメディアによって形成される共同体やネットワークに関心を持つ学生向けの研究です。物理的に離れている人ともコミュニケーションを通じて関係性を作ることができるのが、まさに「媒介」を果たすメディアの特徴です。メディアによる共同体やネットワークの形成に関心を持つ場合、その集団や連帯性を築くことをマークする言語表現に着目することが有効です。

　インターネットを介したメディアを利用する状況を考えてみましょう。基本的に、その場合は「わたし」がサイトの情報や関連する記事やコメントを見ることになりますが、特定のサイトや話題・趣味・志向性・状況を共有する「わたしたち」としての語りによって、インターネット上に擬似的な集団や連帯性が生み出されることになります。当然、そのような語りは必ずしも「わたし」のものと一致するわけではないはずです。つまり、メディアによる共同体やネットワークは一定程度の共有はされているが、同時に「わたし」とのズレも生じさせていることになります。

　以上のように考えると、普段、何気なく利用するメディアにおける連帯性を調査することで、集団的な秩序の形成とその逸脱が生じる過程を分析できることがわかるでしょう。そのような社会文化的集団やネットワーク形成に用いられる言語的特徴に焦点を当てるのも 1 つの研究の切り口です。さらに言えば、このようなメディア利用とその集団的な関わりの調和・不調和の実態は、そのメディア上だけでなく、実際の対面調査においても応用することが可能でしょう。メディアディスコースの視点でそのような多角的な調査と分析を実施することで、表面的には現れない社会文化的集団やネットワークの実態、それを成り立たせるメカニズムを見出すことができるかもしれません。

　早川・井出 (2009) の研究事例では、掲示板サイト「2 ちゃんねる (現：5

ちゃんねる）」のカキコミ作法には、その参与者が共同で構築する連帯感が投影されていると分析しています。早川・井出がとりあげた事例が、2004年11月から12月と2ヶ月間にわたって続いた「痴漢男」というスレッドです。このスレッドへの初投稿から〈祭り〉へと展開し、そこで生まれる連帯性を見てみましょう。

【データ1】スレッドの始まり
　〈1〉：以下、名無しにかわりましてVIPがお送りします。
　　　　VIPの、いや、2chのみんな、聞いてくれ。
　　　　先日、ものすごい勢いで痴漢に間違われた。
　　　　ものすごいってのは別にギャグでもなんでもない。マジで瞬きの間に間違えられた。
　〈2〉：VIPEER あ
　　　　俺の股間で泣け
　〈3〉：VIPEER い
　　　　ぶん殴ってやれ
　　　　「くそが！どいつもこいつも舐めやがって！コロスコロスコロスああああああああ」

（井出・早川2009より一部抜粋）

　データ1の一連のやりとりはすべて1分以内に返信される即時的な応答でした。特に目的の定まっていないスレッドに、不特定多数の投稿が積み重なることで、雑談的なやりとりが意味を生み出していきます。この一見目的のないスレッドが、痴漢に間違われて出会った女性と今後どういう関係を築くのかという〈相談〉へと変わり、さらに痴漢男が意中の女性とは別の女性（ロリ）に迫られる様子が〈祭り〉へと転じるのがデータ2のやりとりです。

【データ2】〈祭り〉のやりとり
　〈844〉：痴漢男
　　　　　長い無言を打ち破ったのは、やっぱりロリだった。

「好きなんですか？」
俺はもう、びっくりするほど赤裸々もーど♪なにも隠すことな
どない。
「好き・・・なんだと思う。愛とかわからないけど・・・」
うは wwwwwwwwwwwwwwwww 俺 wwwwwwwwwww キモ

〈851〉：VIPPER 7
うは wwwwwwwwwwwwwww
ロリに言わした wwwwwww 痴漢鬼畜 wwwwwwwww

〈853〉：VIPPER 9
ｋぉかが
好きキタ——————（ ﾟ∀ﾟ ）———————— !!!!!

（井出・早川 2009 より一部抜粋）

　データ2では、「w」の多用により「笑い」や「嘲笑」というよりも「爆笑」
が意味されている様子がわかります。複数の「笑い」が連鎖し、スレッド上
で演出される「笑いの空間」はその参与者だからこそ一体感を味わえる言語
実践と見てとれます。

　早川・井出（2009: 214）では、2ちゃんねるの参与者による「『コミュニケ
ーションをしている』という事実認知的なレベルを超えた『コミュニケーシ
ョンができている』という遂行的な一体感」こそが、彼らの「コミュニティ
感覚」だと指摘しています。この研究は、分析データとして「2ちゃんねる」
を扱っていますが、ソーシャルメディアにおいてコミュニケーションの実践
の中で構築される連帯感を分析的に捉える視点を提起しています。メディア
を介した「コミュニティ」が言語コミュニケーションにより構築されるプロ
セスを捉える論考です。

　上記の研究事例のように、「メディア」によって形成される集団や連帯は、
物理的空間や身体も露出する対面での接触とは異なり、言語表現に依拠して
その連帯感を生み出すことになります。「共同体やネットワーク」そのもの
に関する先行研究を読み解くこともももちろん重要です。しかし、動態的に変
わりゆくメディア環境の中で、「ことば」がもたらす作用に着目することは

まだまだ開拓の余地がある研究分野でしょう。

6.2.3　「ことばの力」に関心を持つ学生

　3つ目は、流行語のように特定の「ことば」がくり返し語られることで広く社会文化的な影響力を持つことに関心を持つ学生向けの研究です。このような問題意識を持つ場合は、言語学的な研究よりも、社会学に近い研究をしていると考えて良いかと思います。社会学の中でも、広義の言説分析（後述）、文化社会学、あるいは知識社会学などが、「ことば」に焦点を当てて社会現象を研究する分野に該当します。

　たとえば、牧野智和（2012）『自己啓発の時代―「自己」の文化社会学的研究』では、雑誌記事を主なデータとして、人々が「自己啓発」に駆り立てられる現象を分析しています。ほかにも、仁平典宏（2011）『「ボランティア」の誕生と終焉―〈贈与のパラドックス〉の知識社会学』では、ボランティアに対して寄せられる善意と冷笑のまなざしを分析の軸とし、日本社会でボランティア的なものの語りがなされてきた変遷を分析しています。

　これらの研究は「自己啓発」や「ボランティア」というキーワードに関する語りがどのように為されてきたのかを歴史的に調査し、そのことばの背景にある社会文化的なメカニズムを分析する内容となっています。

　このような問題意識に関心を持って研究に取り組みたい場合、重要なのは、大量の情報を読みこなしながら、同時にその特徴や歴史的経緯、社会的背景を整理することです。また、膨大な資料と格闘しつつ、その内容や傾向を分析的にまとめる抽象的な思考をすることが求められます。大量の資料を読みこなしながら考えをまとめ、「ことば」をめぐる複雑な背景を解きほぐす玄人向けの研究であるとも言えます。

6.2.4　歴史的に枠づけられることばやイメージに関心を持つ学生

　4つ目は、歴史・社会文化的制度やことばが生み出す主体像に関心を持つ学生向けの研究です。ここでいう主体とは、個人・組織の総称を指します。このタイプの問題意識は、主体化に関する研究と関連します。主体化とは、「特定の主体になる／させられる」というプロセスを指します。身近な例を

挙げます。主体化とは社会的・文化的な文脈や規範を介して「男らしさ」や「女らしさ」が形成されることを指していると考えてください。生物学的に「男」や「女」としてカテゴリー化されることと、自身が社会的に「男」や「女」であると認識し、それらしいふるまいをすることは異なります。後者は、一般的にジェンダー論として展開されます。また、この社会的な性のあり方には、主体によって異なる「○○らしさ」が入ります。この「○○らしさ」が作られる過程には、その「らしさ」を常識として受け入れる歴史・社会文化的な側面と、その「らしさ」を受け入れたり、抵抗したりする当事者的な側面が入り組んでいます。

　このような主体化に焦点を当てる研究手法は言説(ディスコース)分析とも呼ばれます。言説分析を行うためには、あらゆる「○○らしさ」と批判的に対峙する、いわば「脱自己」を目指し続ける姿勢を持つことがポイントです。

　言説分析はフランスの哲学者ミシェル・フーコーによって切り開かれた研究技法です。言説分析は具体的に為される語りから哲学的・抽象的な思考ができ、かつ特定の主体のあり方や姿を批判的に捉えることができる人に向く研究です。哲学として位置づけられる言説分析は、フーコー以降にもさまざまな議論を起こし、幅広い分野に影響を与えました。そのため「言説」を定義づけること自体が初学者にとっては厄介であり、先行研究や関連する研究を丹念に読み解くことが求められます。この意味における「言説」は言語学分野ではほとんど取り上げられていません。第 1 章にも紹介されているように、ディスコースは、日本の言語学分野では「談話」と訳されますが、その定義は「言説」とはかなり異なります。一方、言語人類学や社会言語学では言説分析の考え方が部分的に取り入れられ、そのうえで「ディスコース」と呼称されている場合もあります。そのため、先行研究を読み進めるうえではディスコースがどのように定義されているかに注意する必要があります。

6.2.5　社会的な不平等や差別に関心を持つ学生

　5 つ目は、社会的な不平等や差別をもたらすことばに関心を持つ学生向けの研究です。先ほど、4 つ目の主体化の具体例では「男」と「女」という順序で説明をしました。このような「男が先で女が後」という順序に、日本社

会における社会的な不平等が埋め込まれているとして問題意識を抱く場合も
あります。このように社会的不平等や隠れた抑圧・権力を批判し実践的に介
入することを共通の姿勢とする研究群は、批判的談話研究（Critical Discourse
Studies: 以下、CDS）と呼ばれます。CDS では、社会的な不平等をもたらす
ことばや制度、それを生み出すメカニズムを批判的に分析し、さらに積極的
に改善に向けた行動をとります。

　たとえば、名嶋（2018）は「萌えキャラ」のポリティクスを CDS の視点で
分析しています。そのひとつの例に挙げられているのが人工知能学会の学会
誌『人工知能 vol. 29, No. 1』の表紙にイラストとして描かれたロボットの萌
えキャラです。この表紙には、一般的な萌えキャラよりは、細い線で写実風
に描かれた女性が、本を持ちながら部屋で掃除をする様子が描かれていまし
た。女性の背中にはケーブルが付いていることから、それはロボットである
ことがわかるのですが、このイラストに対し、現実社会のステレオタイプを
反映したものとして賛否両論が巻き上がったのです。名嶋は、ほかにも市町
村公認の萌えキャラが炎上する場合としない場合を比較し、問題視されるディ
スコースには強調された性的描写が公的な状況で含まれていることを指摘
しました。

　とはいえ、厄介なのが確かに「不適当」と思われる表現はあれど、こうし
た表現もまた公的に重視される「多様性」のひとつである点です。名嶋が提
示するのは、萌えキャラのポリティクスを可視化しつつ、その論争から読み
解ける複数性を受け止め、批判的な思考へと転じるいわば「毒を薬にする」
発想です。

　CDS では、メディアで露出する差別やエリート・政治家による語りに潜
む意識、特定の大企業のみに莫大な利益をもたらす資本主義の言説などのディ
スコースに含まれる微細なレトリックが主な分析対象になる傾向がありま
す。しかし名嶋の論考にも見て取れるように、人間が社会で生きるうえで生
じる不可避の対立から共生の道筋を見出すものも「批判」的な研究なのです。

　また CDS はフーコー以降の学者が、社会理論を積極的に取り入れて方法
論を練り上げてきたという経緯から、言語学のみならず社会科学分野でも取
り入れられています。そのため、言語コミュニケーションに問題意識を持ち

つつも、社会科学研究としての議論を展開したい場合には、CDS を参照すると良いでしょう。その際には、4つ目に挙げた言説分析との相違を社会科学的に概説する野村康（2017）『社会科学の考え方―認識論、リサーチデザイン、手法』の「第8章　言説分析」が参考になります。

6.3　調査技法

次に、研究を進めるうえで役立つ調査技法をまとめます。

6.3.1　マスメディアに関するディスコースを調査する

新聞・雑誌やテレビ映像などマスメディアに関するディスコースを調査する際には、図書館や資料館などの公共機関を活用できます。特に、全国新聞五紙（朝日新聞、毎日新聞、読売新聞、日本経済新聞、産経新聞）はデータベースが整備されています。各データベースの名称は、『朝日新聞クロスサーチ』（朝日）、『毎索』（毎日）、『ヨミダス』（読売）、『日経テレコン』（日経）、『産経新聞データベース』（産経）です（2025 年 1 月現在）。データベースの一般利用は有料で高額ですが、大学の図書館で利用サービスが契約されている場合があります。国立国会図書館では上記全ての全国新聞データベースを無料で利用することができます。新聞データベースを活用することで、特定の「ことば」の使用数の変遷、社会的な出来事として報道された際の語られ方の特徴、語られたことと語られていないことの時期ごとの差異をあぶり出すことができます。

新聞データベースを利用する際の注意点についてもいくつか確認しましょう。ひとつ目の注意点は、データベースによって収録年数や検索条件（全国版・地方版の選択、関連する新聞や雑誌の選択範囲）が異なることです。検索条件を闇雲に設定した状態で資料を閲覧してしまうと、新聞紙毎の報道傾向の違いを「比較」する条件が揃いません。最初は手探りで検索することもあるでしょうが、研究としてデータベースを利用する際には検索条件を設定する合理的理由を挙げられるようにしましょう。また、検索条件をメモすることも重要です。複数回に分けてデータベースから資料収集する場合、その

検索条件を間違ったまま資料を集めてしまっている場合もあります。ミスは起こるものと考えて、検索条件ではどんな項目を選択し、どのような理由でそれを選んでいるのかをメモしながらデータベースを活用する習慣を身につけましょう。

　次に、雑誌資料を集める方法です。雑誌の索引データベース化を進める『大宅壮一文庫』を活用するのがおすすめです。『大宅壮一文庫』は、東京都世田谷区に立地し、入館料 500 円で資料を 10 冊まで閲覧できます[1]。2023年 6 月時点で雑誌は約 1 万 3500 種類、80 万冊を所蔵しており、主要な雑誌であればほとんど閲覧することができます。新聞データベースと同様に、検索することができるので、ジャンル毎に特定のことばを対象にした資料調査を進められるでしょう。

　最後に、全国テレビ番組や報道などの映像資料を集める方法です。神奈川県横浜市の横浜情報文化センター内の 8 階に『放送ライブラリー』というアーカイブ施設があります。NHK や民放局のテレビ・ラジオ・CM が一般公開されています。研究者ブースも設けられており、予約申し込みをすることで利用することができます。番組の収録や画面の撮影等は禁止されているので、その点は注意しましょう。

　また、NHK の過去の放送や関連する資料、さらにはデータベースなどを総称する『NHK アーカイブス』も映像資料収集と分析をする際に活用できるでしょう。Web サイトでも 3 万本（2025 年 1 月現在）のダイジェスト映像が閲覧でき、番組表を公式記録としてデータベース化した『NHK クロニクル』から番組情報を検索することができます。さらに、『NHK アーカイブス』には、学術利用トライアルという映像資料を学術的に利用する方法を検討するプロジェクトがあります。学術利用トライアルは、研究提案をまとめた内容を申請し採択されることで利用でき、その成果を公開する必要があります。NHK によるこれまでの全放送を閲覧することができるので、活用を検討すると良いでしょう。

　マスメディアに関するディスコースを調査するツールとして、新聞・雑誌・映像のデータベースは基本的なものの 1 つです。問題設定に応じて個別に調査を進め、特定の資料を集める必要も出てくることを頭に入れておきま

しょう。

6.3.2　デジタルメディアに関するディスコースを調査する

　ここでは、デジタルメディア（デジタル化された報道記事、ブログ、SNS
など）に関するディスコースを調査する方法をまとめます。ニューメディア
に関するディスコースを研究したい場合、インターフェースや流行の移り変
わりが激しいことには注意が必要です。移り変わりが起きるプロセスや社会
文化的背景を考慮に入れながら、流行り廃りだけでなく歴史的連続性に着目
することが重要です。この点において、デジタルメディア上のディスコース
を、物理的なフィールドの中で人が出会い生み出している「現実（リアリテ
ィ）」として捉える必要があります。そのような複眼的な視点を持って複雑
な対象を研究することには、ある意味ではマスメディア研究よりも難しい側
面があります。一方、SNS をはじめとしたデジタルメディアを身近に利用
してきた／している経験を持つ若手の研究者にとっては、既存の先行研究に
はない研究を開拓する余地があります。以上を踏まえて、この節では、イン
ターネット検索の技法と、データ収集や分析を行うツールを紹介します。

　最初に紹介するのが、Google の検索システムを用いた技法です。Google
検索では、複数の語句の間に半角か全角でスペースを空け、その語句を含む
情報を表示することができるのはよく知られている通りです。この検索方法
にさまざまな記号を組み合わせることで検索結果を絞り込むことができま
す。下記の表では、記号の追記、画像検索など Google の検索技法を紹介し
ます。

表 1　Google の検索技法

検索設定	検索事例
フレーズ指定	"キーワード"
検索語句を二重引用符で囲うことで、その文字列をひとまとまりの内容として検索結果に反映させることができます。2 つ以上の語彙で、別々に判別されてしまうような語句を検索する際に活用できる設定です。	

除外語句指定	研究計画 −キーワード
検索結果から特定の語句を含むコンテンツを除外する際には、除外したい語句の前に半角マイナス記号を付けます。	
1つから複数合致指定	キーワード **OR** 研究計画
複数の語句を用いたデフォルトの検索結果では、それらを含むすべてのコンテンツが表示されるようになっています。しかし、大文字 OR を間に挟むことで、指定語句の1つ、もしくは複数に合致する検索結果を表示することができます。	
全語句本文含有指定	**allintext:**キーワード 研究計画
指定した語句をすべて含むコンテンツ内容を検索する際には、「allintext:」と検索ワードの前に入力します。	
タイトル含有指定	**intitle:**キーワード
指定した語句を含むタイトルを持つコンテンツを検索する際には、「intitle:」と検索ワードの前に入力します。	
サイト指定	**site:**https://ide-risako.jp "キーワード"
特定のサイトやページに含まれる検索語句を設定するには、その URL の前に「site:」と入力し、二重引用符で囲った語句を設定します。	
別ページリンク指定	**link:**井出里咲子研究室サイト **link:**https://ide-risako.jp/
特定のサイトやページへのリンクを含むコンテンツを検索する際には、「link:」の後にサイトやページへのタイトル、もしくは URL を記入します。	
類義語指定	"キーワード" ~研究テーマ
指定語句に加えて、類義語を含む検索結果を表示したい際には、その含みたい類義語の前に「~」を記入します。	
場所指定	**location:**つくば ラーメン
特定の地域から発信されたコンテンツを探す際には、場所名の前に「location:」と記入します。	

数値範囲指定	流行語 1990...2020 年
検索する語句に関係する数値の範囲を設定する際には、その数値の間に「...」を記入します。この際、単位の前にスペースを空ける必要があります。	
ファイル種類指定	**filetype:**pdf
検索結果に表示するファイルの種類を指定したい場合、そのファイルの拡張子の前に「filetype:」と記入します。	
検索窓のツール設定	「言語」、「期間」、「結果の(完全)一致」
Google 検索結果画面の検索バー下、右端に位置する「ツール」から、検索結果を特定の「言語」、「期間」、「結果の(完全)一致」に設定することができます。	
所持画像の類似指定	Google 画像検索画面からファイルをドラッグ＆ドロップ
Google 画像検索画面に画像ファイルをドラッグ＆ドロップすることで、それと類似した画像を検索できます。	
掲載画像の類似指定	調べたい画像を右クリックして「Googleで画像を検索」
Google 画像検索結果画面に表示されている画像と類似した画像をさらに検索するためには、その画像上で右クリックをし、「Google で画像を検索」を選択することで、類似画像に絞った検索結果画面を表示することができます。	

　更新されるコンテンツ内容を収集するには RSS リーダーが役立ちます。RSS は、サイト URL を記入するだけで、利用するアプリやソフトウェア上に更新情報とコンテンツが更新順にまとめられていきます。そのため、頻繁に更新情報を閲覧するサイトを一括して読み取るのに便利です。主に Feedly と呼ばれるアプリがよく知られており、各種プラットフォームに対応しています。ここでは、詳細な設定方法は紹介しませんが、必要に応じて活用してみてください。

　次に紹介するのが、X (旧 Twitter) の検索技法です。X の検索方法は、基本的には Google で行うものと同様です。前述した「OR」や「-」を用いた記号は、同じように活用できます。詳細検索に用いる独自の方法を下記の表 2 にまとめます。

表 2　X（旧 Twitter）の検索技法

検索設定	検索事例
RP／いいね数指定	min_retweets:数字／min_faves:数字

指定した数字以上のリポスト、もしくはいいねの数値を持つポストに限定した検索結果を表示することができます。

日時指定	since:年-月-日、until:年-月-日

特定の年月日以降のポストを表示する場合は「since」、特定の年月日以前のポストを表示する場合は「until」を使用します。これら 2 つを組み合わせて、「since:2021 年 3 月 31 日　until:2021 年 4 月 1 日」とすることで、指定期間のポストに絞った検索が可能です。

特定ユーザー情報／ユーザー指定／特定ユーザーへのリプライ指定	@ID／from:ID／to:ID

特定ユーザーに関連するポスト（該当アカウントに限らないリプライなど）の情報をまとめて表示する場合は「@」、特定ユーザーが行ったポストのみ表示する場合は「from」、特定ユーザーに対するリプライのみを表示する場合は「to」を使用します。

言語指定	lang:言語

指定した言語のポストのみを表示することができます。なお、言語の文字列はアルファベット 2 字で指定されており、日本語は「ja」、英語は「en」、韓国語は「ko」、中国は「zh」、フランス語は「fr」、スペイン語は「es」、ドイツ語は「de」、イタリア語は「it」となっています。

画像／動画／両方付き／リンク付き指定	filter:images／filter:videos／filter:media／filter:link

メディア付きのポストのみを表示したい場合は、「filter:」という記号と指定したいメディアのアルファベットを入力します。

ハッシュタグ付き指定／除外	filter:hashtags／exclude:hashtags

ハッシュタグ付きのポストのみを表示する場合は「filter:hashtags」、それを除外する場合は「exclude:hashtags」を使用します。

RP 含む指定／除外	include:nativeretweets ／ exclude:nativeretweets
RP を含むポストのみを表示する場合は「include:nativeretweets」、それを除外する場合は「exclude:nativeretweets」を使用します。	
リプライのみ指定	filter:replies
リプライしたポストのみを指定する場合は、「filter:replies」を使用します。	

　この他にも、さまざまな検索方法があります。たとえば、パソコン上から X にアクセスしていれば、検索窓から「高度な設定」を用いることで、記号を用いない検索を行うこともできます。ただし、高度な設定からは検索できない方法もあるので、その場合は上記の記号を使用しましょう。また、X では、アカウント毎に設定可能な「リスト」を活用することで、設定したグループ毎にアカウントをまとめ、そのアカウントのツイートを一覧表記することも可能です。RSS と同様、逐次の確認やグループ毎にまとめた閲覧をする際にリストを活用することができます。

　デジタルメディア上で出くわし、収集することになるデータは膨大です。それを分析的に捉えるうえで、KH Coder と呼ばれる計量テキストウェアや統計フリーソフトの R、さらにプログラミング言語 Python を活用したデジタル情報のスクレイピングなどを活用していくことが有効な場合もあります。研究を進めるうえで、量的分析を施す必要があると判断するのであれば、上記のソフトウェアを活用しましょう [2]。

6.3.3　代表的な出来事や特徴を取り上げる

　最後に、メディアディスコースを研究する場合には「代表的な出来事や特徴を取り上げる」ことがポイントです。メディアディスコースを対象にすることを考えたとき、はじめて研究に取り組む人にとっては溢れるばかりの情報の渦に戸惑うこともあるでしょう。資料を漁っていると、自分が当初の段階で抱いてきた問題意識や問題設定とはまったく異なる現象と出会うはずです。メディアディスコースは玉石混交、かつさまざまな姿を見せるため、ある意味ではフィールドワーク研究と近い「意外性」があると言えるかもしれ

ません。そのような意外性に出くわしても動じずに淡々と資料収集と分析を続けていくためには、「代表的な出来事や特徴を取り上げる」ことが役立ちます。なにがどのような側面で「代表的」だと言えるのかは、さまざまな事例に関する知識を持つことにより、それを元に比較の視点から論述できます。そのための知識を得て、分析的な視点を磨くことで、特定の事象を「代表的」と捉え、関連資料の収集と分析に集中することができます。

　「代表的な出来事や特徴を取り上げる」ことのさらなる利点は、複雑で玉石混交に見えるメディアディスコースの中でも、既存の先行研究が議論してきた「問い」に結び付けてデータを分析することができる点です。広範な社会文化研究でも、議論の対象となってきた問いや課題はある程度、限られています。たとえば、「主体（自己／他者、アイデンティティ）」や「集団（コミュニティ、アソシエーション、ナショナリズム）」をめぐる議論がその典型です。さまざまな分野で多様な先行研究がありますが、集約的に共有される「問い」に迫るため、「代表的な出来事や特徴を取り上げる」ことは有効な技法の一つと言えるでしょう。そのため、資料の収集や断片的な分析を行いながら、最終的にそのような着眼点を見出だすことができれば、研究を深める糸口を掴んだと言えます。その意味では、そのような着眼点を「どこ」に見出すかに、皆さんの観察眼が問われていると言えるのかもしれません。

6.4　研究事例―日本社会における自己責任ディスコース

　最後に、筆者が行ってきた「日本社会における自己責任ディスコース」の研究事例の一端を紹介します。このテーマで研究を開始したのは私が学部3年生の時でした。その当時は 2015 年 1 月に起きた「IS（Islamic State: 通称、イスラム国）日本人人質事件」において、人質に対する「自己責任論」が印象に残り、研究テーマに選びました。

6.4.1　初期に選んだ研究手法としての CDS と問題意識

　学部 3 年時の 4 月にゼミに入り、「自己責任」ということばについて研究するうえでの研究手法を考えていた際、参考にしたものがあります。学部の

国際関係論分野で「国際貢献」や自衛隊に関する言説分析をする先輩 A と、所属していた「ことばと文化ゼミ」で「ゆとり」という用語について批判的談話分析を行った先輩 B の研究です[3]。2 人の研究を参考にしながら、ジャーナリスト的な視点を持ちつつ精緻なアカデミックな分析を行うことができないかと考え、CDS を主な研究手法として学び始めました。最初は知識が不確かだったこともあり、CDS に関する文献や参考となる情報をすぐには見つけることができませんでした。また、「自己責任」を研究テーマにすることを指導教員や先輩 A に相談したとき、「『自己責任』と対照的な『連帯責任』も視野に入れて考えてみるといい」というアドバイスをもらいました。そこで、「言説」に関する議論を並行して勉強すること、「連帯責任」との関係を視野に入れて歴史的な調査・分析を進めること、さらに新自由主義や公共性に関する議論を追うことを考え始めました。

　このように関連する論点を整理しながら、次の着目点を軸に研究を進めました。日本語の「責任」は英語では "responsibility"（応答性）と訳されますが、このことからも、コミュニケーションには基本的には「他者」が関わります。しかし、「自己責任」が責任を負う主体を自己としての個人に限定している点が筆者には矛盾を孕むように思えました。そのような問題意識を出発点として掲げ、CDS を用いて研究を進めることにしました。ここまでが、6 月から 7 月くらいに至るまでの大まかな流れです。

6.4.2　全国新聞紙の調査と分析対象としての象徴的な出来事の選択

　次に研究テーマを「日本社会における自己責任論の批判的分析」とし、新聞データベースで「自己責任」や「連帯責任」の語彙を検索しながら資料調査を始めました。同時にインターネット検索も行いました。順調に進んだ側面もある一方で、あまりにも多様に語られる「自己責任」をどのように分析し、論文としてまとめるかということに悩む日々が続きました。夜遅くにパソコン室にこもりながら、云々とうなだれていたことを覚えています。

　8 月いっぱいまで悩んでいたのですが、9 月には IS 日本人人質事件にて自己責任論を展開する「ブログ記事」を扱えないかと考え、それを主な分析対象に決めました。デヴィ・スカルノ夫人（以下、デヴィ夫人）による「大それ

たことをした 湯川さんと 後藤記者」と題されたブログ記事とそのコメント が分析の対象です。これを分析対象としたのは、この記事がFacebook 上で 2万件以上拡散され、BBC ニュースでもその内容が取り上げられたことや、 記事とコメントには特徴的なディスコースが見出せた（例：いっそ自決して ほしい）ためです。この記事とコメントを対象にして、自己責任が「どのよ うに」語られるのかを CDS の手法を用いて分析することにしました。

6.4.3　調査資料の整理と分析の流れ

　ここからは、それまでに収集した新聞記事はほとんど資料として扱わず、 「自己責任」の語彙の変遷だけを論文に記述することにしました。当時の時 間的制約や自分の技量を鑑みると、議論が拡散すると判断したためです。新 聞資料の調査からは、「自己責任」が新聞紙上で 1990 年代から多用される ことばで 2004 年のイラク日本人人質事件と 2015 年の IS 日本人人質事件で 際立って使用されたことのみを記述しました。

　その他の SNS やブログへの言及は扱わず、IS 日本人人質事件で自己責任 論を展開したブログ記事と、全部で 860 件あるコメントの分析のみに集中 しました。それら資料を整理する際に役立ったのが、クラウドノートサービ スである「Evernote」です。Evernote で論文のための専用のノートブックを 作成し、Web クリッパーを活用して関連記事を集約しました。ブログ記事 とそのコメントを集中して読み進めると、そこで主に用いられることばだっ たのが自己責任、自業自得、無責任、責任の4つでした。コメント 860 件 に見られるこれらのことばをグループに分け、Evernote のノートにまとめ ました。さらに、すべての資料を印刷し、気づいたことがあればメモを書き 記していきました。当時は、KH Coder などの計量テキスト分析の手法を知 らなかったため、目視でコメントを一つ一つ確認し、語彙の使用数を数えま した。インターネット上の資料のため、印刷は必要ないと思うかもしれませ んが、質的に丁寧な分析をするためには、印刷をすることで「読み込む」体 制が整った感覚を覚えています。

6.4.4　論文の執筆

　10 月から 11 月までは、ひたすら資料を読み、メモ書きをしました。分析を続けながら、2、3 度ほどはオンライン通話で指導教員に相談をしました。相談を経て、ブログ記事そのものの談話分析と、コメントの傾向を分析することに決め、特徴的なコメントを選び、そこに関わる論理を分析しました。最終的には、「自己責任」という語彙が抽象的な概念だからこそ起こる意味変容のプロセスを分析しました。本格的に論文を書き始めたのは 11 月下旬くらいからで、書き終わったのが提出一週間前の 1 月中旬くらいだったと思います。文量はおよそ 2 万字で、実質的な執筆期間は 1 ヶ月半ほどでした。

6.4.5　その後の展開

　前述のように、CDS は基本的に「社会的不平等や差別」を批判的に分析し、その改善に向けた行動を積極的に行います。そのような志向性を、今も私は部分的に引き継いでいます。しかしその一方で、はじめて取り組んだ論文執筆を介して、人の生死にも関わる根幹的な「責任」をめぐる多様な議論を捉えるためには、より広い視野から分析的に捉える必要性があると考えるようになりました。また、「自己責任」に関するディスコースはあまりにも射程範囲が広く、卒業までの残り 1 年間で取り組むことが難しいと考えるようになりました。そこで、4 年生で取り組む卒業論文では、引き続き CDS を学びつつ、2015 年に起きたもう 1 つのメディアを介した論争である「文系学部廃止論争」の分析に取り組みました。

　その間にもさまざまな経験や学びがあり、大学院に入学してからは「自己責任」か「文系軽視」のどちらをメインの研究テーマにするか悩みましたが、「自己責任」の分析に立ち返ることにしました。さらに、言説分析や人類学・社会学・哲学の勉強を進めた結果、自分の問題意識に対して言語人類学的な観点からアプローチすることが良いと思い至るようになったのが大学院の修士時代です。

6.5 おわりに―語られていることから「語られていないこと」を読み解く

　メディアディスコースの研究をするうえで、個人的に重視してきたのが「語られていることから『語られていないこと』を読み解く」ことです。ここで言う「語られていること」は、表面的なことばがメディア上に際立って露出したものです。一方、「語られていないこと」とは語られていることを稼働させるメカニズムや歴史的・社会的に背景化された「何か」です。特に、インターネット上で取り上げられる「マニアックな内容」のメディアディスコースに関しては、調査を始めたばかりの研究者よりも、それに関心を持っている人々の方が背景をよく知っている場合が往々にしてあります。しかし、その影響力やメカニズムといった「ことばの力」は、丹念な調査と比較分析を経なければ、いったいなぜ・どのようにそれがはたらいているかはわからないものです。誰しもが知っているように見えるはずなのに見えていなかったものを見出すことが「語られていることから『語られていないこと』を読み解く」ことです。このような姿勢は、フィールドワーク調査と同様に、「厚い資料」の読解から「厚みのある記述」を目指すことでもあり、メディアディスコースが作る「現実（リアリティ）」を紐解く技法でもあります。

　この本の中でくり返し述べてきたように、研究をするうえでは問題意識を言語化することが重要です。しかし、それと同時に研究を進める過程の中で「問題意識」から適度に離れ、冷静に分析する姿勢を持つことも同じくらい大事です。気になるディスコースが「モノ」に思えるくらい、何度も読み返してみてください。ディスコースを読み解く技法を駆使しながら論文を書き進めることで、単に大学を卒業するためだけではなく、日常社会を批判的に捉える視点が磨かれるはずです。

　どんなにささいなことでも、これまで自分や他者が思いつかなかったことを見出した瞬間は、社会的・学術的な問題意識に縛られない「面白み」が芽生える瞬間でもあるでしょう。先人から学ぶことは研究において重要なことですが、自身の分析を通して知識を新たに更新していくことこそが研究の醍醐味です。そのような気づきと面白みを見出す小さな積み重ねが、日常社会

との関わり方や自他の変化に繋がります。この章が新たな問題意識や研究成果が生まれる一助になれば、嬉しく思います。

≪ブックガイド≫

■　『メディアとことば』(シリーズ)ひつじ書房

　　ことばからメディアを介した社会文化現象を研究する論集です。2023 年現在、5 冊刊行されています。各号に特集が組まれ、「マスメディア」、「オーディエンス」、「社会構築」、「メソドロジー(方法)」、「政治」がテーマとなっています。メディア研究のバラエティの豊かさを一瞥できるシリーズです。具体的な研究事例を知るのに最適です。

■　石上文正・高木佐知子編 (2016)『ディスコース分析の実践―メディアが作る「現実」を明らかにする』くろしお出版

　　批判的談話研究を用いた論集です。代表的な研究アプローチを提示したノーマン・フェアクラフ『ディスコースを分析する―社会研究のためのテクスト分析』(2012 年[2003 年]、くろしお出版)を理論書とすれば、こちらは実践編となる書籍です。

■　小山亘 (2012)『コミュニケーション論のまなざし』三元社

　　言語学の基礎からコミュニケーション論への接続を学部 1、2 年生向けにまとめた言語人類学の入門書です。メタ的なものの見方を解説するもので、特に現代社会で主流の「個」を基調とした契約観に引き継がれるコミュニケーションの「情報モデル」が論じられています。批判的談話研究をはじめとした社会言語学と言語人類学との相違が垣間見える一冊でもあります。少し難しいですが、同じく小山亘編著『言語人類学から見た英語教育』(2009 年、ひつじ書房)、また片岡邦好編著『ポエティクスの新展開―プルリモーダルな実践の詩的解釈に向けて』(2022 年、ひつじ書房)と併せて読むのがおすすめです。

■　木村忠正 (2018)『ハイブリッド・エスノグラフィー―NC 研究の質的方法と実践』新曜社

　　文化人類学的なフィールドワークを基調とした研究に理解がありながらも、ネット上のコミュニケーションを統計的にも分析する方法(ハイブリッド・エスノグラフィー)を示した書籍です。文化人類学とメディアコミュニケーション研究を接続し、これまでの先行研究が俯瞰的にまとめられています。

注

1　追加は10冊ごとに150円で、1日最大150冊以内まで閲覧可です（2025年1月現在）。
2　この章では、筆者が質的研究を中心に行っているための能力的な限界上、割愛します。また、メディア媒体や環境は変化するごとに、引用に関わる著作権に対する適切な対応も変わります。その点に注意して、慎重に調査と記述を進めましょう。
3　後者についてはコラム②を参考にしてください。

参考文献

早川公・井出里咲子（2009）「2ちゃんねるのことばとコミュニティ感覚—カキコミの作法が創る一体感をめぐって」『メディアとことば 第4巻　現在を読み解くメソドロジー』pp.192–219. ひつじ書房

牧野智和（2012）『自己啓発の時代—「自己」の文化社会学的研究』勁草書房

三宅和子（2004）「スポーツ実況放送のフレーム—放送に向けられた視聴者の不快感を手がかりに」『メディアとことば　第1巻—「マス」メディアのディスコース』pp.94–127. ひつじ書房

村松賢一（1999）「アナウンサーと解説者はどのようなリズムで話したか」『実況放送におけるフレームと視聴者の快・不快感との関係を探る社会言語学的研究—オリンピックのマラソン放送の談話分析を通して』（研究成果報告書、研究代表者：三宅和子）pp.44–67.

名嶋義直（2018）「萌えキャラのポリティクス3—そのジェンダー性」『批判的談話研究をはじめる』pp.189–219. ひつじ書房

仁平典宏（2011）『「ボランティア」の誕生と終焉—〈贈与のパラドックス〉の知識社会学』名古屋大学出版会

野村康（2017）『社会科学の考え方—認識論、リサーチデザイン、手法』名古屋大学出版会

多々良直弘（2017）「メディア報道における批判のディスコース—スポーツ実況中継において日英語話者はどのように批判を展開するのか」『社会言語科学』20(1): 71–83.

第7章

ゼミ的な場所のイミとその活用

井出里咲子

　この章では、ゼミ的な場所で育ててきた問いをもとに、研究を進め、論文を執筆する段階に入ってきた皆さんに役に立つ情報をまとめています。論文を書くにあたり、この章に目を通して、使えるものをすべて使っていただきたいと思います。

　第2章でも述べられているように、論文を書くという行為は孤独な作業ですが、同時に「花壇仲間」のいる「ゼミ的な場所」を行き来しながら行う協働的な作業でもあります。ゼミ的な場所は、自分で調べ分析した内容を共有し、率直な意見をもらい、批判的に問答する――つまりは切磋琢磨する場です。安心して自分の考えを述べることができ、また時には厳しく意見をしてもらえる場所は研究を前に進めるうえで非常に大切です。大学3年生、4年生ともなれば、留学に就職活動など、授業に出て単位を取っていた頃とは異なる忙しさを経験するでしょう。そんな時期だからこそ、日々の生活の中にゼミ的な時間と場所を定期的に入れ込み、研究と向き合うことで着実に論文執筆へと向かっていけます。自分の学生生活が「ゼミ的な場所」になるように研究計画をたてることで、「卒論をやらなくちゃ」「あと○日しかない」と慌てることなく、ゴールに辿り着けるはずです。

　第2章の4節では、ディスコース研究における問いのタネをいかに探し育てるかにおいて、「活用のゼミ」「関係のゼミ」の大切さを述べています。この章では筆者が運営する「ことばと文化ゼミ」を事例として、この「活用のゼミ」を中心に、具体的にゼミ的な場所を活用しながら考え、書くための方法を述べていきます。7.1節では「ゼミを最大限活用する」として、指導教

員、データセッション、グループワークを利用し、ゼミ的な場所に参加する方法を説明します。7.2 節では具体的な論文執筆の決まり事を「執筆のお作法」と呼び、引用の方法、剽窃を避ける方法、また原稿を推敲して考え続けることの大切さについて述べます。「「書く」を乗り切る」と題した 7.3 節では、論文を書く孤独な作業の辛さや悩みを軽減するために、仲間と一緒に書くこと、人に原稿を読んでもらうこと、学内施設やサービスを利用することについて述べます。7.4 節では、「応答・還元としての研究」と題して、ディスコース研究の社会還元について考えます。また口頭発表や学会発表、フィールドへの還元について論じ、さらに過去の学生さんの卒論執筆体験から、論文を書くことのもつ個人的、そして社会的イミと責任について論じます。

7.1 ゼミを最大限活用する

7.1.1 指導教員を利用する

ここではゼミの時間以外に、指導教員からの指導を受けるコツについて述べたいと思います。多くの教員は論文指導の場としての**オフィスアワー**を開設しています。そうでない場合でも、論文のテーマや方法論について悩みが出てきたら、指導教員と面談をすることをお勧めします。オフィスアワーで教員と面談するメリットを 2 点挙げます。

まず、研究室を訪問することで、指導教員にあなたの顔と研究内容について覚えてもらえます。教員は複数名、場合によっては 10 名から 20 名以上の指導学生を抱えています。多忙な生活の中で一人一人の学生の研究内容について詳しく覚えている教員は少ないでしょう。研究室を訪れ、自分の研究について相談することで、教員の記憶に残り「この研究者のやっていることはあの学生さんの参考になるな」「この論文は次回のゼミで紹介しよう」というように、教員の頭の引き出しに皆さんそれぞれのテーマが紐づけられるわけです。もし教員の「指導学生記憶リスト」の下の方にいるなと感じたら、研究室を訪問することでリストの上位に食い込みましょう。

次に、参考文献や資料を紹介してもらえることです。教員研究室の本棚や

教員のパソコンには、専門分野の文献が、時として図書館の配架以上に揃っています。相談に来た学生さんの話を聞き、質問をしながら、多くの教員はその学生の研究に役立つ文献がないかを頭の中で考えています。指導教員がおもむろに立ち上がり、本棚から数冊を引き抜き「これは読んでおくといいよ」「この本のこの章とこの章を読んで、次回報告してください」などと言いだせばしめたものです。本や資料のジャングルである図書館やネット検索よりも確実に、そして早く行きつくべき先行研究に辿り着ける可能性が高いです。

　研究室訪問に勇気が必要な時は、花壇仲間と数名で面談する許可をもらってもいいでしょう。また教員が話す内容を覚え切れないと思ったら、許可をもらってスマホなどで会話を録音させてもらいましょう。個人面談は、全体で行うゼミとは異なり、普段のゼミではなかなか聞けないことや、就活などの私的な悩みについても相談するチャンスです。面談できるほど研究が進んでいないと悩んでいたら、その悩みそのものを携えて研究室のドアを叩いてみましょう。

7.1.2　グループワークをする

　文化人類学者の松村圭一郎は『これからの大学』にて、問い続けることを可能にするのは「差異」（誰一人同じ人間ではないこと）であり、ゼミという場はその差異の中で対話を続けることだと述べています。それゆえゼミは「大学で学ぶべき「知恵」を体得する、もっとも重要な現場」です（松村2019: 52–53）。自分とは異なる知識、経験をもちながら、ことばと社会文化という大きな関心事項を共有する花壇仲間との「対話」は、ゼミの時間の中で何よりも大切なものです。

　「ことばと文化ゼミ」では、大学が夏休みに入る前の 7 月頃から、論文執筆が本格的になる 11 月頃まで、ゼミの時間に小さなグループに分かれてのグループワークで、ディスカッションを重ねます。ここでは学生が 4 名ほどのグループに分かれ、そのうちの 1 人が発表者となります。発表者の発表時間は、短く 10 分程度で済ませ、その後のディスカッション 15 分を加えた25 分程度を 1 セッションとします。ディスカッションが盛り上がっていた

ら、様子を見て 5 分ほど延長します。グループのメンバーはできるだけ学年を混ぜ、時には大学院生にも入ってもらいます[1]。発表者はその時点での研究の進捗状況を発表しますが[2]、一番肝心なのは参加者から質問やコメントを受けて、ディスカッションを行うことです。1 セッションが終わったら、グループのメンバーを変えて、同じ発表者が別のメンバーと 2 セッション目を行います。その際、直前のセッションで得られた質問、知見やそこから浮かび上がってきた問題点も入れ込み、発表内容を調整していきます。2 ラウンド目が終わったら、各グループや発表者が全体に対し 1 分程度で振り返りを含めたブリーフィングをし、得られた気付きや次にやるべきことを全体に共有します。

　少人数でのグループワークの良さとして、ゼミ全体での討議では言いにくい些細な気付きも発言しやすいことがあります。また、まとまっていない考え（half-baked idea ／生焼けのアイデア）も、小さなグループだとプレッシャーが低い分、発言しやすいと学生たちは言います。少人数だからこそ、形成途中の思考の断片が（ちゃんと焼けたケーキの）材料となり、その思考の断片が、誰かの思考を刺激して、そこから創発的にアイデアが浮かび、議論が熟成するきっかけになります。またほかの学生の発表から、スライドの作り方や質問の仕方といった話し方の良いところを学び、自分の方法に取り入れることもできます。定期的にミニグループワークを実施することで、自分の研究の進捗について（良い意味で）焦ることも大切でしょう。なお「ことばと文化ゼミ」では学期末や中間発表の直前に、一人一人が全員の前で発表と質疑応答をする、よりフォーマルな発表を実施しています。

　ディスカッションは、オンラインでのゼミでもうまく稼働します。Zoomでの場合、発表者が画面共有をして発表をしたら、即座にブレイクアウトルームで全体を 4 人程度に振り分けます。ブレイクアウト先では 5、6 分で今の発表についてディスカッションをします。時間になりメインルームに戻ったら、各グループが 1、2 分で討議内容のブリーフィングをします。こうすることで全員がディスカッションに参与し、発言の機会が増えます[3]。グループワークへの貢献方法はさまざまです。発表内容の不明瞭だった箇所についてさらに質問することや、自分の言葉で言い換えて確認することも可能で

す。対話を進める練習を重ねるだけでなく、ほかの人の研究テーマをその場で引き受けることで、自分の関心とは異なるディスコース分析のテーマについてアンテナを張り、理解を深めることができます。

7.1.3 データセッションを行う

データ分析の段階では**データセッション**が活用できます。データセッションとは、会話分析 (通称 CA)[4] で知られるエスノメソドロジー研究でのトレーニング方法で、簡単に言えば、自分がフィールドで得た音声や録画データ、文字や画像のデータ等を、複数の人と共に観たり聞いたりして互いに意見を述べながら解釈する方法です。書き起こした文字化資料のほかに、新聞記事を特定の用語を中心に抜き出した資料、SNS 上の絵文字 (emoticon) やKH Coder を使ったテキストマイニングの結果でもいいでしょう[5]。

自分の集めたデータについてデータセッションをしてもらうにあたり、「データ分析しなくては！」と慌てる必要はありません。生の素材としてのことばを一次資料としてもっていき、まずはそのまま見てもらいます。ただし皆に見てもらいやすいようにデータをまとめることは必要です。たとえば会話などの音声データは、文字化した資料を共有ファイルで配布しつつ、音声を聞いてもらいます。自分では気がつかない聞き間違いや、文字化の改善方法を指摘してもらえるかもしれません。また人にデータを見てもらうことにより、一次データへの理解が深まり、新しいデータの見方が発見できます。

たとえば「女子力」ということばが SNS 上でどのような意味をもって発信されてきたかをテーマにしていたある学生は、特定期間中に「# 女子力」とタグ付けされた Twitter (現在の X) の内容を類型化しようとしていました。スクショした画像を集めた資料をデータセッションで皆と見ながら討議をするうちに、女子力という用語が使われる際には似通った文末表現が出てくるこを仲間が指摘しました。またデータセッションを通して、「女子力」という用語の利用に付随する画像イメージを分析に入れ込むという新しい視点を得ています。

7.2 執筆の作法

　社会学者の小熊英二は『基礎からわかる論文の書き方』の中でこう述べています。「論文を書くことは、「人間の不完全さに気づくこと」である。そして「人間は不完全だからこそ進歩するし、努力する」と。また一人の人間がやれることには限界があるからこそ、「書いて、公表し、他人と対話する」のだと（小熊 2022: 446）。このことは書き手が高校生であろうと大学教授であろうと同じです。

　高校生と大学教授では知識も経験も違いすぎると思うかもしれませんが、論文は決まりごとに則って書かれることにより、書き手の年齢や出自といった文脈と関係なく、研究するものとして「同じ土俵」に立つことを可能にします。「同じ土俵」に立つうえで、論文執筆上の作法を守ることが必要です。ここであえて論文執筆の決まり事を「作法」と呼ぶには理由があります。たとえば茶道の作法には茶室の入り方、歩き方、挨拶の仕方から、お菓子の取り方まで事細かい決まり事があります。茶道の作法は一発で頭に記憶してその通り動けるものではありません。反復的に練習し、間違いを直してもらうことで心身に馴染んでいくものです。ここに書かれた作法も同じで、くり返し実践することで身につく内容です。

7.2.1 引用する

　論文を書くうえで最も大切な作法のひとつに、正しく**引用する**という行為があります。日本語学、日本語教育学者の石黒圭は、引用を次のように定義します。「引用とは、執筆の際に参考にした先人の知恵を紹介することで、自分の考えを補強し、説得力を高める方法です。引用では、誰がどこで何といったのかを正確に示し、先人の知恵に敬意を表することが大切です」（石黒 2021: 74）。

　筆者はこのわかりやすい説明が、本書の読者にぴったりではないかと考え、『文系研究者になる』という石黒先生の書籍から、この定義を一字一句違わずお借りしてきました。その「　」で囲まれたことばが**直接引用**の箇所で、引用元となった石黒圭による 2021 年出版の書籍の 74 ページから、句

読点の箇所一つ変えることなくそのことばを「直接」抜き出しています。この場合、引用部分にある「誰が」が「石黒」を指し、「どこで」が「2021 年出版の書籍の 74 ページ」に当たり、「何と言ったのか」が三行に渡りぬき出された石黒（2021）のことばに当たります。直接引用は「　」に入れて引用することにより、先人のことばと自分のことばとが明確に区別されます。三行以上に渡る長めの直接引用については、「　」を使わず、論文の本文との間に、前後を一行ずつ空けて、下記のように書くこともあります。

> 引用とは、執筆の際に参考にした先人の知恵を紹介することで、自分の考えを補強し、説得力を高める方法です。引用では、誰がどこで何といったのかを正確に示し、先人の知恵に敬意を表することが大切です。
>
> （再掲　石黒 2021: 74）

　こうした直接引用に対し**間接引用**では、書き手の書いたことばや考えについて、読み手が理解しやすいようにことばを書き替えて、自分の文章と融合させます。ここで大切なことは、今書いている自分自身のことばが「主」であり、引用する内容はあくまでもそれを補強・補足する「従」に当たるということです。たとえば筆者はこの文章そのものを、石黒（2021）を手元に置き、その内容を参考に執筆をしています。そこに間接引用したい情報があれば、必ずその文言を言い換えるパラフレーズを行い、語彙や表現を変えたりまとめたりして、自分のことばに言い換え引用します。

　直接引用にせよ、間接引用にせよ、引用した部分が掲載されている書き物は、必ずその出典を示します。出典は、注釈や巻末の参考文献リストに記載されます。参考文献というのは、リンクを貼る作業と考えて、読み手が引用先を正確に特定できるように心がける必要があります（石黒 2021: 75）。←この段落で用いた「　」のない引用が間接引用です。

　同じディスコース分析を行う場合でも、出典の書き方は国語学系、心理学系、日本語教育系、社会言語学系などにより作法が異なります。詳しい出典の書き方については、ゼミの指導教員から指導を受けてください。しかしどの作法でも引用した論文の参考文献には、著者氏名、発行年、論文名、収録

雑誌名、刊行号、収録ページを記載します。インターネットの出典に関しては URL と最終閲覧日を入れます。

　先行研究から引用する際には原本から引用するように心がけましょう。ある著者がその論文の中で、ほかの文献を引用した箇所をそのまま引用することを「孫引き」と呼びます。孫引きは学問の世界では避けるべき方法です。たとえば上記の石黒（2021）からの直接引用を自分の研究で使ってみたければ、必ず自分自身で原本に当たるべきだということです。引用は、伝言ゲームのように、次々と引用される途中で間違いが生じる可能性があります。引用したいと思う個所は（本が絶版等で手に入らない場合でない限り）、研究の段階で該当ページを含めて記録し、正確に引用するようにします。

　余談ですが、ゼミの口頭発表の際、先行研究や参考文献を指して「石黒さんによれば」などと書籍や論文の著者名に敬称を付ける人がいます。相手に敬意を示すことは大切なことですが、ここでの対象は人ではなく特定の書籍や論文です。研究者がその著作を出版物とした際の考え方であり、著者の考えや議論は著作ごとに変わっていくことあります。こうしたことから、口頭発表では「石黒 2021 によれば」と呼びたいものです。

7.2.2　剽窃を避ける

　「剽窃」という用語は、大学生であれば入学時のオリエンテーションや授業のどこかで耳にしているはずです。**剽窃**とは、簡単に言えば、「ほかの人が書いたことばやアイデアを、断りなしにいかにも自分のことばの如く論文に書く行為」を指します。論文執筆や口頭発表において、断りなしにほかの研究で使われた資料やことばを自分のもののように扱うことは犯罪行為とみなされ、それはたとえ学部の論文であっても厳しく処罰され、論文が受理されることはないでしょう。

　ではどうしたら剽窃をしないで論文が書けるのでしょうか。方法は 2 つあります。第一に、出典を示すことです。資料や誰かの書いた文章としての先行文献を、断りなくコピペするのではなく、その出処を忘れずに記すことです。第二に、正しく「引用する」ことです。前述のように正しく引用すれば、自分の考えと、他者の考えとしての文章が書き分けられ、誰かの考えや文を

「盗んだ」ことにはならないはずです。さらに第 2 章で書かれているように問いのタネを探し、先行研究を読み深め、指導教員や花壇仲間と問答をくり返し、丁寧に自分の問いのタネを育てていけば、自ずと自分のやるべきことは見えてきます。そうして自分自身のことばをしっかりと育てていけば良いのです。一方、計画通りに論文が進まず、時間切れになってくると、気持ちの焦りから、他人の論文やネット上に落ちている誰かの論考もどきを拾い集めて、論文らしく見せたくなる衝動に駆られることもあります。しかしゼミ的な場所で指導を受けながら計画的に論文を進めれば、意図的に剽窃行為に及ぶことはないでしょう。

　通常教員は剽窃チェックツール[6]をパソコンに入れていて、怪しいと思われる論文やレポートはツールにかけてチェックしています。適切な書き方をしているか不安に思う場合は、教員に剽窃していないかをチェックしてもらってもいいですね。

7.2.3　文章を推敲する

　ここでは良い卒論を書くための必須条件として、「良い文章」を書くコツをお伝えします。ここでいう良い文章とは、**「読み手に伝わる文章」** を指します。逆に言えば、どんなに素晴らしい考えも、また自分はわかっているつもりの文章も、読み手にわかるように書かれていなければ意味をなしません。そのため、論文を書く際には「何を書くか」以上に、「どう書くか」が重要で、作法としてそこに多くの労力を当てます。それが**推敲**、つまり、文章を良くするために何度も考え、苦労して書き直す作業です。

　わかりやすい文章は、議論の道筋としての論旨が明確で、すっと読み手に伝わります。逆にわかりにくい文章は、何度読んでも意味がよくつかめず、読み手にとってストレスになります。自分の書いた文章がわかりにくいと指摘されたら、次のことを確認してください。

①一文が長くないか：わかりにくい文章は、書き手自身が内容を完全に消化できていない時によく生じます。思い切って二文に分けて、組み立て直します。その際、主語が何になり、述語とどのような関係にあるかを明確に

します。また不必要な修飾語(「基本的に」「〜のような」等)を削ぎ落し、文末も必要に応じて言い切る(断定)ようにします。

② 主部(何が)と述部(どうした)が対応しているか：①と関連しますが、一文が長くなると、途中で主部と述部が噛み合わなくなるケースが生じます。「趣味は、山に登ります」という文は、(主部)「趣味」が(述部)「登る」と繋がらない「ねじれ文」です[7]。この場合、「私の趣味は、山に登ることです」とすることで、主述がつながります。上記は簡単な例ですが、文の構造が複雑なほど、ねじれ文になりやすくなります。日本語は主語をよく省略しますが、論文では主語を意識した書き方をします。

③ 論理展開がスムーズか：論文は「章＞節＞パラグラフ(段落)＞センテンス(文)」によって構成されていますが、それぞれの論理的つながりが明確か確認をします。その際重要なのは、ブロックとしてのパラグラフごとに、主張内容(トピックセンテンス)が明確であるということです。執筆の途中で、何を言いたいのかわからなくなってしまうことがあります。その時には、パラグラフごとのトピックセンテンスを短い一文にして書き出してみましょう。トピックセンテンスが長くなり、二つ以上ある際には、論理展開に無理がないか、二つのパラグラフに分けて整理できないかを考えます。

このほかにも、体言止めや口語表現を使うケースがありますが、これらはエッセイ調になってしまうので論文らしくありません。また同じ表現が続く箇所は、表現を変えて、単調な文章にならないように工夫します。

7.3 「書く」を乗り切る

指導教員に面談をしてもらい、データセッションで議論をし、アドバイスやヒントをもらうことができたとしても、最終的に論文を書くのは自分自身です。通常、卒業論文や探究レポートは共同執筆という形をとりません。一人で書くという孤独で根気のいる作業に対峙する必要があります。「ことばと文化ゼミ」では、構想や章構成が固まってきた夏休み以降、「書きやすい

ところ」から論文を書き進めることを推奨しています。人によっては先行研究をまとめた章や方法論の章となります。しかし書きやすい箇所はあっという間に書き終わってしまいます。論文の全体像が見通せていない段階では、どうしても筆がのらない(キーボードのカタカタが進まない)こともあるでしょう。筆が止まったまま、少しずつ迫りくる提出期限が心配になる前に、以下の方法を試してみてください。

7.3.1　一緒に書く

　コロナ禍でオンライン化が進んだことで、リモートワークが増える中、巷では「もくもく会」なるものが流行りました。これはオンラインまたは対面で一緒に作業をする勉強会のことです。文字通り黙々と、各々がそれぞれの作業をすることで、一人ではやる気にならない作業を一歩でも進めるのが「もくもく会」の目的です。名前は違ってもコロナ禍の世界中の大学や職場で、人々が誘い合ってもくもく会を実施していたと思います。たとえば卒論を一緒に書くためのもくもく会をする場合、Zoom リンクを誰かが作り、午後2時から5時までと時間を決めて、参加者各自がカメラオン(マイクオフ)で作業します。開始時にはそれぞれがその3時間で何を達成したいのかを宣言し、折り返し地点の3時半頃には進捗状況を報告します。終了時間の5時になったら宣言した作業がどこまで進んだかを報告し合うのですが、そこから作業中に生じた疑問についての尋ね合いや相談会が始まることもあります。ディスカッションや息抜きのおしゃべりも楽しめる機会にもなります。一人で自室や図書館に籠り、夜中に作業をするのが性に合う人もいるでしょうから、誰にでもお勧めはしません。しかし同じ時間に仲間の存在を感じながら書くことで、書くことへの心理的ハードルを下げ、また互いに支え合うのも「書く」を乗り切る方法のひとつです。

7.3.2　原稿を読んでもらう

　論文執筆において、「書く」という作業と同じくらい大事なプロセスとして、自分の書いたものを読み直し、人に読んでもらう作業があります。「ことばと文化ゼミ」では、卒論提出日の一か月ほど前に初稿の提出期限を設け

ていますが、その初稿を教員が受け取る前に、まずはゼミ生同士で読み合います。1人ではなく、2人くらいの人に読んでもらうと効果的です。自分が迷いながら書いた原稿を人に読んでもらうことには怖さもありますが、幾つかのメリットがあります。

　まず誤字脱字、変換ミス、フォーマットの不備等に気がついてくれる人が必ずいます。また意味が伝わる書き方になっているかどうかを読み手に判断してもらえます。「この文章どういう意味？」「このあたり言いたいことがよくわからない」と言われたら、それは書き手の書き方の問題です。文章が長すぎて、読み手が書き手の言わんとする意味を追いきれないのかもしれません。文章の始まりと終わりの部分が論理的にねじれを起こしているのかもしれません。段落と段落の間がブツ切れで、前後のつながりのことば（談話標識ともいいます）が足りないのかもしれません。人に読んでもらうことで、「字数を稼ぐ」ことから、「人に伝わる書き方」へと意識をシフトするのです。

　伝わる文章が書けるということは、つまり自分が伝えたいことが明確であるということでもあります。逆に伝わらない書き方になっている箇所は、なんとなく頭の中に言いたいことはあっても、まだそれが十分に整理され、明確に言語化されていないということです。よくわからないと指摘された箇所を誰かに説明し、くり返し書き直す過程で、だんだんと自分の主張が明らかになります。書くことを通して、もやもやした何かが明晰な主張に深化していきます。また自分も他の人の論文を読ませてもらうことにより、単調になっていた表現のバリエーションに気がつくなど、書き方のヒントをもらえます。読んでもらう人は同じゼミ生でなくても大丈夫です。他のゼミの人に読んでもらうからこそ、わかりにくい点が明らかになることもあります。家族の誰かに原稿の一部を読んでもらったという人もいます。論文の向こう側には必ず読者がいます。そのことを忘れずに、自分の考えていることが読み手に届くように何度も推敲をしていきましょう。

7.3.3　学内施設を利用する

　学費を納めて高校や大学に通っているのですから、利用できる学内施設やサービスを活用しましょう。通常大学の図書館には専門の司書がレファレン

スデスクに常駐しています。司書は資料や論文検索のためのプロフェッショ
ナルです。調べたいことがあるけれど、何から始めればいいかわからない。
探したい資料が見つからない時など、一緒に参考図書を探し、または探し方
そのものを教えてもらえるサービスです。たとえば新聞記事をデータとして
分析を行いたい場合、過去の新聞記事はネット検索や論文検索ツールでは出
てきません。そこで専用データベースを使って記事を入手する方法を教えて
もらうのです。また図書館によっては定期的にレポートや卒論の書き方ガイ
ダンスを開催しています[8]。

　またライティング支援や学生サポートデスクのようなものがあれば、予約
を入れて、もしくは予約なしで研究の相談ができます。こうした場所では学
習支援の専門家や大学院生が親身になって相談してくれます。図書館での資
料や論文検索方法から、論文の書き方まで、悩みを聞きながら、その場で本
を紹介してくれる場合もあります。また今書いているものを印刷して持参す
れば、コメントを直接書き込みながらアドバイスをしてもらえるでしょう。
ゼミでの学びはある特定分野の研究内容に偏りがちですが、こうしたサポー
トデスクでは文章の構成、文法や表現などに集中した指導もしてくれます。
悩み事、不安に思っていることを整理して持って行ってみてください。こう
した場所はハードルが高く思われるかもしれませんが、 教育機関が提供す
るサービスですし、知らない相手だからこそ相談しやすい面もあります。「締
め切りまであと 3 週間ですが、何もやっていません」という指導教員が寝込
んでしまいそうな相談にも、スタッフが優しい笑顔で迎え入れてくれます。
とりあえず一回使ってみよう、と足を向けてみることでゼミ的思考を継続
し、完成へと近づきましょう。

7.3.4　提出の前に

　最後に、論文提出の前にこれだけはチェックをしておきたいポイントを提
示します。多くの大学では提出前にチェックシートを準備してくれますが、
こちらを自分で確認しておくことで、体裁を整えることができます。

① 「主題目、副題目」：タイトルの変更が認められている間に、自分の論文

題目を再確認します。タイトルには主題、研究対象、研究方法などをバランスよく反映します。この場合大切なのが、自分が選んだことばに対して定義づけができているか、主題と（あれば）副題の間に整合性があるか、重複はないかなどを確認することです。文字通り「名は体を表す」で、納得がいくまで題目と対峙します。

② 「体裁」：提出先が決めた方法で、要約、目次、また必要に応じてキーワード、付録や謝辞が正しい順番で書かれているかどうか。図表は適切に使われていますか。表題や図題の付け方が統一され[9]、通し番号が振られ、出典が書かれているでしょうか。

③ 「用語の統一・誤字脱字」：論文を通して、用語や表現にぶれがないか、丁寧に読み返しながら確認します。「一つ」「ひとつ」「1つ」など、表記にぶれが生じていませんか。誤字脱字はいくら見直しても出てきます。書きながら直すことは当然ですが、提出前には誤字脱字だけに集中した最終確認を行います。

④ 「引用文献」：本文中に記された引用文献は、すべて巻末の参考文献リストに記載されていますか。逆に、巻末の参考文献に挙げられたものは過不足なく、本文中に引用されていますか。また正しく引用されていますか。必要に応じて原典に戻り確認しましょう。

　詳細は卒論の提出先の学部の方針、ゼミや指導教員の定める作法に則ってください。また提出方法を確認し、時間と心に余裕をもって提出しましょう。

7.4　応答・還元としての研究

　本章のまとめとして、卒論を書くことのイミについてもう一度立ち返ってみたいと思います。第2章でも卒論を書くことのイミについて触れられていますが、ここでは卒論を書くという体験、そして研究をすることについて、**「応答と責任」**というキーワードから紐解いてみたいと思います。

　日本語の「責任」ということばは、自己責任や説明責任などがそうであるように、少し重たく響くことばです。一方、第6章にもあるように英語で責

任のことを responsibility といいますが、この語は「response（応答、返答）＋ ability（能力）」、つまり何かに対して応答し、応える力です。誰かが語りかけてくることばに反応する、「これって問題じゃない？」という気配に応答する、社会的な問いに然るべき人が誠実に答える。つまり「応答する」その姿勢そのものが責任となるわけです。問いのタネを探し、それを育てていく過程は、先行研究やデータはもちろん、花壇仲間との応答の連続であり、そこにかかわることそのものが学びにおける責任といえるでしょう。では、そこから皆さんはどのようなイミを見出すのでしょうか。

　ここで第6章の筆者である青山さんが、2020年に卒論を執筆していた4年生に実施したインタビュー調査から、ある学生（Aさん）の事例を取り上げて、応答と責任としての卒論について考えてみたいと思います[10]。

7.4.1　Aさんの卒論執筆と責任

　ここで紹介するAさんは、ごく普通の学生です。体育系のサークルに所属してインカレのために日々練習を重ね、アルバイトにも精を出し、時には友達と旅行に行くなど、日頃から特に研究に力を入れているわけでないという意味での「普通」です。国際関係学を学ぶAさんは、ことばと文化ゼミに入る際、「人種差別」という漠然としたキーワードを志望書に書いてきました。子供の頃、道ですれ違った黒人を見て、母親に「外人が歩いている」と言った際、「その言い方は差別になるんだよ」と論された経験がずっと心に残っていたとAさんは言います。その時の戸惑いのままに、黒人差別をテーマに選び、さらに自分が大好きな映画を対象に研究をすることを考えていました。3年次には指導教員に勧められ、アメリカ社会の黒人差別の歴史、また黒人の表象についての書籍を図書館で借りましたが、指導教員の目からみても、特にそれに関心を示しているようには見えませんでした。読むことを勧められたから仕方なく読もうとしているという印象で、ほかの学生に比べても特に研究に前向きになっている様子は見られませんでした。

　このことについてAさんはインタビューで、次のように語っています。

　　「（黒人差別は）自分が経験したことではないので、やっぱりどうしても

　　最後はその、自分が結論を見出したとしても、それが、それこそ黒人の
　　方の生き辛さを解消するわけでは…。それができるわけではない」

（4年次1回目のインタビューから）

　この時期Aさんは黒人差別の研究をするにあたり、自分は「非当事者で
ある」、という私的な葛藤を抱えていたようです。そのことを教員や周りの
人に伝えることはもちろんのこと、自分自身も言語化できていないまま、3
年次のゼミ論文は、中途半端な内容に終わりました。一方でAさんは毎週
ゼミに参加することにより、少しずつ花壇仲間たちとことばについての日常
的な気づきを共有するようになり、ことばが使われるその背景について語り
合い、それを楽しむことが増えてきたと話します[11]。

　自分の研究テーマへのモチベーションがいまひとつ上がらないまま4年次
が始まった春学期に、Aさんはデータの対象を決めることを迫られます。そ
こで1本のアメリカ映画とそのリメイク版2本とを比較して、その中に出て
くる「黒人を嘲るジョーク」を分析対象として取り上げることにしました。
ゼミでは映像からデータを文字化し、グループワークに参加して、何度も自
分のデータについての説明をくり返しながら分析を進めました。その過程で
Aさんは、自分が分析する小さなデータの断片を花壇仲間たちにわかっても
らうように説明することに対し、少しずつその責任を感じるようになりま
す[12]。「他の人からしたら単なるジョークかもしれないけど、それによって、
日常で差別されているという現状を読んだ人に感じてもらいたいかな」とい
うのは、卒論執筆の佳境に差しかかった4年生の12月頃のAさんのことば
です。またAさんは指導教員に、先輩が書いたある卒業論文を読むことを
勧められ、さらにその卒論のように、最後まで自分のデータと問いについて
「考え抜く」ようにオフィスアワーの場で言われます。卒論を書き終わった
2月に、Aさんは執筆を振り返って次のように語っています。

　　「書いているうちに、ただ自分が興味あるから書きました、じゃなくて、
　　やっぱり学術的に他人が見ても、何か学びを得られたり、それこそ人の
　　心にちょっとでも残ったり、人の心を動かせるような論文を書きたい

　（と思った）」　　　　　　　　　　（4 年次 3 回目インタビューから）

　A さんにとって卒論を書く経験は、とても苦しい経験だったようです。最初はなんとなく関心があった私的なテーマですが、論文として対峙する上で、自分自身の立ち位置をどこかで自らに問わざるを得なくなりました。しかしゼミ的な場所に参加する過程で、A さんは意図せずともたくさんの応答関係を紡ぐことになりました。特に、自分の選んだデータを、他者に説明するという応答と責任、論文という方法で書いたものを他者に「見せる」ことへの意識の芽生えを経て、私的なテーマは少しずつ公的なものへと変化していきました。過去の卒論を含めた先行研究、花壇仲間、そして指導教員との応答といったゼミ的な場所から逃げることなく対峙したことにより、一歩ずつ卒論が完成へと導かれていったのです。

7.4.2　口頭発表・学会発表する

　最後に「応答関係としての研究」として、研究成果を社会に還元することについて述べます。卒業論文や探究活動に限らず、どのような研究も発表や出版という形で、その成果を世に問う決まりとなっています。卒論が卒業要件となっている大学では、多くの場合最終審査として、卒論の口頭発表や質疑応答が義務化されているでしょう。こうした場のほかに、ここでは研究会や勉強会、学会、シンポジウムやワークショップで実施され、聴衆（オーディエンス）の前で口頭発表やポスター発表を行う「発表」について述べます。

　同じ学会に所属し、同じセミナーに参加する人は研究分野や関心事項が似通っています。こうした場所で発表をすることにより、さまざまな人と知見を交換し、多角的な考えを得ることができます。高校の探究活動でも、幾つかの高校を併せての合同発表会（口頭発表、ポスター発表）が実施されますが、こうした経緯から、大勢のオーディエンスの前でわかりやすく成果を発表する経験を積む学生が増えてきています。大学生、大学院生もこうした機会があれば臆することなく、是非挑戦してほしいと思います。

　「卒論研究が学会発表？」と思うかもしれませんが、ある成果が出た場合、つまりこれまでにない方法論や新しいテーマであったり、独創的かつ手堅い

分析ができていれば、学会発表をする価値が大いにあります。学部論文の
研究については、その分野に詳しい指導教員が学生に声をかけて、共同発
表を勧めるかもしれません。分野による違いはありますが、学生が筆頭発
表者となり指導教員の名前がその後に来てもいいでしょう。このあたりは
研究室の方針によって違います。学会や研究会に発表を応募する際には会
員費を払い[13]、応募要項に従って発表のための応募書類を出します。ブラ
インド方式[14]の査読を経て晴れて発表が決まったら、ゼミでの発表のように
PowerPoint スライドを準備して、何度も人に聞いてもらい、リハーサルを
重ねて本番に臨みます[15]。学会以外でも、学内外で自分のテーマに近いイベ
ント(ワークショップ、シンポジウム等)があれば応募の機会を狙ってみまし
ょう。

　また学会や研究会のようなアカデミックな場所に限らず、研究成果の還元
方法にはさまざまなやり方があります。第3章にも詳しいように、自分の研
究成果をデータ提供者や協力者に還元することはとても大切なことで、それ
も研究の応答と責任の一部分です。ある学生Bさんは、帰国子女の社会的
表象の変遷について研究しましたが、その際YouTube上にあげられている
複数の「帰国子女あるある動画」をデータとして分析し、さらに実際にこれ
らの動画を作り発信している若者とコンタクトを取り、インタビューをしま
した。論文完成にあたり、インタビューのお礼と内容報告を兼ねて、Bさん
は自身の卒業論文を動画制作者に送ったそうですが、その結果、動画制作者
の一人がBさんの許可を得たうえでBさんの卒論内容を題材にしたYouTube
動画を作成、それを公開しました。自分自身の卒論がYouTube動画として
取り上げられ、「帰国子女の表象」について考える資源として世の中に還元
されたわけです。研究の応答と還元の方法は今後さまざまな形式で広がって
いく可能性を秘めています。

7.5　おわりに

　本書の最終章として、ゼミ的な場所を活かしながら研究を進めていくうえ
でのヒントを幾つかお話してきました。この本を手に取る方すべてがゼミや

研究室に所属して研究するわけではないでしょうし、研究室ごとに論文指導のやり方も異なるでしょうが、研究のおおまかな道筋や、先が見えず立ち止まった際の次のステップが見いだせれば幸いです。

　本書で述べてきた通り、ことばが発せられ、使われる場を社会的な現実が創られる場所そのものだと考えるディスコース研究においては、日常のさまざまなディスコースが研究対象となりえます。一方で、ディスコース研究の難しい点として「このようにやれば論文になる」という雛形がないことがあるでしょう。研究における問いは個々人の中にある小さな違和感や疑問のタネがきっかけとなりますが、それらは先行研究との対話（つまり学び）を通した文脈化を経ながら、万人にとって認識可能な問いに育て上げなくてはなりません。そのためには自分の関心をもつ事象（たとえば、「中国語の挨拶」や「漫画のト書き」等）について先行研究を読み、それを整理しつつ、自分の問いを精緻化する必要があります。また日常会話の観察や録音、インタビュー、新聞記事やネットの隅に転がっている日常的なことばの断片やくり返し現れることばのふるまいを丁寧に拾い集め、それらと対峙するフィールドワークを実施します。またそこで得られたデータを、当たり前のものとして受け取らず、先行研究からの発見や、理論というレンズを通して照らしながら分類整理し、解釈していきます。このように、ことばを介した人間の営みとしてのディスコースを分析することで、量的に把握しづらい、社会が構築される過程そのものが見えてきます。

　ディスコース研究がしてみたいと漠然と考えているのであれば、是非本書のブックガイドで紹介した書籍を読んでみて、どこに面白さがあるのかを自分自身で発見してみてください。また日常的にことばのやりとりやメディアでみることばの使い方で気になるものがあれば、書き出して、それをフィールドにして観察しつづけてみてください。

　研究は基本的に孤独な作業の連続です。だからこそ、ゼミ的な場所をまずは自分の中に開墾するプロセスを楽しみましょう。問いのタネを探しにフィールドに赴き、先行研究をも含めた他者と対話し、問いかけ、考え、その考えを書いたり発表したりして公にしていきます。その際に、花壇仲間とともに問いのタネを探し、育て、問い続けて、お互いの違いとしての差異を楽し

みながらディスコース研究を行っていただければ幸いです。

≪**ブックガイド**≫

■　石黒圭（2021）『文系研究者になる―「研究する人生」を歩むためのガイドブック』研究社

　　文系分野の大学院進学者や若手研究者向けに書かれた本です。単に論文の書き方を指南する方法論の本ではなく、研究者として生きていくうえでの思考方法や「ポスター発表」や「科研費」などの知っておくべき用語が具体的に説明されています。「第5章　話す（発表）」ではゼミの目的や発表を通した思考法の育て方、コメント力を高める方法などが役に立ちます。指導教員を「囲い込み型」と「放牧型」に分けたうえでの、指導教員との付き合い方を論じた「第7章　つながる（関係）」も役立つ情報が満載です。

■　佐渡島紗織・ディエゴ・オリベイラ・嶼田大海・ニコラス・デルグレゴ（2020）『レポート・論文をさらによくする「引用」ガイド』大修館書店

　　本章では紹介していない引用の詳細なルールについて網羅した一冊で、剽窃をしてはならないその理由が非常にわかりやすく書かれています。入手ができない文献を孫引き（原典に戻り調べることなくそのまま引用すること）したい時の解決法や、映像資料に出てくる音の動作の引用方法といった引用のテクニックがわかります。APA、MLA、シカゴ、IEEE書式に対応しています。

■　小熊英二（2022）『基礎からわかる論文の書き方』講談社現代新書

　　「学問には「型」がある」というキャッチコピーのもと、理系、文系といった分野を超えて利用できる、450頁を超える論文執筆の虎の巻です。特にアメリカ発のアカデミック・ライティングについて丁寧に解説をしていて、高校生から社会人まで、役立つ内容が豊富です。

注

1　教員は特定のグループに入らず、ディスカッションが滞っているグループにお邪魔して、一言質問するなどしています。

2　この時点で問題意識に迷いがある場合は、テーマ設定についてもう一度整理して提示

することが望ましいでしょう。また先行研究をまとめて提示し、フィールドワークの
まとめやデータ分析の途中経過を発表してもいいでしょう。

3　この時間内にチャットを利用して発表者にコメントや参考になるリンクを送り、Google
ドライブや Slack のようなツール上でコメントを残します。

4　会話分析 (conversation analysis) は、1960 年代にカリフォルニア大学から始まった社会
学の領域のひとつで、目線や身体動作を含む会話という一見雑多に見えるやりとり
（相互行為とも呼ばれます）が、いかに秩序だって生み出されているかを明らかにする
方法です。詳しくは、高木智世ほか (2016) をはじめとした専門書を参考にしてくださ
い。

5　会話分析のデータセッションでは、文字化したデータの 1 分や 2 分といったほんの短
い一部分（「断片」とも呼ばれます）を、音声や録画を何度もくり返し再生し、そこで
起きていることについて分析的に議論します。これは会話分析のセンスを身に着ける
うえで、基礎的かつ最も重要な訓練です。

6　よく使われるツールに iThenticate（アイセンティケイト）がありますが、レポートや論
文をアップロードすることで、本文に書かれていることの何パーセントがほかの出版
物と類似しているかを示してくれます。ただし機械が行う剽窃のチェックは万全では
なく、最終的にはその分野の専門家の目から見て判断されることが多いです。

7　私が山に登るのであって、趣味が登山をするわけではありません。

8　個人での検索方法については第 6 章を参照してください。

9　一般的に表の題目は表の上、図の題目は図の下に書きます。

10　2020 年のコロナ禍、当時修士 2 年生だった第 6 章執筆者の青山が、Skype/Zoom を使
った半構造化インタビューを学部生と 1 対 1 で実施しました。インタビューは春学期
終了後の 8 月、卒論研究が大詰めの 12 月、卒論提出直後の 2 月の 3 回に渡って、毎
回平均 50 分程度行われました（インタビュー協力者は延べ 9 名）。この調査は令和 2
年度および 3 年度筑波大学人文社会科学系国際日本研究専攻リサーチプロジェクト
「言語人類学系ゼミにおけるディスコース分析実践とその再帰性の研究」成果の一部
です。

11　そのことを当時の 4 年生たちは、いろいろな身の回りの出来事を「言語人類学っぽく」
考えるようになったと語っています。

12　実際には「ディスコーダンス」(武黒 2018) の理論を使いながら、ジョークの話し手と
受け手との間にどのような不調和があるかを明らかにしています。

13　学会や研究会では、一般会員、学生会員などの立場に応じた会費（年間費）を払うこと
により、研究大会への応募資格と学会誌への投稿資格を得ます。また学会が実施して
いるセミナーなどにも参加することができます。またほとんどの学会が大学院生以下

に学生料金を設定し、学会によっては学部生の参加費用は無料です。学会費を払って
発表をする時には、ほかの発表も聞きに行って最新の研究動向について知るチャンス
です。

14　査読する側はどこの誰が応募をしてきたのかを伏せられた形で、応募のための発表概
要（アブストラクト）を審査します。応募者と査読者の双方が、名前や所属を明かさな
い審査方法はダブルブラインド方式と呼ばれます。

15　最近ではさまざまな学会で学生会員が発表できる場所が設けられています。たとえば
社会言語科学会ではスチューデントワークショップ、日本言語政策学会ではワークイ
ンプログレス（WiP）という名のセッションがあり、いずれも大学院生や学部生の発表
が奨励されています。

参考文献

青山俊之・井出里咲子 (2022)「ゼミ的コミュニティ形成と責任の再考―言語人類学系ゼミ
　　　を事例に」第 8 回言語文化教育研究会年次大会、口頭発表
石黒圭 (2021)『文系研究者になる―「研究する人生」を歩むためのガイドブック』研究社
小熊英二 (2022)『基礎からわかる論文の書き方』講談社現代新書
松村圭一郎 (2019)『これからの大学』春秋社
高木智世・細田由利・森田笑 (2016)『会話分析の基礎』ひつじ書房
武黒麻紀子編 (2018)『相互行為におけるディスコーダンス』ひつじ書房

コラム⑥：卒論ゼミのスケジュール例

井出里咲子

　ディスコース研究をゼミ的な場所で実践するにせよ、そうでないにせよ、卒業論文の執筆のためには、締め切りにむけて具体的なスケジュールを組む必要があります。ここでは筆者が運営する「ことばと文化ゼミ」（筑波大学社会・国際学群国際総合学類）の年間スケジュールを一例として提示します。筑波大学は春と秋の二学期制で、国際総合学類では卒業年度の1月に卒業論文を提出し、合格点をもらうことが卒業要件ですが、3年生からゼミに所属して、各自研究をはじめるとともに、3年次提出のゼミ論文の執筆を通して、論文執筆の形式に徐々に慣れていきます。

　たとえ大学の卒業要件に卒論が課せられていなくても、大学では演習やゼミでの課題分析や研究レポートの執筆が求められるでしょう。卒論のような比較的大きな論文ではなくとも、提出までの道筋をイメージしておくことが役に立ちます。必要なステップをひとつひとつ丁寧に辿ることが良い研究に繋がりますし、時間切れとなり慌てることもないでしょう。第7章でも紹介したとおり、ひとりで抱え込まずにゼミ的な場所をうまく利用し、人と相談しながら進めましょう。教員とのアポをとり10分でもいいので個別指導をしてもらうと、モチベーションも上がり研究が進みやすくなります。

　なお、ゼミの運営方法は各教員や分野ごとに異なります。一対一の指導のみを行う研究室もあれば、毎回長時間に渡って発表と討議をするというゼミもあるでしょう。筆者の「ことばと文化ゼミ」では、学期ごとに10回の定例ゼミのほかに、夏季休暇を利用したゼミ合宿と予約制のオフィスアワーを設けています。春学期は文献講読と論文構想発表を中心に進め、また互いに何でも意見し合う雰囲気をつくるためのアクティビティを取り入れています。秋学期は各自の論文執筆に向けた発表を中心に、グループワークの時間をなるべく多く設けるようにしています。次の年間スケジュール表はあくま

でもひとつの事例として参考にしてみてください。

卒論提出までの年間スケジュール例

		4 年次ゼミ	3 年次ゼミ（プレゼミ）
4 月		入ゼミと各自の問題意識の共有 基礎文献購読と討論、アクティビティ	
5 月	上旬	ゼミ文献講読① 各自で卒論のテーマ探し	ゼミ文献講読①と②
	中旬		
	下旬	ゼミ文献講読② 卒論構想発表	
6 月	上旬		
	下旬	卒論テーマと方法に関する 先行研究を読み込み発表	研究構想の ブレインストーミング
7 月	上旬	フィールドワーク グループワーク	合宿での構想発表に向けて 問題意識と参考文献リスト 作成
	下旬		
8 月	上旬	パイロットスタディと調査 進捗発表準備	
	下旬	ゼミ合宿 卒論の進捗発表と 3 年次の構想発表、グループワーク	
9 月		先行研究のまとめやフィールドワークによるデータ収集等	
10 月	上旬	タイトル・問題意識・問題設定・ 方法論・データ分析・章構成 の最終確認 データ分析グループワーク	卒論のグループワークに参加
	下旬	卒論中間発表 データセッション①	タイトル・問題意識・ 参考文献の報告
11 月	上旬	グループワーク データセッション② 継続執筆	進捗報告
	中旬		グループワーク データセッション
	下旬		

12月	上旬	初稿締め切り 教員のチェックを受ける	グループワーク 執筆
	中旬		
	下旬	論文の修正・執筆	
1月	上旬	アドバイスを元に修正・執筆	初稿締め切り 教員のチェックを受ける
	中旬	グループワーク 教員との個別相談 卒業論文提出	アドバイスを元に修正・執筆 教員との個別相談
	下旬	口頭試問・発表会の準備	ゼミ論文提出
2月	上旬	口頭試問・卒論発表会	
3月		ゼミ卒業	卒論の問題意識を考え出す

　論文の初稿は締め切りの1か月ほど前に設定していますが、それまでにまずは書けるところから論文を書いていきます。書いてみると文献の引用方法など、「書き方」そのものに不明な個所が出てきます。また頭ではわかっていたつもりでもうまく言語化できていない部分にも気がつきます。初稿は指導教員の筆者が添削する前に、ゼミ生同士で互いに読み合い、内容や書き方についてコメントをし合います。その過程を経て加筆修正された初稿を筆者が添削しています。

　また4月に実施するアクティビティでは「人狼」をしたり、市販のカードゲーム『カタカナーシ』や『はぁって言うゲーム』などを用いたりしてきました。ただしゲームの際のやりとりを録音録画して文字化の練習材料にし、さらにそれを用いてディスコース分析のグループワークをするところは「ことばと文化ゼミ」ならではの打ち解け方かもしれません。

索引

執筆者紹介(五十音順)

青山俊之(あおやま　としゆき)

「ことばと文化ゼミ」出身。筑波大学人文社会ビジネス科学学術院人文社会科学研究群国際日本研究学位プログラム博士課程修了

［主な著作］「自己責任ディスコースの言語人類学的研究―中東地域日本人人質事件を題材に」(筑波大学国際日本研究学位プログラム博士論文(未刊行)、2024)、「自己責任ディスコースの詩的連鎖―ISIS 日本人人質事件におけるブログ記事に着目して」(『社会言語科学』23(2)、2021)

井出里咲子(いで　りさこ)

「ことばと文化ゼミ」主宰。筑波大学人文社会系国際日本研究学位プログラム・グローバルコミュニケーション教育センター教授

［主な著作］*Bonding through Context: Language and Interactional Alignment in Japanese Situated Discourse* (John Benjamins、共編著、2020)、『言語人類学への招待―ディスコースから文化を読む』(ひつじ書房、共著、2019)、Where the Husbands Stand: A Comparative Analysis of Stance-taking in American and Japanese Women's Narratives about Child Rearing. (*Narrative Inquiry* 28(2)、2018)

井濃内歩(いのうち　あゆみ)

「ことばと文化ゼミ」出身。筑波大学人文社会系博士特別研究員、順天堂大学国際教養学部非常勤講師

［主な著作］Voicing the Belonging: Joking Practices with Deviant Japanese among International Students at a Japanese University. (*Navigating Friendships in Interaction: Discursive and Ethnographic Perspective*s、Routledge、2023)、「コロナ禍初期における大学生のオンライン雑談会話―相互行為を通じたつながりの創発」(『社会言語科学』25(1)、共著、2022)、「「わたしたちのことば」に創発する居場所―留学生の逸脱的日本語によるあそびの分析から」(『異文化間教育』(55)、2022)

狩野裕子(かの　ゆうこ)

「ことばと文化ゼミ」在籍。東京国際大学 Japanese Language Institute 日本語専任講師

［主な著作］「パンデミックは信仰生活にどのような影響を及ぼしたか―お知らせ文書

と信者の語りを手がかりに」(『カトリック研究』93、2024)、「コロナ禍の貼り紙がつくる公共のことば―言語人類学からの一試論」(『国際日本研究』15、2023)、「保育園と外国籍家族をつなげるプロジェクト型活動から考えることばの「道具性」―「ことば観」の変容を捉える実践記録から」(『言語文化教育研究』21、共著、2023)

儲叶明(ちょ　ようめい)
「ことばと文化ゼミ」出身。中国人民大学外国語学院日本人文社会科学研究センター講師、東京福祉大学非常勤講師
[主な著作] There is No Love among Us: Jocular Mockery in Chinese Mealtime Conversation.(*Navigating Friendships in Interaction: Discursive and Ethnographic Perspectives*、Routledge、2023)、「否定的評価に見る規範意識と対人関係―ポライトネス理論からの日中対照分析」(『語用論研究』21、2020)

ディスコース研究のはじめかた―問いの見つけ方から論文執筆まで

Starting Your Research in Discourse Studies: A Guidebook for Students
Ide Risako, Aoyama Toshiyuki, Inouchi Ayumi, Kano Yuko, and Chu Yeming

発行	2025 年 2 月 20 日　初版 1 刷
定価	2700 円＋税
著者	©井出里咲子・青山俊之・井濃内歩・狩野裕子・儲叶明
発行者	松本功
装丁	萱島雄太
組版所	有限会社 グランビット
印刷・製本所	モリモト印刷株式会社
発行所	株式会社 ひつじ書房
	〒112-0011 東京都文京区千石 2-1-2　大和ビル 2 階
	Tel.03-5319-4916　Fax.03-5319-4917
	郵便振替 00120-8-142852
	toiawase@hituzi.co.jp　https://www.hituzi.co.jp/

ISBN978-4-8234-1258-5

[刊行のご案内]

言語人類学への招待
ディスコースから文化を読む

井出里咲子・砂川千穂・山口征孝著　　定価 2,400 円＋税

アメリカ合衆国を発祥の地とし、発展してきた言語人類学を、学部生、大学院生、また言語人類学に馴染みのない研究者に紹介する概説書。言語と文化の密接かつ不可分な関係性を代表的エスノグラフィ研究の紹介を通して紐解きつつ、ことばの使用実践からうかびあがる多様な言語観・世界観を明らかにする。その上で、言語人類学が問い続けてきた解放的ことば観を論じ、変わりゆく文化社会を捉えるための視座を提供する。

改訂版　社会言語学
基本からディスコース分析まで

岩田祐子・重光由加・村田泰美著　　定価 2,200 円＋税

社会言語学の成り立ちから、最新の研究知見までカバーした『概説　社会言語学』の改訂版。社会言語学の基本的なテーマを扱う一方で、相互行為的社会言語学、談話分析、会話分析の章を設け、言語人類学、批判的談話分析に関しても充実させた。はじめて社会言語学を学ぶ学生だけでなく、これから談話分析を目指す学生にも役立つ内容である。言語と社会、言語と文化、異文化コミュニケーションに興味のある学生の読本としても使える一冊。